用于国家职业技能鉴定
国家职业资格培训教程

YONGYU GUOJIA ZHIYE JINENG JIANDING • GUOJIA ZHIYE ZIGE PEIXUN JIAOCHENG

高级采购师

编审委员会

主　任　刘　康

副主任　陈李翔　宋　建　刘恩专

委　员　崔玉成　郭孟津　刘　英　徐　强　康立红

　　　　陈　蕾　张　伟

本书编审人员

主　编　刘恩专

副主编　刘　英　崔玉成

编　者　（以姓氏笔画为序）

　　　　王荣艳　王　鑫　刘　英　刘恩专　刘辉群

　　　　贠晓兰　李宏艳　罗定芳　赵立泉　唐　丽

　　　　裴凤萍　潘　蓉

中国劳动社会保障出版社

图书在版编目(CIP)数据

高级采购师/中国就业培训技术指导中心组织编写. —北京：中国劳动社会保障出版社，2007

国家职业资格培训教程

ISBN 978-7-5045-6510-5

Ⅰ. 高…　Ⅱ. 中…　Ⅲ. 采购-技术培训-教材　Ⅳ. F274

中国版本图书馆 CIP 数据核字(2007)第 172667 号

中国劳动社会保障出版社出版发行

（北京市惠新东街 1 号　邮政编码：100029）

出 版 人：张梦欣

*

三河市华骏印务包装有限公司印刷装订　新华书店经销

787 毫米×1092 毫米　16 开本　19.75 印张　295 千字

2007 年 11 月第 1 版　2015 年 1 月第 13 次印刷

定价：36.00 元

读者服务部电话：010-64929211/64921644/84643933

发行部电话：010-64961894

出版社网址：http://www.class.com.cn

前　言

为推动采购师职业培训和职业技能鉴定工作的开展，在采购师从业人员中推行国家职业资格证书制度，中国就业培训技术指导中心在完成《国家职业标准——采购师（试行）》（以下简称《标准》）制定工作的基础上，组织参加《标准》编写和审定的专家及其他有关专家，编写了《国家职业资格培训教程——采购师》（以下简称《教程》）。

《教程》紧贴《标准》，内容上，力求体现"以职业活动为导向，以职业能力为核心"的指导思想，突出职业培训特色；结构上，针对采购师职业活动的领域，按照模块化的方式，分级别进行编写。《教程》的基础知识部分内容涵盖《标准》的"基本要求"；技能部分的章对应于《标准》的"职业功能"，节对应于《标准》的"工作内容"，节中阐述的内容对应于《标准》的"技能要求"和"相关知识"。

《国家职业资格培训教程——高级采购师》适用于对高级采购师的培训，是职业技能鉴定的推荐辅导用书。

本书在编写过程中得到了天津人力资源开发服务中心、天津财经大学、铁道部天津物资管理干部学院等单位的大力支持与协助，在此一并表示感谢。

由于时间仓促，不足之处在所难免，欢迎读者提出宝贵意见和建议。

中国就业培训技术指导中心

目　录

CONTENTS 《国家职业资格培训教程》

第一章 需求分析

第一节 市场研究

◎鉴定要点

通过学习，了解一般宏观经济概念，熟悉宏观经济形势和政策分析的过程，掌握行业状况与商品供求形势分析的方法、商品价格走势预测方法和国际市场行情分析方法。

◎工作内容

一、宏观经济形势分析

1. 准确把握宏观经济运行态势

宏观经济运行态势是洞悉商品市场变化的晴雨表。准确把握宏观经济运行态势是高级采购师进行需求分析的基础。宏观经济运行态势分析需要把握长期经济增长以及总产出的周期波动、失业率和通货膨胀、货币供给和预算赤字、国际贸易与国际金融状况，认识这些宏观变量之间的关系。

宏观经济变量对宏观经济运行态势和宏观政策的影响如图 1—1 所示，它给出了一个主要宏观变量影响宏观经济运行态势和宏观政策的大

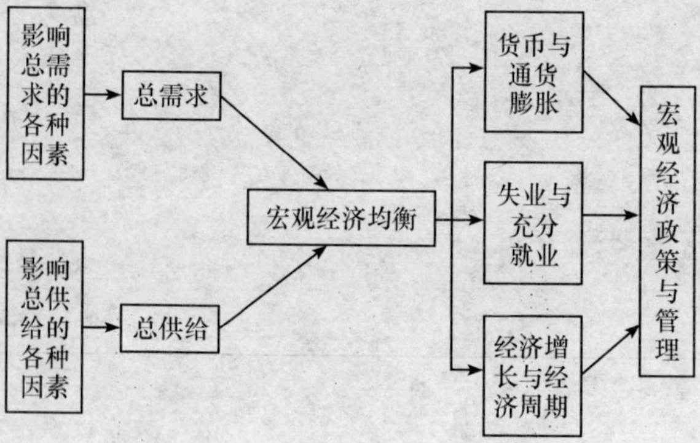

图 1—1　宏观经济变量对宏观经济运行态势和宏观政策的影响

体框架。

宏观经济运行的主要目标是高水平和快速增长的产出率、低失业率、稳定的价格水平和对外平衡。因此，观察宏观经济运行态势，也就是考察经济运行中达至上述目标的程度，以及由此决定的宏观经济环境的稳定程度。

通过对国民经济形势的综合分析，可以基本了解经济发展的速度与质量，大致把握经济运行的主要方面，避免出现对各个总量经济指标的误判；把握宏观经济政策的走向，有利于抓住当前的有利时机推进业务扩张；密切关注宏观经济形势变化，针对苗头性问题，适时适度地进行决策，可以增强决策的科学性、预见性和有效性。

2. 跟踪宏观经济变量

(1) 总供给变化

观察总供给变化，即一定时期内一国企业所愿意生产和出售的物品和劳务总量的变化，实际上就是观察 GDP（gross domestic product）的变化。

1) 总供给曲线。总供给取决于价格水平、经济的生产能力和成本水平。其中，总产出量与一般价格水平之间的关系，被称为总供给函数。用图形表示这种在经济制度、资源数量和技术水平既定不变的情况下，总产量和一般价格水平之间的关系，则是总供给曲线。

总供给曲线是根据价格、工资、就业和产量之间的联系推导出来的。它们之间存在着以下一些联系：

①总产量是就业量的函数。

②实际就业量取决于劳动市场的需求和供给状况。

③实际工资取决于名义工资 W 和价格水平 P。

④价格总水平的变动会通过影响实际工资、劳动市场的供求及均衡就业量而影响总产量。

2）总供给的表现形式。总供给在短期和长期具有不同的表现形式。短期是指在除劳动力之外的其他生产要素价格（如利率和原材料价格）不变的时期。长期是指所有生产要素价格均可变动的时期。

短期总供给是在其他要素不变的情况下，一国经济所愿意提供的总产量（一般以实际 GDP 作代表）和价格水平（一般用 GDP 消涨指数表示）的一种关系，这种关系可以用短期总供给曲线来描述，它表示在每一个价格水平上（假定其他影响总供给的因素保持不变）企业所愿意生产和出售的物品和劳务的数量，是一条向右上方倾斜的曲线。

长期总供给是在充分就业下价格水平和总产量之间的关系，这种关系可以用长期总供给曲线来描述，它表示了在充分就业下价格水平和总产量之间的关系，是一条垂线。总供给曲线如图 1—2 所示，其中纵轴 P 表示价格，横轴 Q 表示总产量。

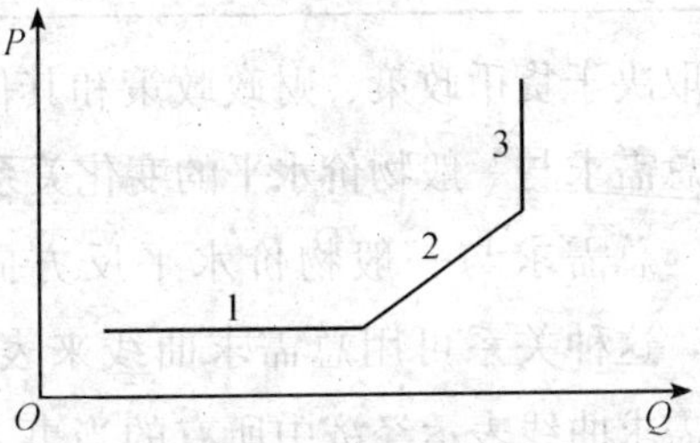

图 1—2 总供给曲线

1—超短期总供给曲线

2—短期总供给曲线

3—长期总供给曲线

总供给曲线并不是一成不变的，它将随一些因素的变化而发生移动。引起总供给变化的因素很多，主要是指影响总生产函数的各个要素，具体见表 1—1。

由此可见，一个国家的资本使用量增加、技术水平提高都会导致总产量曲线上移。这样，在相同劳动力使用量的情况下，充分就业产量也会有所增加。因此，长期总供给曲线会向右方平行地移动。

总供给曲线向外移动是因为潜在产出的增加，而潜在产出的增加是由于劳动力和资本的增加以及技术的进步。向上移动是因为生产成本的增加，比如工资、进口品价格以及其他生产成本的上升。

（2）总需求变化

总需求作为消费者、企业和政府支出的总和，既取决于价格水平，

表 1—1　　　　　　引起总供给变化的因素

引起总供给增加的因素	引起总供给减少的因素
劳动力增加 资本存量增加	劳动力减少 资本存量减少
人力资本增加 发现了新的原材料来源 气候条件改良	人力资本减少 正在使用的原材料减少 气候条件恶化
技术进步 税收减少	技术更新停滞不前 税收增加
工资水平降低 国内收入增加 利率降低	工资水平提高 国内收入减少 利率提高
税收降低	税收提高

也取决于货币政策、财政政策和其他因素。观察总需求变化，关键是要看总需求与一般物价水平的变化关系和影响总需求的因素。

总需求与一般物价水平反方向变动，这种关系可用总需求曲线来表示。总需求曲线表示经济中所有的当事人实体（消费者、企业、政府和外国人）在不同的价格水平（假定其他影响总需求的因素保持不变）上将要购买商品的数量。总需求曲线如图 1—3 所示，曲线向右下方倾斜，表明在其他条件保持不变的情况下，实际支出会随着价格水平的上升而下降。总需求曲线向下倾斜的主要原因在于货币供给效应，亦即在名义货币供给量保持不变的情况下，价格水平的上升会导致货币紧缩和总支出量的下降。当其他条件也发生变化时会引起总需求曲线的变动。

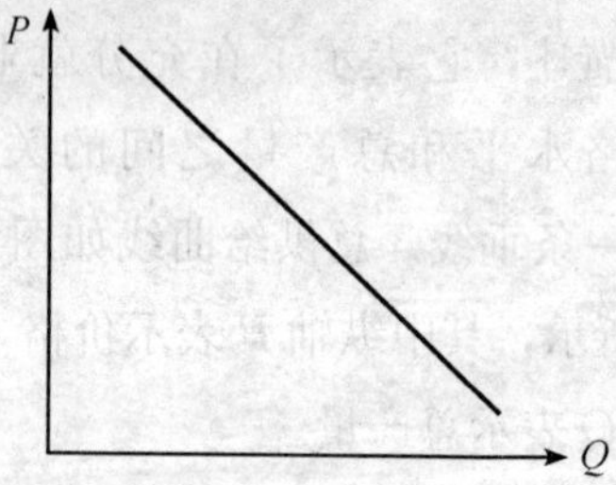

图 1—3　总需求曲线

决定总需求变动的因素有两类，一类是由政府控制的宏观经济政策变量，包括货币政策（中央银行赖以影响货币供给量和其他金融条件的手段）和财政政策（税收和政府支出）。另一类是外生变量，如外国经济活动、战争或革命等因素。引起总需求曲线向右移动的各个因素见表 1—2。

表 1—2 影响总需求曲线向右移动的因素

变量		对总需求的影响
政策变量	货币政策	货币供给量的增加会使利率降低并改善贷款条件，从而增加投资和耐用消费品的消费数量。如果一国的经济环境是开放的，那么货币政策将会影响其汇率和净出口
	财政政策	政府在商品和劳务上的开支增加，会直接增加支出总量；减税或增加转移支付会提高可支配收入数量，并导致消费量的增加。税收刺激政策，比如投资税减免可以导致在某个领域增加支出
外生变量	国外产出	国外产出的增长会导致净出口的增加
	资产价值	股票价格的上升增加家庭财富，从而增加消费数量；而且，这还会导致较低的资本成本，并使企业投资增加
	技术进步	技术进步可以为商业投资提供新的机会。重要的例子如铁路、汽车和因特网
	其他	政治事件、自由贸易协定以及冷战结束提高了企业和消费者的信心，并增加了投资和对耐用消费品的开支

（3）物价与通货膨胀率

通货膨胀（inflation）是指商品和服务的货币价格总水平的持续上涨现象。它是观察宏观经济形势的重要指标。

1）通货膨胀的定义。对于通货膨胀的定义形式，M·布朗芬伦纳和F·D·霍尔兹曼将其归纳为 4 种类型：

①太多的货币追逐太少的商品的普遍的超额需求状况。

②总的或人均的货币存量或货币收入的增加。

③带有附加条件的物价水准上涨，它的预期是不完全的，它会通过成本提高使物价进一步上涨；它不会使就业和实际产量增加，它比某种“安全”速率变动地更快一些，它由“货币”方面的问题引起，它是扣除了间接税和补贴的价格度量，而且它是不可逆转的。

④由外汇汇率或黄金价格度量的或是由黄金超额需求或官方汇率计算的外汇额需求表示的货币对外价值的下跌。

通货膨胀意味着一般价格水平的持续上涨。其观察点是价格指数，它通过成千上万种商品的加权平均价格来计算。主要的价格指数有消费价格指数（CPI）、GDP 消涨指数（GDP deflator）等。一国的通货膨胀率即为物价水平的变化率，即

$$\pi_t = \frac{P_t - P_{t-1}}{P_{t-1}} \times 100\%$$

式中　P_t——当期价格；

P_{t-1}——前期价格。

2）通货膨胀的类型。通货膨胀有 3 种类型，即温和通货膨胀、急剧通货膨胀和恶性通货膨胀。温和通货膨胀的特点是价格上涨缓慢且可以预测，一般认为每年物价上升的比例在 10%以内；急剧通货膨胀的特点是价格水平以较大幅度上涨，如每年超过 10%，甚至是 20%或 100%等二位数或三位数的速率上涨；恶性通货膨胀的特点价格水平以每年百分之一百万，甚至百分之万亿的惊人速率持续上涨，使整个经济陷入瘫痪。

（4）金融稳定

金融稳定即金融机构、金融市场和市场基础设施运行良好，抵御各种冲击而不会降低储蓄向投资转化效率的一种状态，它已成为观察宏观经济状况的重要指标。金融稳定状况尤其是货币供应量与商品和劳务价格以及金融资产价格之间存在着复杂的对应关系，在大多数企业投资需求与资金供给不对称、居民储蓄和投资倾向比较强烈的情况下，金融稳定变量的变化影响到社会总产出，使整个社会的生产扩张超出一定的边界，金融稳定状况就会影响商品市场的稳定。

1）金融稳定的内容。美国经济学家米什金认为，金融稳定缘于建立在稳固的基础上、能有效提供储蓄向投资转化的机会而不会产生大的动荡的金融体系。国际清算银行前任总经理克罗克特认为，金融稳定可包括以下几点：

①金融体系中关键性的金融机构保持稳定。因为公众有充分信心认为这些机构能履行合同义务而无须干预或外部支持。

②关键性的市场保持稳定。因为经济主体能以反映市场基本因素的价格进行交易，并且该价格在基本面没有变化时短期内不会大幅波动。

2）金融稳定的内涵。金融稳定反映了一种金融运行的状态，观察其状态的关键是要把握金融稳定的实质内涵，包括以下几点：

①金融稳定具有全局性。作为金融机构的“最后贷款人”和支付清算体系的提供者和维护者，中央银行立足于维护整个宏观金融体系的稳定，在密切关注银行业运行态势的同时，将证券、保险等领域的动态及风险纳入视野，重视关键性金融机构及市场的运营状况，注意监测和防

范金融风险的跨市场、跨机构乃至跨国境的传递，及时采取有力措施处置可能酿成全局性、系统性风险的不良金融机构，保持金融系统的整体稳定。

②金融稳定具有动态性。健康的金融机构、稳定的金融市场、充分的监管框架和高效的支付清算体系内及其相互之间进行策略、结构和机制等方面的调整及其互动博弈，形成了一种调节和控制系统性金融风险的整体的流动性制度架构，以适应不断发展变化的金融形势。

③金融稳定具有效益性。一个稳定的金融体系，有利于储蓄向投资转化效率的提升，改进和完善资源在全社会范围内的优化配置，增强抵御风险的能力。

④金融稳定具有综合性。它是不同的政策措施及方式（包括货币政策和金融监管的手段等）作用或影响金融机构、市场和实体经济的结果。

3. 分析宏观经济形势变化对采购市场的影响

宏观经济形势的变化会对采购市场产生深远影响。宏观经济运行与发展是一个抽象的过程，其变化与结果都是通过一系列的经济指标反映出来的。各种经济指标在经济运行中互为条件，彼此关联，互相影响，存在着一定的因果关系，并按照一定的规律发展变化着。正是由于经济变量间存在的这种内在联系，才使对宏观经济的分析成为可能。因此，宏观分析的关键，就是熟悉反映宏观经济运行状况的各项指标。如果要分析国民经济形势，那么首先就必须对反映国民经济发展状况的各项主要指标，如国民生产总值、国民收入、物价总指数、工农业总产值等有充分的了解；如果要分析货币形势与货币政策，就需要熟悉货币供应量、金融机构贷款、居民储蓄存款等金融指标。

在经济全球化条件下，商品市场日益开放，世界商品流通格局不断变化，采购市场的全球化初露端倪。因此，宏观经济形势分析不应仅囿于国内，还要从国际经济、世界市场角度考虑。全球经济形势分析是一个复杂的过程，企业一般采用专业咨询公司的研究结果，如美国高盛公司的世界经济研究报告，或者是联合国系统多边机构的研究报告，如国际货币基金组织（IMF）的《世界经济展望》、世界银行（World Bank）的《世界经济预测》、贸发会议（UNCTAD）的《贸易与发展报告》和世界贸易组织（WTO）的《世界贸易报告》等。

同时，还要看到，随着宏观经济运行的日益开放，采购方式不断创新，也会影响采购市场运行。诸如授权熟悉国际市场或一定地区供应商的第三方，代为进行国际采购的代理方式；不经过交易磋商程序，公开征求供应商递盘竞争，从中选定交易对象的招标方式；让产品或其他货物或者服务等分期偿还所购机器设备等商品价款本息的补偿贸易方式；通过因特网络进行交易磋商、达成交易的网上采购方式等。这些创新采购大都是在宏观经济形势活跃和开放的状况下得以发展和成熟的。

认真分析宏观经济形势变化有利于采购市场的发展，使市场变得更开阔，原料、配件的选择性更大，价格也更优惠，而产品的技术含量也将大幅度提高，更容易进入良性循环。由于数字化、信息化和网络化的普及，资金、技术的快速流动与转让，生产力水平发展迅猛，经济全球化、采购国际化的浪潮锐不可当。这种浪潮从根本上改变了企业的活动范围，生产社会化和国际化的发展已波及世界的各个角落，要求企业积极参与到国际分工和国际合作中，在全球范围内对所需资源进行积极、有预见性的管理，掌握国际采购业务及相关管理，提升企业在市场中的竞争力。

二、宏观经济政策分析

1. 跟踪宏观经济政策目标变化

宏观经济政策目标就是要达到高度和稳定的就业水平、稳定的一般物价水平、经济增长、国际收支平衡及一定的分配目标。宏观经济的主要目标是高水平和快速增长的产出率、低失业率和稳定的价格水平。

（1）充分就业目标

充分就业就是保持较高和稳定的就业水平，它是跟踪宏观经济政策目标的重要观察点。一般来说，正常的失业率不应高于4%～6%。从流量分析，失业是向失业劳动力池的注入，而就业则是从失业劳动力池的流出。失业增加还是减少取决于从失业劳动力池的流出（就业）能否抵消向失业劳动力池的注入（失业）。只要流出正好抵消注入，失业水平将保持不变。

从失业类型分析，失业可以分为三种类型，即摩擦性失业、结构性失业和需求不足性失业。

摩擦性失业是指由于信息等原因，劳动力在失业和就业之间需要一定时间，从而形成的失业，此类失业在充分就业条件下也会存在；结构性失业是指劳动市场对劳动的需求发生结构性变化时产生的失业；需求不足性失业是指劳动总需求下降引发的失业。

这三种失业中，摩擦性失业是短暂的，政府可以通过加强信息传递而解决；结构性失业也可以通过改善劳动力的职业转换能力（再培训）和地理位置转移来解决；而对于需求不足性失业，应采取宏观经济政策增加总需求，以此减少失业。

（2）价格稳定目标

实现物价稳定就是避免一般价格水平的波动，尤其是避免通货膨胀。价格水平的剧烈变动会使货币的真实价值不易确定。

一方面，以货币为媒介的市场交易受到干扰，价格作为资源配置手段的作用难以发挥，经济效率下降；另一方面，人们对货币和其他资产的需求之间发生替代，投机活动增加，经济更加不稳定。

因此，为了避免价格水平大起大落，政府应适时干预经济以保持产出的稳定，以及避免长期持续的通货膨胀和通货紧缩。

（3）经济增长目标

经济增长是达到经济发展结果和目的的最关键和最综合的指标，它反映了一个经济体在一定时期内生产的产品和提供的服务总量的扩大状况，并表现为GDP或者人均GDP的增长。经济增长率是观察经济景气周期和市场状况的核心指标。

经济增长的主要特征是人均产值和人口增长率的提高。生产率的增长速度很快，经济结构的变化速度很快，社会结构和意识形态迅速改变，增长在世界范围内迅速扩大，全世界的增长情况不平衡。经济增长源于现存资源利用的增长（即现存生产能力利用的增长）和实际生产潜力的增长（即生产物品的一国生产能力的增加），具体表现为资本、劳动力等资源的扩张和技术进步。一个经济持续健康的增长可以使该国由不发达状态过渡到发达状态，表现为在经济增长基础上出现的社会经济的多方面变化，包括投入结构的变化（劳动密集、资本密集、技术密集），产出结构的变化（农业、工业、服务业产出的比例），一般生活水平的变化（人均GDP/分配状况），卫生、健康状况的变化（预期寿命/婴儿死亡率），文化教育状况（适龄儿童入学率、辍学率，大学生比例）和自然环境生态平衡的变化。

（4）国际收支均衡目标

开放经济条件下，观察宏观经济形势必须要注意国际收支均衡的状况，也就是要看外部均衡目标的实现程度。外部均衡可以以经常账户平衡为目标，也可以以经常账户和资本流动的总差额平衡为目标。如果一国总差额平衡，则国际储备不变；如果总差额为逆差，则国际储备减少；如果总差额为顺差，则国际储备增加。因而可用国际储备的变动与否来衡量总差额平衡与否。随着国际资本流动日益自由化，经常账户失衡可以通过国际资本流出或流入来迅速得到弥补，使总差额保持平衡。显然，追求外部均衡的关键是保持与宏观经济相适应的合理的经常账户余额。

在国际收支严重失衡特别是逆差较大的情况下，政府除了运用汇率政策和财政政策调节以外，还会通过贸易（进口）管制、外汇管制和关税政策等，对贸易活动直接干预，从而对采购活动产生影响。美国对华的贸易摩擦和人民币汇率升值的压力，都在一定程度上与美国的贸易赤字有关，这显然会对中国国内和中美之间的采购市场的稳定，尤其是采购价格的稳定带来风险。在全球化的采购环境下，高级采购师必须对国际收支平衡尤其是贸易平衡状况保持敏感。

2. 把握财政政策变化

财政政策的最终目标与宏观经济政策的四大目标是一致的，同时保证国家职能的实行和减少社会分配不公现象也是一国重要的财政政策目标。主要有的政策手段包括国家预算、财政支出（包括经常性支出、资本支出和财政转移支付）、税收、公债等。

观察财政政策变化，主要是看旨在实现经济稳定、保障充分就业和经济增长等主要政策目标的财政政策的类型。如果实行扩张性财政政策（在我国称为积极财政政策），政府就会扩大财政支出，降低税率，减少税种，以增加总需求。这对于扭转总需求不足、经济不景气、失业增加的经济运行状态有积极意义。如果采取紧缩的财政政策，就会减少财政支出，提高税率，以控制总需求。这对于抑制总需求过剩、降低通货膨胀有重要意义。

政策实践表明：第一，财政政策是主要的宏观经济政策之一，财政政策对调节经济运行的效果较为显著。第二，财政政策作用较为直接，时滞较短。第三，财政政策的制定和实施要靠正确判断经济形势，相机行事，才能取得较好效果。第四，长期使用财政政策，特别是使用赤字财政政策，可能带来一些负面效应，一是挤出效应，财政资金的增加有可能会减少社会投资需求；二是长期实行扩张性的财政政策，会导致财政赤字加大，有可能引发通货膨胀或滞胀。

3. 把握货币政策变化

货币政策的最终目标与宏观经济政策目标、财政政策目标也是一致的。其主要的政策手段包括可以调节货币供应量的存款准备金制度；可以调节货币供求、影响商业银行和私人资金投向的再贴现政策；可以调节信用、控制货币供应量的公开市场业务（即中央银行在公开市场上买进或卖出有价证券）。

观察货币政策也主要是看政策类型和特征，即是扩张性的还是紧缩性的。政府根据宏观经济形势的变化，相机调整货币政策，即当经济萧条、失业增加时，政府实行扩张性货币政策，扩大货币供应量，降低利率，刺激总需求；当经济繁荣、通货膨胀率上升时，实行紧缩性货币政策，缩减货币供应量，提高利率，避免经济过度膨胀。

政策实践表明，货币政策在经济运行调控中起着重要作用。第一，货币政策实践效果明显。通过政策调节，有力地保持了经济稳定，促进了经济增长，较好地实现了宏观经济政策目标。第二，货币政策在一国宏观经济政策中的重要性日益提高。20 世纪 70 年代前，包括美国、英国在内的发达国家，货币政策主要是配合财政政策，处于从属地位；20 世纪 80 年代以来，西方国家更加注重货币政策，有时其重要性甚至高于财政政策。第三，财政政策和货币政策是调控经济运行、实现宏观经济政策目标的两种最基本政策。在政策实践中，这两种政策基本上是配合在一起使用的。在实际中，经济运行状况较为复杂，须视情况对财政政策和货币政策采取不同的组合方式。如扩张性的财政政策和扩张性的货币政策相配合；扩张性的财政政策与适度从紧的货币政策相配合等。此外，同一政策内部各种政策工具也可视情况有不同的组合使用方式。

4. 预估宏观经济政策调控效果

经济总量的变动有很多不稳定的因素，宏观调控的目的一般是为了实现经济的稳定运行，在市场调节的基础上，控制相关因素的发展，这就要进行一定的宏观调控。宏观调控的方法从各个国家的做法来看，主要是以一些财政政策、货币政策为基础，辅以土地、行政和供给等措施；在方法上还是使用一些经济的手段、经济的方法，比如利率的措施、税率的一些措施等。

根据不同的宏观经济政策对总体宏观经济形势进行预期估计。比如采取的货币政策方面、财政政策方面、土地供给政策方面的措施，这些措施集中起来是对两个要素加以控制：一是资金，二是土地。它对整个经济活动的温度就能够加以有效的调整。

正确的宏观调控措施，不应是满足于行政命令，而是从政府投资入手，从政府干预微观经济入手，更要从政治体制入手。正确的宏观经济调控方式，应当从调控政府的经济行为开始，直到政府不再成为经济活动的主体。

三、行业状况与商品供求形势分析

根据市场经济的发展进程及对外开放程度，深入分析行业的发展状况、增长态势，有助于对商品的供求形势做出准确判断。

1. 分析行业发展状况的方法

(1) 波特产业竞争力五力模型

五力模型由美国哈佛大学工商管理学院教授迈克尔·波特在《竞争战略》中提出。该模型认为，企业所要进入的产业的竞争状况决定于五种基本竞争力量（five-forces），即现有竞争对手间的竞争、进入威胁、买方议价能力、替代品威胁、供方议价能力。要把握特定行业的状况，就需要对行业的这五种竞争力量进行考查。

1）五种竞争力量内涵

①行业内现有的企业之间的竞争程度。取决于众多势均力敌的竞争者；行业增长缓慢；行业具有非常高的库存成本；行业的商品没有差别或没有行业转换成本；行业中的总体经营规模和能力大幅度提高；竞争者在战略、目标以及组织等方面千差万别。

②潜在进入者的威胁。其威胁程度取决于进入障碍和原有企业的反击程度。决定进入障碍大小的主要因素有规模经济、商品差异优势、资金需求、转换成本、与规模经济无关的成本优势。

③替代产品的威胁。市场上可替代产品和服务的存在，意味着相关产品和服务价格将会受到限制。

④采购者讨价还价的能力。体现在下列情况：采购者相对集中并且大量购买；购买的商品占采购者全部费用或全部购买量中很大的比重；从该行业购买的商品属标准化或无差别的商品；采购者的行业转换成本

低；采购者的利润很低；采购者有采用后向一体化对销售者构成威胁的倾向；采购者宁愿自己生产而不去购买；销售者的商品对采购者的产品质量或服务无关紧要；采购者掌握供应商的充分信息。

⑤供应商讨价还价的能力。供应商的威胁手段一是提高供应价格；二是降低供应商品或服务的质量。下列情况下，供应商有较强的讨价还价的能力：供应商所处行业由几家公司控制，其集中化程度高于采购者行业的集中程度；供应商无须与替代产品进行竞争；对供应商来说，所供应的行业无关紧要；供应商的产品是有差别的，并且使采购者建立起很高的转换成本；供应商对采购者行业构成前向一体化的很大威胁。

2）五种力量对特定产业/行业竞争力的影响机理（见图 1—4）

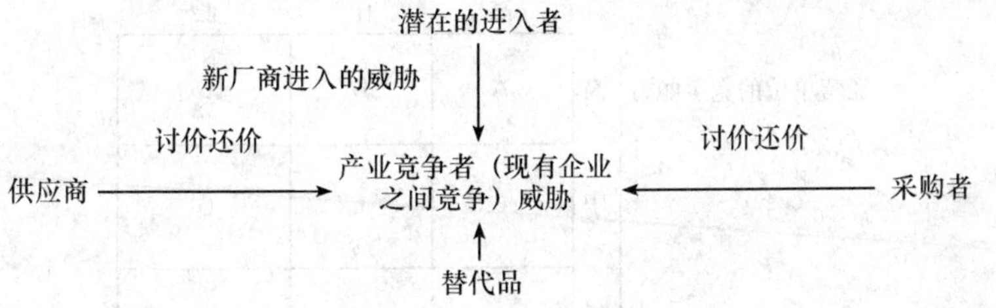

图 1—4　决定产业竞争力的五种力量

①新进入者威胁。新竞争者的加入会打破市场平衡，引发现有竞争者的竞争反应，也就不可避免地需要引入新的资源用于竞争，使收益降低。

②替代品的威胁。市场上若存在着可替代供应商的产品和服务，则该供应商的产品和服务的价格将会受到限制。

③采购者的讨价还价能力。如果采购者拥有讨价还价能力，则一定会利用该能力。这会减少供应商的利润，其结果是影响收益率。

④供应商的讨价还价能力。与采购者相反，供应商会设法提高价格，其结果同样会影响采购者的收益率。

⑤现有竞争者的竞争能力。竞争会导致对市场营销、研究与开发的投入或产品降价，结果同样会减少利润。

这五种竞争力量的集合决定了产业的盈利能力，其原因是它们影响了产业内价格、成本和企业所需要的投资，即影响了投资收益率的诸要素。例如采购者的力量影响企业能够索取的价格，替代品威胁使企业失去市场，供应商力量决定了原材料和其他各种投入的成本，现有竞争者的力量影响企业产品价格、厂房设施、产品开发、广告宣传和推销队伍等各方面展开竞争的成本，新的竞争厂商进入市场的威胁限制了价格，并造成了防御成本的增加。

(2) GE—麦肯锡业务组合分析模型

GE—麦肯锡业务组合分析模型（简称 GE 九盒矩阵）是一种由通用电气公司和麦肯锡咨询集团开发的分析企业业务组合状况的战略管理模型，源于波士顿咨询集团的 BCG 业务组合矩阵。GE 九盒矩阵认为，企业特定业务的状况和相应战略取决于其所处行业的吸引力（或行业魅力）和该业务相对于主要竞争对手的竞争地位（见图 1—5）。

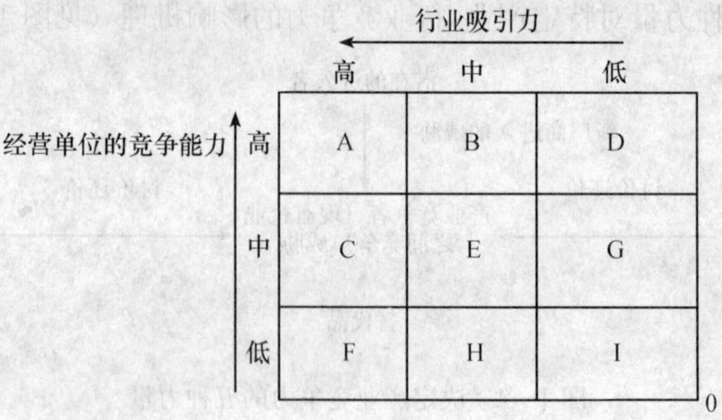

图 1—5　GE—麦肯锡业务组合分析模型

1）行业吸引力的分析，主要是考察行业增长率、市场价格、市场规模、获利能力、市场结构、竞争结构等因素。具体包括以下几点：

①市场规模和表现出的增长率。大的行业比小的行业更有吸引力，快速增长行业比缓慢增长的行业更具有吸引力。

②竞争强度。竞争压力相对较小的行业比竞争压力大的行业更具有吸引力。

③显现的机会和威胁。不远的将来有着明确的机会和最小威胁的行业比有着较小的机会和较大威胁的行业更有吸引力。

④季节性和周期性因素。需求相对稳定，并且对经济起伏不是过分敏感的行业比采购者需求在年内或年间波动的行业更具有吸引力。

⑤资本需求和其他特殊资源的需求。有较低的资本需求（或需求数量在公司能力范围之内）的行业比投资需求可能抑制公司财务资源的行业相对更有吸引力。类似的，不需要专门技术、难以开发的能力或者独特的生产能力（除非这样的需求与多元化经营的公司自己的能力相匹配）

的行业比资源需求超过公司拥有的资源和生产能力的行业更具有吸引力。

⑥与公司现在的业务存在战略匹配关系和资源匹配关系。如果一个行业的价值链和资源需求与公司多元化进入的其他行业的价值链活动以及公司的其他活动和资源能力存在很好的匹配关系，那么，这个行业就很有吸引力。

⑦行业获利能力。有着高利润率和高投资回报率的行业通常比一直是低利润、高风险的行业更有吸引力。

⑧社会、政治、法规和环境因素。在消费者健康、安全或环境保护等领域存在重大的问题或者违反规章制度的行业不如在这类问题上表现较好的其他行业吸引力大。

⑨风险和不确定程度。有着较小的不确定性和经营风险的行业比未来不确定、经营常常失败的行业更有吸引力。

每个行业在这些因素上的综合表现决定了多少行业能够通过吸引力检验，理想的情况是公司业务组织中所涉及的所有行业都有吸引力。

2）根据 GE 模型衡量每一个行业相对于其他行业的吸引力，就是基于所掌握的上述因素的资料，对行业吸引力进行数量衡量。其评价步骤是：选择一组指标用以比较各行业的吸引力→给出每个因素的权重→给出每个因素的量度（模量），最好是 1～10 变化→根据每个领域的具体情况，计算出吸引力的加权平均值。

公司业务组合中每一行业的吸引力评估值计算出来之后，将行业由最具有吸引力到最小吸引力进行排名就是一件简单的事情了。但是，计算行业吸引力分数有两个困难，一是为行业吸引力度量标准设置合适的权数；二是获得足够可靠的资料以对每一因素做出精确客观的评估。没有全面、客观和准确的信息，评估结果就会带有强烈的主观色彩，其有效性取决于管理人员是否已对行业条件做了足够的调查，做出了可靠的判断。权数是在竞争强度、资源需求、战略匹配、风险程度和社会、法规、环境因素等方面进行行业比较时的吸引力标准。总结出一个行业的竞争是强于还是弱于其他行业并不总是容易的，因为竞争的影响类型是不一样的，并且各种类型的相对重要性也不相同。但是无论怎样，行业吸引力的评估是在对多元化公司的各行业从最具吸引力至最小吸引力进行排名时一种可靠的方法——它告诉我们一些有价值的信息，即一家公司多元化进入某些行业为什么比其他行业更具有吸引力。

2. 预测行业发展趋势

行业发展趋势预测需要掌握大量的宏观和行业发展数据，且需要利用一定预测方法和模型，一般是由专门机构进行的。因此，采购人员只需利用权威机构或委托机构发布或提交的分析报告获取所需要的信息。表 1—3 是以《2004—2005 年中国汽车发动机市场研究年度报告》为例，归纳了行业发展趋势预测框架和基本因素。

表 1—3　　行业发展趋势预测框架和基本因素

市场规模与结构	市场供需	市场竞争格局	市场发展因素	市场趋势	市场发展预测
市场规模 总量规模 增长速度 各季度市场情况 产品市场结构 品牌市场结构 市场集中度 品牌市场结构	需求分析 产品 价格 促销 供给分析 产品 市场特征	竞争格局分析 市场竞争格局 竞争手段 集中度 主力厂商市场竞争力	有利与不利因素 市场需求 政策变化 产品技术 产业发展 消费水平	产品发展趋势 价格发展趋势 渠道发展趋势 用户需求趋势 服务发展趋势 竞争发展趋势 技术发展趋势	预测方法与模型 市场规模预测 市场结构预测 产品结构 价格结构 营销渠道结构

由此可见，预测行业的发展趋势需要分析行业增长过程中的投资、消费和出口的影响因素。

（1）投资是拉动行业增长的主要力量

全社会固定资产投资保持较快增长，尤其是民间投资成为新的亮点，将可以拉动全年增长速度。不过，投资快速增长也存在一些问题。一方面，当部分行业供求格局正在发生变化、企业库存开始增加的时候，企业自身的投资增长将受到一定影响；另一方面，当一些行业出现投资增速过快、投资结构不尽合理的时候，会引起“经济过热”的担心，预计部分行业的投资将受到政策面的限制。

（2）消费对行业增长的贡献

随着居民消费结构的升级，消费需求的增加将加速该行业的扩张趋势。当处于消费形态快速变化的时期，消费热点主要集中在住、行等价值量大的高档商品，增长拉动力量强劲。

（3）出口对行业增长的拉动作用

世界经济的复苏和外国直接投资的稳定增长有利于一国出口的增长。一国的出口快速增长对经济增长和行业增长具有一定的拉动作用。

3. 预估产业政策调控效果

国家的产业政策对特定行业的发展有重要影响。制定产业政策的目的，是为了解决资源配置的均衡与效率问题。产业政策作为政府行为，其作用主要是纠正市场失灵、弥补市场缺陷。在发展中国家以及政府主导型市场经济条件下，产业政策还具有实施赶超战略、增强产业竞争力、推进工业化和现代化进程的作用。

从产业政策的性质和作用范围看，可以将其分为两类。一类属于政府的规制，具有共性，所有的经济主体都必须遵循，例如市场准入标准、竞争规则、关税政策、国际贸易规则等。另一类是带有特殊性的、针对个别产业制定的发展规划、投融资和税收等政策。前者属于广义的产业政策，后者属于狭义的产业政策。广义的产业政策，是政府管理经济的普遍行为，虽然表现形式不同，但都是规范经济主体行为和市场竞争秩序、维护国家利益所必须的。美国和欧盟都标榜没有产业政策，但事实上美国实行的“301条款”以及经常性的贸易报复措施和欧盟实行的产品安全与环保技术标准等非关税壁垒，都属于广义的产业保护政策。而通常所讲的产业政策主要是指狭义的产业政策。

大多数竞争性产业的发展，主要应由市场需求和竞争机制去引导，政府的责任在于制定市场准入规则和规范市场竞争秩序。因此，产业政策的重点应当是对关系国民经济全局和国家战略利益而市场作用有限的少数产业实行扶持和产业保护。但这种扶持和保护也必须遵循市场经济的规律，与市场调节的方向一致。

我国作为一个大国，在现行产业政策下，既注重发挥劳动力资源丰富的比较优势，大力发展劳动密集型产业，同时也不失时机地推进产业升级，增强资本密集型和技术密集型产业的竞争优势。在国际分工体系中，选择具有战略性的产业有利于改变为跨国公司做代工的状况，有利于改善国际贸易条件，促进出口产品的结构升级。我国人口众多但资源有限，在这种条件下实现工业化、城镇化和现代化，面临着资源短缺，特别是优质能源短缺的矛盾和困难。

4. 根据历史资料绘制重点商品供销曲线

商品市场行情变动分析主要包括供求变动分析与价格变动分析。在市场运行中，市场供求与市场价格的变动密切相关，其运动过程表现为相互依存、相互影响、互为前提、互为结果。某一类商品供求失衡会直

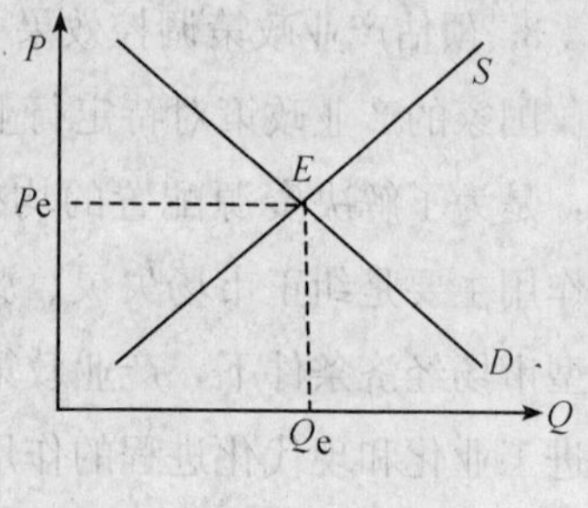

图 1—6　商品供销曲线

接引发该商品价格的上涨或下落，而价格的变动又会调节市场供求关系。因此，在分析商品市场行情变动时，很难将二者截然分开。在同一市场上构成二者变动的原因及其表现形式通常是一致的，而市场价格是其核心。所以，在讨论商品市场行情变动时，将二者结合起来，主要观察和研究价格变动的普遍程度以及波动强度。商品的供求关系包括两方面的内容，一方面是商品的供给和需求在数量上的对比关系，即供过于求、供求平衡和供不应求的关系；另一方面是商品的供给和需求通过价格机制而相互适应的关系。因此，绘制商品的供销曲线可以预测该商品的销售前景，而且这种关系可用图 1—6 来表示。

根据绘制的商品供销曲线，可以观察出在一定时期内商品供给和需求数量的对比关系。在一定价格水平上，商品供过于求的状态会因价格的下降而变为供求大致平衡，甚至变为供不应求，滞销货会变成好销货，甚至变成畅销抢手货。同样，在一定价格水平上，商品供不应求的状态会因价格的上涨而变为供求大致平衡，甚至变为供过于求，畅销会变为难销甚至变成滞销。

四、预测特定商品价格走势

1. 调查商品价格历史资料

商品价格的波动具有周期性，即价格在一定时期内（一年或若干年内）所呈现的有规律的相对上升或下降的运动。每一个周期都将由一个价格上升期和下降期构成，它从开始形成到结束，直到下一个周期再次形成，其周期的长短、变动的频率、速度、方向，及至周期运行期间价格升降的幅度都会呈现一定的规律性。这种规律性将沿着某种惯性，不断循环往复，在不同层次、水平上再现各周期内价格运动的种种数量特征。

调查商品价格的历史资料对现期商品的生产和销售具有指导意义。价格波动有两种形式，一种是价格在一个生产年度（计划年度或自然年度）内的各季节间有规律的升降波动，即进行价格季节性的周期波动；另一种是以若干年为周期运动的时间区域，通常是中期 4～6 年、长期

8～10 年的期间内价格有规律的升降运动，即价格循环性的周期波动。生产和销售也要与这一周期性波动相吻合，而这两种波动形式也是市场行情分析的重要内容。

同时根据统计资料提供的零售价格总指数研究价格周期波动的基本特征，认识各类商品价格周期波动的特征，有助于正确判断和把握不同种类商品价格周期启动的时间、运行的方式以及运行的规律性。

获得商品价格历史资料的渠道多种多样，取决于分析的目的。如需要全球初级产品数据，一般可通过《世界银行商品价格数据》（见表 1—4）获得，世界银行定期公布每月全球初级产品和原材料的价格变化情况，可供有关企业参考；如需要全球商品贸易价格变化数据，则可以利用联合国《商品贸易统计数据库》（commodity trade statistics database，即 UN comtrade 数据库），其中包括世界最全的贸易数据，按 SITC（即联合国国际贸易标准分类）分类。多边机构的商品价格历史资料定期发布，可以免费获取，也可通过其门户网站获取。

表 1—4　　世界银行商品价格数据（2004 年 6 月）

商品	单位		月平均		
			3 月	4 月	5 月
饮料					
可可	b/	¢/kg	150.4	143.8	142.0
咖啡，阿拉比卡	b/	¢/kg	172.1	166.3	169.7
咖啡，罗巴斯达	b/	¢/kg	80.9	80.2	80.6
茶，3 个拍卖价平均		¢/kg	151.3	167.4	168.3
茶，科伦坡拍卖价	b/	¢/kg	172.0	172.3	175.3
茶，前苏联集体农庄拍卖价	b/	¢/kg	122.7	175.9	176.8
茶，蒙巴萨拍卖价	b/	¢/kg	159.2	154.0	153.0
食品					
油脂					
椰油	b/	$/mt	685.0	736.0	722.0
干椰子肉		$/mt	450.0	500.0	498.0
落花生油	b/	$/mt	1236.0	1237.0	1211.0
棕榈油	b/	$/mt	550.0	538.0	518.0
棕榈仁油	b/	$/mt	669.0	727.0	716.0

续表

商品	单位		月平均		
			3月	4月	5月
豆粕	b/	$/mt	306.0	310.0	284.0
豆油	b/	$/mt	691.0	671.0	635.0
大豆	b/	$/mt	413.0	358.0	317.0
谷类					
玉米	b/	$/mt	127.9	133.5	128.2
大米，泰国，5%	b/	$/mt	237.8	240.8	232.5
大米，泰国，25%		$/mt	225.6	229.3	222.5
大米，泰国，35%		$/mt	221.8	226.3	220.0
大米，泰国，特A1级		$/mt	207.4	215.0	213.3
高粱	b/	$/mt	130.2	128.6	118.6
小麦，加拿大		$/mt	190.9	188.7	186.2
小麦，美国，硬红冬小麦	b/	$/mt	166.3	166.6	163.7
小麦，美国，软红冬小麦		$/mt	156.5	157.2	148.3
其他食品					
香蕉，欧盟		$/mt	1037.3	880.3	899.4
香蕉，美国	b/	$/mt	512.6	529.1	549.8
牛肉	b/	¢/kg	214.4	225.1	252.7
鱼粉		$/mt	663.0	652.0	643.0
羊肉		¢/kg	463.3	457.4	448.8
柑橘	b/	$/mt	954.1	858.0	859.0
虾，墨西哥		¢/kg	1 110	1 124	1 124
食糖，欧盟，国内	b/	¢/kg	66.83	65.97	65.30
食糖，美国，国内	b/	¢/kg	46.58	46.40	45.76
食糖，世界	b/	¢/kg	14.24	14.51	13.98
其他原料					
棉花，"指数A"	b/	¢/kg	158.7	152.9	154.2
棉花，孟菲斯		¢/kg	161.5	154.1	n. a.
黄麻		$/mt	267.5	290.0	290.0
橡胶，马来西亚	b/	¢/kg	n. q.	n. q.	n. q.
橡胶，纽约		¢/kg	148.7	153.0	153.9

续表

商品	单位		月平均		
			3月	4月	5月
橡胶，新加坡		¢/kg	135.1	138.8	136.7
剑麻		$/mt	830.0	885.0	885.0
羊毛，64's，英国		¢/kg	543.7	530.5	528.6
化肥					
磷酸二铵		$/mt	219.1	211.5	204.8
磷矿石	b/	$/mt	39.5	39.5	42.0
氯化钾		$/mt	120.0	120.0	120.0
重钙	b/	$/mt	177.5	177.5	177.5
尿素，东欧，袋装		$/mt	n. a.	n. a.	n. a.
尿素，东欧，大宗		$/mt	129.1	130.8	135.7
石油			147.1	147.4	164.2
非能源商品			110.5	110.0	107.9
农业			109.3	108.4	107.4
饮料			90.8	88.9	89.6
食品			120.6	119.6	115.5
油脂			167.1	163.1	152.0
谷类			106.8	108.5	104.9
其他食品			90.4	90.3	91.6
原料			108.2	108.4	110.1
木材			104.5	104.7	109.7
其他原料			110.8	110.9	110.3
化肥			121.1	121.1	123.3
金属及矿产			112.4	112.9	107.5

注：①b/包括在非能源指数中。

②＄＝美元　¢＝美分　cum＝立方米　dmtu＝干公吨单价　kg＝公斤　n. a. ＝无资料。

国内商品价格历史资料可以通过国家统计局、中国人民银行和有关部委发布的商品价格（指数）报告获取。国家统计局定期公布全国工业品出厂价格（即 PPI）统计，中国人民银行定期公布批发价格指数，农业部将每日发布全国农产品批发价格指数。此外企业还可以通过行业协会、商品交易所和专门的数据公司等部门，获得所需的商品价格历史资料。

2. 绘制历年重点商品价格曲线

统计图表具有较强的直观性，它能准确、客观地反映市场行情变动趋势，也能在描述某一趋势的同时展示行情变动的全过程，包括上升行情的峰值、下降行情的谷值以及行情的振动、频率和幅度、最高值和最低值的离差等。

运用统计图表对市场行情走势进行分析时，特别适合于那些具有明显变动规律的行情走势趋向分析。如当价格出现较长时期的缓慢下跌（或上涨）后，通常会出现持续较短的突发性急剧下跌（或上涨）。而当价格急剧下跌（或上涨）之后，又会出现一个向上拉动或平稳行情，称为行情调整时期。而在较长时间价格下跌后，或市场行情处于较长的呆滞期（或称之为疲软时期），一般会有一个价格反弹，或称为出现反向行情等。这些带有规律性的行情变动趋势都会通过某一特定趋势曲线图清楚地显示（见图 1—7）。

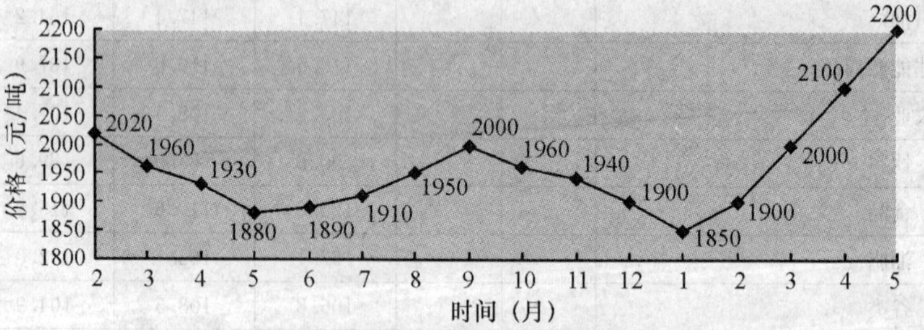

图 1—7　2001—2002 年我国大连大豆现货价格走势

3. 预测商品价格变化趋势

商品市场价格的运行趋势分析是一种预测分析。分析的目的是要确定某种商品的市场行情未来发展变化的趋势。把一个较长时期的市场价格运动过程数据资料排成一个时间动态数列，用图形加以显示，可以观察到行情的不同变化。这种变化基本可以分为 4 种类型：

（1）确定性运行趋势

在所观察的整个期间，某类商品市场价格以不同的比率稳步上升、下降或作水平运动。

这种单向上升、下降或水平运动的市场行情变动趋势，虽然也会受多种因素影响而出现偏离原运行轨迹的情况，但从总的趋势看，其运行的态势基本是确定的。这种确定性运行趋势，称为市场行情单向运动趋势。

（2）与一般市场运行相符合的周期性波动趋势

它以循环波动和季节波动为特征，在确定的时间、区域和较为确定的振动幅度内进行有规律的升降运动。这种趋势通过统计资料是不难观察到的。

（3）不规则性波动趋势

不规则波动融入了许多复杂的因素，可以说任何一种市场因素的改变都会使市场行情产生这种随机性变化。一般而言，这种不规则性波动趋势都属于一种短期市场行情，或称为突发性行情。在市场中，不规则市场行情变动可以分为两种类型：第一种类型起因于外在因素，如战争、天灾、病疫等，这种类型在市场行情中被称为灾难性波动。该类型波动导致市场行情突发性改变，其影响传递较快，由此而形成的市场风险冲击力较大，极易在短期内形成严重的市场危机。对这种突发性行情的预见和把握要比确定性行情困难。第二种类型是由非人为与人为因素相互交织而产生的结果，这种波动在市场行情中被称为随机波动。它的发生多与心理和社会潮流的短期变动有关，有一个发生和发展过程。

（4）确定性波动趋势与不规则波动趋势组合

表现为在基本确定的长期行情趋势运行中，含有短期不规则的随机波动；或是在周期性波动的趋势中，存在着大量的随机波动。这种行情的分析判断也比较难，因为它是属于确定行情趋势中的不确定行情波动。当时间数列足够长时，也许这个行情的趋势很明显呈上升、下降或是有条件的周期波动。但是，在一般行情区域内所呈现的则是不规则的随机波动。因此，在分析中，对于长期行情趋势而言，要判断其总发展趋势和运行特征；对于一个短期行情趋势而言，更多的则是要判断其随机因素对市场行情变动的影响。

4. 商品价格变化趋势分析举例

现以我国 2001—2002 年大连商品期货交易所大豆价格变化为例，说明商品价格变化趋势分析的过程。

（1）供求关系决定一切

大豆受国内大豆供需状况、国际大豆供需状况、大豆季节性供应状况、国家政策和地方性法规等的影响而变化。

（2）大豆受生产周期的影响，一年内价格也呈周期性变化大豆季节性供应：北方春大豆10月份收获，但由于刚收割的大豆含水分较高，运往南方销区易变质，不易储存，需要晒晾后才可外运，故大宗外运要比农民上市迟一个月左右。同时，粮食部门或其他粮食经营单位根据当年产量丰歉及价格变动趋势会有囤积或急售现象，给贸易市场价格带来难以预测的变化。但基本规律是，供应充足或产量较多的年份，11月至次年1月市场大豆较多，以后月份相对较少；供应短缺或生产量相对减少时，11月至次年1月市场大豆相对较少，以后月份供应相对均匀，这是囤积的作用引起的。大豆季节性需求：大豆一年四季都有消费，而且消费量较大，近几年消费需求随人民生活水平的提高有较大幅度的增长，需求的季节性已越来越不明显。一般在7—9月大豆的需求量相对较大。

(3) 大豆价格季节性变化

11月由于新豆开始上市，价格不断下降，到1月由于新豆继续上市，价格下降到最低，此后价格开始逐渐回升，正常年份每月以3%左右的速度上升；若减产年份，9—11月大豆价格上升较多。所以大豆贸易最关键的月份是当年9月至次年1月，交易量大，价格变化也大，若不了解大豆的产需情况，风险也最大，同时，这几个月份对全年大豆价格起着主导作用，标志着价格变动趋势。

(4) 大连商品期货交易所大豆期货价格受全球供求因素影响

从每年的四五月开始，北半球的大豆主产国中国和美国开始播种，到当年9月左右收割。从当年的10月左右开始，南半球的主产国巴西和阿根廷又开始播种，次年四五月收割。其间，各主产国大豆的播种面积、生长期天气、实际产量等都是大豆期货市场中炒作的重要题材。从大豆的生长周期可以看出，每年的六七月属于大豆的供应淡季，而每年的11月左右是大豆供应的旺季，价格属于年内的低谷。但南美和美国大豆的收获对国内现货价格的影响存在时间差（从收获到进口到岸的时间差）到岸时间大约在7月后，这就会使大豆9月合约备受压力。

作为商品期货，大豆期货遵循供求规律。而在国内大豆需求很大程度上依赖进口的情况下，全球大豆的供求发展趋势是影响和决定大豆市场走势的关键所在，而作为农产品期货，大豆期货具有固定的季节性价格波动周期，因此，供求变动趋势和季节性价格波动周期的叠加构成了大豆的走势轮廓。

五、国际市场行情分析

行情分析的范围比较广，涉及社会再生产的各个环节和各个领域以及较多的经济变量。一般来说，行情分析可以分为经济行情分析和商品市场行情分析。经济行情分析实际上就是对世界、地区和国家的经济形势的分析，涉及范围是整体经济活动。而商品市场行情分析则是指对某一类商品、个别商品在一定时期市场动态的分析。经济行情和商品市场行情虽然在性质和内容上有明显的区别，但二者是相互联系、不可分割的。在研究有关商品的国际市场行情时，显然不能不了解经济行情变化的规律、动态和今后一段时期可能发生的变化，因为经济行情的变化会很大程度上制约和影响商品市场行情的变化。

1. 识别经济周期

(1) 经济行情的变化与周期变化的关系

经济行情的变化与周期变化之间存在着密切的有机联系，经济周期的变化制约着行情的变化。

首先，行情作为再生产的具体发展过程，虽然就现象来说是复杂多变的，但其趋势和主流则是与周期的运动一致的。当经济处于危机阶段时，行情的趋势和主流也是下降的。而当经济处于高涨阶段时，行情的趋势和主流则是上升的。在世界市场上，各国经济的景气与不景气是影响行情变化的根本因素，是研究行情首先应考虑的因素。

其次，经济周期变化的阶段性决定了行情也具有阶段性。周期从一个阶段转入另一个阶段，意味着行情将会发生重要的、有时甚至是转折性的变化（高涨转入危机，即向下转折；萧条转入复苏，即向上转折）。例如，危机阶段的前期预示着危机仍将持续；危机阶段的后期预示着危机即将过去，而萧条即将来临。

周期对行情的制约关系，对观察世界市场行情的发展变化并估计其发展前景有着重要的意义。

(2) 经济周期的识别

经济行情的波动与经济周期间存在着密切的有机联系，经济周期的变化制约着行情的变化，并且是影响市场行情发展变化的决定性因素，因此，在分析市场行情时，首先需要了解和识别经济周期。

虽然从理论上说经济周期可分为危机（crisis）、萧条（depression）、复苏（recovery）和高涨（boom）等四个阶段，但是在现实经济生活中，由于经济现象的错综复杂，周期的四个阶段并非截然分明，阶段的交替过程也并非清晰可见。在观察研究当前的周期变化时，要根据现实的资料，进行实质性的分析和判断。首先需要了解两点：

1）周期各阶段变化的顺序是危机—萧条—复苏—高涨—危机，其中某个阶段可能不太明显，但是这种顺序不能颠倒和混乱。

2）各个阶段之间，不仅表现为量的不同，而且也体现着质的不同，即一个阶段在性质上不同于另一个阶段。复苏和高涨都表示经济的活跃和增长。复苏意味着经济比较有活力，还将继续增长，但生产与市场之间的矛盾逐渐激化，生产过剩的条件逐渐成熟。危机和萧条都表示经济的恶化和下降，但危机意味着经济的急剧恶化和持续恶化，而萧条则意味着经济在低水平上的不振状态，但生产与市场之间的矛盾已基本上得到了暂时的解决，经济将重新获得活力，走向复苏。

在研究市场行情时，还应当了解周期各个阶段如何过渡，以及它们之间不同的具体表现。

危机阶段的主要表现是：商品销售困难，商品存货增加；价格趋向下跌；信贷关系紧张甚至破坏，利息率上升，证券价格下跌；工业生产缩减，工商企业倒闭数量增加；失业人数增加；固定资本投资缩减等，总之，整个经济表现出急剧恶化的状态。

萧条阶段的主要表现是：商品存货继续消散；信贷关系趋向缓和，利息率水平低；工业生产停滞于低下水平，商业萎缩；价格相对稳定于低下水平；企业破产和失业现象不再继续发展而暂时缓和等。总的来说，整个经济虽然不再恶化，但表现出停滞不前的状态。

到了复苏阶段，整个经济将表现出活跃状态，具体表现为：生产逐渐回升；固定资本投资逐渐增加；失业人数逐渐减少，就业人数逐渐增加；商业逐渐活跃，价格水平逐渐提高等。当工业生产比较多且比较稳定地超过危机前的高点，周期就由复苏进入高涨阶段。

高涨阶段的主要表现是：工业生产比较多，比较稳定地超过危机前的高点，并继续上升；固定资本投资规模较大，不仅更新，而且扩大；商业活动旺盛，投机活跃，信贷关系扩展，利息率上升；价格加速上涨；企业利润增多等，整个经济表现出繁荣的景象。

2. 鉴别市场行情指标

分析市场行情主要是分析社会总体经济活动的发展过程，从而掌握其变动的规律及其特点。这种分析是通过对影响总体经济活动的指标进行的。

分析市场行情的过程也是对相互关联的经济指标的分析过程。通过分析有关的经济指标来判断度量并探究行情变动的规律和特点，并在此基础上估计未来的发展趋势。

（1）NBER 的经济行情分析指标体系

市场行情研究涉及的内容比较广泛，不仅要分析世界经济和市场的动向，还要研究国别和地区的经济和市场的动向，因此当进行市场行情研究分析时，要搜集和阅览那些能够反映总体经济活动的众多资料，并对其进行分析和研究。当前各国市场行情研究机构所用的指标体系中，具有代表性的是美国全国经济研究局（national bureau of economic research，NBER）所建立的“领先—同步—滞后”的指标体系。在进行一般经济行情研究时，可参考该指标体系。该研究局通过观察数以百计的经济指标在历次商业循环中的表现行为，从中选择出具有代表性的一系列经济指标，并将其区分为下述 3 种类型：

1）领先指标（leading indicators）即预兆性指标。该指标的变化一般先于总体经济情况的变化，故对经济的发展趋势有预兆作用。这类指标主要有：综合股票价格指数、新收订单商品的库存变动、工业原料价格、公司纳税后利润、新建公司数目、建筑合同与许可、制造业工人加班加点时间等。由于领先指标具有预兆性作用，因此，这类指标是行情预测所依据的主要指标。

2）同步指标（coincident indicators）即重合指标。这类指标与总体经济活动的变化基本趋于一致。这类指标主要有：国民生产总值、国民收入、工业生产指数、失业率、个人收入、工商业销售额等。同步指标的变化与总体经济的变化在时间上基本一致，在总体经济出现高涨或衰退时，它也出现上升或下降。鉴于同步指标具有这种“同步变化”的性质，可以根据它的变动来分析总体经济的运行状况。

3）滞后指标（lagging indicators）即落后指标。这类指标的变化往往落后于总体经济情况的变化。这类指标主要有：长期失业、未清偿债务、库存总量、投资总支出额、货币市场利息率等。由于落后指标是在总体经济活动出现变动之后才发生变化，在时间上是落后的，所以它通常主要用来分析行情发生过的变化所具有的某些特征或规律。对于分析目前的状况或预测可能出现的发展趋势而言，落后指标的用途不大。因此，在行情分析和预测的过程中，主要使用领先指标和同步指标。

（2）其他综合性经济行情分析指标体系

上述分类指标是 NBER 根据有关指标在总体经济的运行过程中所具有的变动特征来划分的。在行情研究中，也可根据指标所反映的事物将指标分为经济指标、贸易指标、生产指标、金融货币指标、价格指标等。

1）经济指标。经济指标是指能够反映一般经济情况的指标，如世界经济增长率、世界或国别的国民生产总值、世界经济格局、国民经济结构等。其中，国民生产总值（gross national product，GNP）是反映一国总体经济活动的最重要的经济指标，它是以货币表示的、一个国家在一定时期内（年或季）、国民经济各部门所创造的商品和劳务的价值总和。它包括物质生产部门所创造的价值，也包括非物质生产部门所创造的价值。国民生产总值用货币金额表示，其计值方法有两种，即按市场价格计算的国民生产总值（GNP at market prices）和按要素成本计算的国民生产总值（GNP at factor cost）。当前最普遍采用的是按市场价格计算的国民生产总值，它是生产者在市场上出售商品和劳务的价值总和，或消费者、团体在市场上购买的全部商品和劳务的价值总和。国民生产总值被认为是反映经济动态的“最富有综合性”的指标。在描述一个国家总体经济活动是上升或是下降、是停滞还是复苏时，国民生产总值是一个重要的衡量标志。

2）贸易指标。贸易指标是指国内外贸易方面的指标，如国际贸易量、国际贸易的结构及增长速度、具体国家对外贸易量、大宗商品的国际贸易量和具体国家的进出口量以及具体商品的主要进出口国家等。

3）生产指标。生产指标是指反映商品生产领域活动状况的指标，例如，工业生产指数、固定资本投资、制造业开工率、主要商品的生产量、大宗农副产品的产量等。

4）金融货币指标。这类指标主要包括这个国家的货币发行量、国际货币市场的贷款利息率、货币汇率、通货膨胀率、股票价格综合指数、银行存款利率等。

5）价格指标。价格指标是指有关市场价格方面的指标，如世界市场商品价格指数、大量商品的价格指数、具体国家的批发价格指数、零售价格指数、商品进出口价格指数等。

3. 分析工业生产和订单变化

(1) 工业生产分析

当前主要的发达国家都是工业发达的国家。这些国家的全部物质生产中，工业生产占有很大的比重，而多数非发达国家也日益加大发展其工业的力度，因此，在研究各国经济动态，分析其市场行情时，工业生产指标（industrial production）是个重要且不可缺少的指标。

发达国家都发表比较详细的工业生产统计，这些统计一般都用指数表示。反映全部工业生产动态的为工业生产总指数（industrial production index，total）；反映类别工业生产动态的为类别工业生产指数（industrial production index，by grouping）；反映个别工业生产动态的为个别工业部门生产指数（industrial production index，by selected industries）。个别工业部门的生产也可以用绝对数值表示。

1) 工业生产的范围及分类

①工业生产的范围。在发达国家的统计中，对工业生产所包括的范围缺乏统一的标准。在大部分国家和地区的统计中，工业生产部门一般包括采矿业、制造业和公用事业或电、煤气、水业三部分；有些国家的工业生产部门除了上述三个具体部门外，还包括建筑业，如英国；有些国家只包括两个部分，即采矿业和制造业，如瑞典、瑞士、南非等；还有些国家仅指制造业，如新加坡等。因此，进行行情分析要比较各国的工业生产情况，要注意其范围是否相同，内容是否一致。如果不相同、不一致，则必须进行加工整理，以便进行分析和比较。

②工业生产的分类。发达国家关于工业生产的分类，一般有两种方法，即按部门分类（industry grouping）和按市场分类（market grouping）。按部门分类，是将全部工业生产区分为制造业、采矿业和公用事业。按市场分类，是将全部工业产品按性质区分为最终产品（final products）、中间产品（intermediate products）和原材料（materials）；或将其区分为投资品（investment goods）、中间产品（intermediate goods）、消费品（consumer goods）和原料品（raw material）；也可分为全部产品和原材料两部分。

2) 工业生产指数与经济行情研究

工业生产指数是反映工业生产动态的指数，又可具体分为工业生产总指数、类别工业生产指数和个别工业部门生产指数。由于工业生产在国民经济中占有重要地位，因此，工业生产的变化会影响其他许多经济部门，如工人的就业、国内外市场、物价、货币金融市场等。分析经济行情时，应该将工业生产指数作为主要的参考指标。

首先，在众多反映经济周期变化的指标中，应当以工业生产总指数作为主要指标。工业生产总指数是反映全部工业生产动态的指数，在发达国家里，全部工业生产占全部物质生产的绝大部分，也占国内生产总值的很大比重，因而工业生产总指数很大程度上能反映经济周期和市场行情的变化。经济周期阶段的划分应以工业生产总指数所表现的上升或下降的基本趋势为主要标志，经济危机或衰退的深度及经济高涨的强度应以工业生产总指数的下降或上升的幅度来衡量，同时经济危机或衰退的持续时间也可以用工业生产总指数来计算。

其次，在分析经济行情时，也应将类别工业生产指数与个别工业部门生产指数作为参考指标。全部工业生产是由许多部门工业生产构成的，在周期变化的过程中，不同组类部门工业生产的动态并不完全相同，而是各有其规律和特点。因此，研究各国经济行情时，不仅要了解工业总生产变化的一般规律和特点，还应当了解不同组类工业部门生产变化的不同规律和特点。同时，一些工业部门，如钢铁业、汽车业、建筑业、电子业及化工生产等，在国民经济中占有重要地位，这些部门生产的变动会对整个工业生产乃至整个国民经济产生较大的影响。因此，在经济行情研究中，不能忽视那些个别工业部门生产指数的变动。

(2) 分析订单变化

工业部门一般是根据购货者的订单来进行生产的。厂商不断接受订单，不断进行生产以履行订货合同，工业部门接受订单后，会按订单接受的先后次序陆续生产，这样订单数量的增减不仅能反映当前经济情况的好坏，还可预示一定时期内经济情况的好坏。在分析市场行情时，也应将订单情况考虑在内，分析订单指标变化情况。

当前各国所发表的订单指标，一般有新收订单（new orders）和未交货订单（unfilled orders），后者也称手头订单（orders on hand）。新收订单是在特定时期（某年或某月）所收到的全部订单。未交货订单是在特定日期（某年底或某月底）全部未完成交货的订单。

订单数额的变化可用金额表示，如美国；或以指数表示，如英国。

以金额表示未消除物价变化的影响；以指数表示消除物价变化的影响，这一指数可以反映出物量的变化。

1）新收订单与经济行情。新收订单的增加或减少，反映着经济情况的趋好或趋坏。当经济处在经济周期的衰退阶段，市场情况恶化，商品销路不畅，工业部门接受的订单便会减少。当经济回升、市场情况逐渐好转时，商品的销路开始旺盛，工业部门接受的订单就会逐渐增加。经济行情研究时应注意新收订单的动态。

2）未交货订单与经济行情。未交货订单是过去一定时期新收订单数额减去陆续完成交货的订单数额，是一个积累的数额。当经济情况恶化时，新收的订单会逐渐减少，则积累的未交货订单也会随之增加。所以，在经济周期的变化过程中，新收订单的数额和未交货订单的数额变化基本上是一致的。因此，未交货订单的变化对经济周期性波动也有预兆意义。

4. 分析国内贸易和商品库存

（1）国内贸易分析

国内贸易是指国内市场的商品交换，社会再生产原理认为：任何社会再生产过程，都是由生产、分配、交换、消费这四个既相互联系、又相互制约的环节组成的对立统一体。在这个统一体内部，生产表现为起点，消费表现为终点，分配和交换表现为中间环节，处于中介地位。进一步来看，国内贸易活动是指国内贸易企业在组织商品流通的过程中，为实现商品从生产领域到消费领域转移和商品价值形态的转化而进行的商品采购、运输、储存和销售及其他的经济活动。国内贸易的基本职能是媒介商品交换，使商品从生产领域转入消费领域，实现商品价值和使用价值。商品运动形式体现为一方是买，即把货币转为商品；一方是卖，即把商品转化为货币。因此，商品活动规律是：货币形态——商品形态——复归为货币形态，周而复始，循环不已，其目的在于使商品实体以国内贸易业为轴心，按照合理的流向经过合理的运输路线，尽快实现从生产领域向消费领域的转移。

具体来说，在对国内贸易进行分析时，可以利用社会消费品零售总额，批发零售贸易业商品购、销、存总额，商品购进总额，商品销售总额，批发零售贸易业库存以及消费品市场成交额等指标来衡量其行情运行（具体指标分析详见“相关知识：三、世界市场行情知识”）。

(2) 商品库存与市场行情

企业生产出来的商品不会立即全部通过流通领域进入个人消费或生产消费，总会有一部分成为生产领域和流通领域中的储存。处在储存状态中的商品称为库存。无论工商企业在任何时候都会持有一定数量的库存，然而库存数量的显著增加或显著减少，又与经济情况的好坏有直接关系。因此，库存指标是研究经济情况和分析市场行情的一个重要指标。

当前，主要发达国家的工商业库存统计是在一定的日期（月末、季末、年末）以"账面价值"（book value）表示的货币金额。账面价值是工商企业核算成本的一种记账方法，它不等于现实的市场价值，随着市场行情的变化，可以高于或低于现实市场价值。

企业保持一定数量的库存，是保证持续生产和销售的必要条件，而库存积压和库存增加则是生产过剩的直接表现。但是多少数额的库存是适度而不是过多或过少，不能只从库存的绝对金额来考察。在通货膨胀持续发展、物价不断上涨的情况下，按金额统计的库存变化不能清楚地反映库存数量的变化。存销比率（inventory sales-ratio）这个指标可以在一定程度上解决这个困难。

存销比率是某个时期库存价值与销售价值的比率，它提供了现有库存可供销售若干时间的概念。例如 1998 年 1 月美国批发商业的存销比率为 1.54，说明这个月批发商的库存额（即使不再进货）可以销售 1.54 个月。显然，存销比率的变化比库存价值变化更能反映库存是偏多还是偏少，而其中月度的存销比率更能反映库存变化与周期变化的关系。存销比率的计算并不复杂，只要有销售额和库存额即可计算出来。具体的计算方法有以下两种：

方法一：存销比率＝本月平均库存额/本月销售额

方法二：存销比率＝［(上月末库存额＋本月末库存额)/2］/本月销售额

例如：1998 年 1 月美国工商业全部销售额为 4 240.35 亿美元，月平均库存额为 6 518.84 亿美元，则存销比率为 1.537（6 518.84/4 240.35）。

5. 跟踪综合商品价格指数变化

综合商品价格指数（composite price index）不同于具体商品的价格，它是众多商品的平均价格，反映了一般的物价水平。综合商品价格反映了商品价格变化的一般趋势，它只能用指数来表示，即以某年的价格水平为100，其他年份的价格水平与之相比，体现出上涨或下跌的变化量。

商品价格变化的一般趋势与经济情况的变化有着密切的关联，综合商品价格也是研究经济行情的重要指标。在经济萧条时期，商品市场一般是供过于求，价格趋跌或者虽不下跌，但上涨幅度往往趋缓。而在复苏和高涨时期，商品市场一般是供不应求，价格趋涨。因此，通过分析综合商品价格指数，可对市场行情和经济行情有所了解。

目前，常用的综合商品价格指数主要有批发价格指数（也称批发物价指数）、零售价格指数（也称零售物价指数）以及反映国际市场价格变化趋势的世界商品价格指数。

(1) 批发价格指数（wholesale prices index）

批发价格指数也称为生产者价格指数（producers' price index）。它是表示批发贸易市场上价格变化趋势的指数，往往反映一些商品初次出售时的价格。批发贸易是生产商之间、生产商与零售商之间的贸易，是企业间的贸易，是商品流通过程初级阶段的贸易。

目前，各国编制的批发物价总指数并不包括全部的商品，而只包括比较重要的、有代表性的那些商品，少的只有几十种，多的达到几百种、几千种。而编制这个指数所采用的价格一般是根据每种商品大宗交易的销售价格，即制造业或其他生产者的销售价格或者是有组织的交易所或中央市场的销售价格。

(2) 零售物价指数（retail price index）

零售物价是零售商向消费者出售商品和服务业出售劳务的价格。零售物价指数是众多商品和劳务的综合价格指数。由于这个价格指数主要涉及消费者日常生活方面所支付的商品和劳务的价格，所以，有的国家称之为消费者价格。

(3) 世界商品价格指数（world commodity price index）

世界商品价格指数反映着国际市场价格的水平和变化趋势。现在通常利用的世界商品价格指数有美国的道琼斯商品价格指数、英国的《金融时报》世界敏感性商品价格指数、路透社英国商品价格指数和英国《经济学家》商品价格指数。

道琼斯商品价格指数（Dow Jones commodity price index）是美国

《华尔街时报》的出版者道琼斯公司编制的商品价格指数，分为现货价格指数和期货价格指数。该指数的特点是所反映的主要为农产品，因此，在考察农产品价格动态时有较大作用，故又称为农产品价格指数。相关指数以 1974 年 12 月 31 日为基期，构成该指数的商品共有 12 种，即棉花、小麦、砂糖、玉米、咖啡、天然橡胶、羊毛、可可、燕麦、棉籽油、皮革、黑麦，各种商品占有不同的权数。需要指出的是，构成该指数的目标商品未包括对世界经济动向反映敏感的有色金属。

《金融时报》编制的是世界敏感性商品价格指数（Financial Times Index of sensitive world commodity prices），以 1952 年 7 月 1 日为基期。构成该指数的目标商品也是 12 种，即小麦、玉米、咖啡、可可、棉籽油、棉花、羊毛、琼麻、天然橡胶、铜、锌和锡，但不设立加权比重。该指数选择的商品不多，但却具有较高的代表性，因此，对商品价格变化较为敏感，可用于观察短期商品行情变化的苗头。

路透社英国商品价格指数（Reuter's UK commodity price index）是英国路透社编制的，以 1931 年 9 月 18 日为基期。构成该指数的商品共有 17 种，按所占权数的大小排列分别为小麦、棉花、羊毛、咖啡、铜、砂糖、天然橡胶、玉米、大米、牛肉、黄豆、可可豆、锌、花生、椰干、锡、铅。该指数编制的历史悠久，在了解商品价格长期动向上有较高的利用价值。此外，构成该指数的商品种类较多，因此，能比较全面地反映国际商品市场的价格变化。

《经济学家》商品价格指数（the Economist commodity price index）是英国著名的《经济学家》杂志编制的，以 1975 年为基期。该指数所含的目标商品种类较多，并有分类指数分别以英镑、美元和特别提款权三种货币计算，这是该指数优于其他商品价格指数之处。

除以上指数外，国际货币基金组织编制了世界商品价格指数，以 1980 年为基期。该指数涉及的商品有几十种。

6. 研究世界市场行情

(1) 商品市场行情研究的重点

世界市场行情研究的对象主要是国际商品市场行情，即具体商品市场的变化规律。

在国际商品市场上，国际商品市场价格是国际市场行情的晴雨表，以及市场行情内在各种因素变动的外在表现。因此，研究市场行情的重点就是商品价格的变动，特别是短期内价格的变动。

在国际市场上进行交易的商品成千上万，影响商品价格的因素错综复杂，但是支配商品价格的因素仍是供给和需求的变动。任何影响商品价格的因素都是通过供求来发生作用的，如图 1—8 所示。

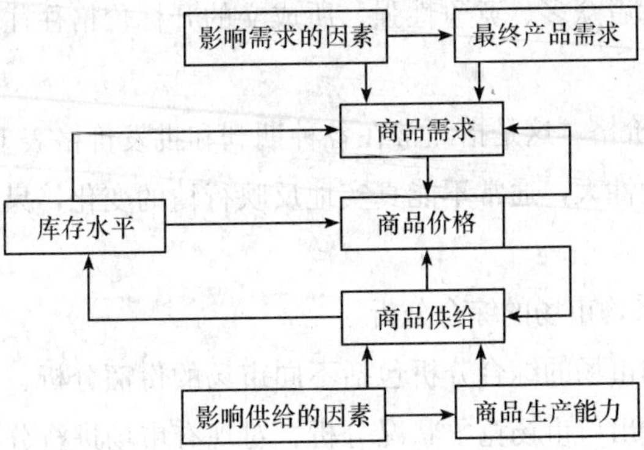

图 1—8　商品价格与供求关系

图 1—8 所表示的是供给、需求、价格以及其他各种外界因素之间相互作用关系，从图上看，直接影响商品价格的是商品的需求和供给，商品的市场价格反过来对商品需求产生影响。

（2）国际商品市场价格类型

国际市场价格即世界市场价格，是一种在国际贸易中被广泛接受的、具有代表性的商品价格形式，其变化受多种因素的影响。例如，垄断程度、经济周期、通货膨胀、供求关系等。在这些因素中，除垄断程度属于市场结构因素外，其他的 3 个均为影响国际市场价格的短期经济因素，而其中供给变化是引起商品价格变化的基本因素。

在研究世界商品市场价格时，需要了解其种类和含义。经常遇到并对采购业务有参考意义的世界商品市场价格主要包括以下 5 种：

1）成交价格。这是能够迅速而确切地反映世界市场价格动态和水平的一种价格，是一种最重要的行情指标，但是通常只有买主和卖主知道，仅个别交易会在报刊上有所透露。

2）交易所价格。交易所价格是当前常用的贸易方式之一，许多大宗初级产品的交易在很大程度上是通过这种渠道进行的。在商品交易所进行交易时形成的价格就是世界价格，也是许多国家签订合同确定价格的主要依据。

3）拍卖价格。拍卖价也是一种实际成交价，它不附带什么特别条件，能反映某些商品市场行情的变化和水平。

4）开标价格。某些国家和大企业为购进大批物资，有时以公告方式向世界承销商招标，通过招标成交形成的价格即为开标价格。一般来说，由于参加投标者众多、竞争性强，所成交的开标价格往往低于一般成交价格。

5）参考价格。这是指经常在各种期刊和批发价格表上公布的价格。其特点是虚伪性大，通常不能真实地反映行情的变化，只能起到参考作用。

7. 全球采购市场的综合分析

全球采购市场的综合分析包括不同市场的份额分析、各国采购量变化趋势分析、出口市场竞争状况分析、对现有市场进行分析和监控以及市场交易量/价比较分析。

(1) 不同市场的份额分析

通过不同年度各个市场从中国的进口量可以判断市场空间的大小，并对各个市场容量做出对比分析。

(2) 各国或地区采购量变化趋势分析

首先，对各个国家或地区在华采购某产品的量进行月度/季度汇总。通过汇总的贸易统计数据，反映不同目标市场的采购量的动态变化趋势。例如，中国香港市场在内地的采购量近年来维持平稳的水平，但随着中国出口总量的增加香港在内地市场采购量所占国内出口的比例逐年递减。因此，通过全球进口市场分析，可以帮助企业掌握全球需求变化，了解市场结构、趋势及分布状况。

(3) 出口市场竞争状况分析

如果了解国内竞争对手竞争分布就可以对竞争区域的产品特点做出一个估计分析，从而采取有针对性的贸易决策。具体包括：按供应商统计的竞争状况分析，反映企业竞争对手季度/全年的出口情况，及它们在该时段所占份额；按启运港口统计的竞争状况分析，按启运港口统计的竞争区域分布、区域出口量及其在目标市场的竞争状况。分析竞争对手的分布状况、出口量与价格，明确企业自身市场地位，根据竞争状况调整出口战略。

(4) 对现有市场进行分析和监控

作为企业重点开发、维护的现有市场意义重大。但市场行情变幻莫测，企业是否能做到对该市场准确、即时的把握，在很大程度上取决于对现有市场进行的分析。通过数据分析报告，对特定市场价格、采购量、竞争区域等类目的分析，企业可以明确在现有市场中所面临的机会与挑战，从而进一步巩固并提升企业在该市场的占有率。具体的监测点是：

1）价格监控——明确市场价格的波动范围，预测变化趋势。

2）采购量监控——明确市场采购量变化，掌握变动规律。

3）竞争区域监控——关注竞争对手区域分布，提高风险管理水平。通过对目标市场价格、采购量与竞争状况的监控，明确企业在现有市场中存在的机会与挑战，确立竞争优势，稳定企业发展。

（5）市场交易量/价比较分析

国际市场总是在不断发展变化的，因此，对全球市场采购量与价格的动态分析对于客户开发或维护特定市场意义重大。通过量价动态分析图表可以为企业提供时段内的量价走势，具体包括以下几项：

1）需求量/价综合走势分析——找到需求量和价格变化趋势相对稳定的市场；明确需求量与价格之间的相互影响以及其变化规律；对未来市场的需求量及价格变化作预测。

2）需求量/价对比分析——在确定的变化区间内制定出一个合理的价格；判断需求量对价格的敏感程度，因为一个市场需求量的增加，往往可以引起价格的提高，通过需求量的变化可以反映出其对价格的敏感程度。通过对全球各个进口市场量、价格的分析比较，明确采购量与价格的对应关系，判断目标市场走势。

◎相关知识

一、宏观经济知识

1. 总供给与总需求

总需求（通常记为 AD），指在其他条件不变的情况下，在某一给定的价格水平上人们所愿意购买的产出的总量，即所有生产部门所愿意支出的总量。总需求是消费者、企业和政府支出的总和，它既取决于价格水平，也取决于货币政策、财政政策和其他因素，被分解为消费需求、投资需求、政府需求和国外净需求。用公式表示，即：

总需求＝消费＋投资＋政府购买＋出口

总供给（通常记为 AS），是指一定时期内一国企业所愿意生产和出售的物品和劳务的总量。总供给就是总收入，也就是 GDP（Gross Domestic Product）。用公式表示，即：

总供给＝消费品＋投资品＋税收＋进口

总供给取决于价格水平、经济的生产能力和成本水平。

第一，总供给与总需求是一对具有时空意义的概念。就时间意义而言，指的是某一特定时期的总供给和总需求，比如一月、一季、一年等，长短因考察的目的而异。就其空间意义而言，指的是某一国家或地区的总供给和总需求。

第二，总供给和总需求应当既包括有形产品的供给和需求，也包括无形产品即劳务的供给和需求。

第三，总供给与总需求是市场经济的范畴，只有在市场经济条件下，“供”与“求”才有实际意义。因此，只有那些以货币为媒介，经过市场交换的商品和付费劳务（或称商品性劳务）才是总供给的内容；只有对这些商品和付费劳务的需求才是总需求的内容。可见，并不是所有的产品和劳务都是总供需的内容。

第四，总需求指的是有货币支付能力的有效需求。

第五，总供给与总需求指标同国民经济总量指标既有联系又有区别，因为它们各自的目的不同，前者是用来考察总供给与总需求平衡状况的，是宏观经济分析的工具；后者是用来衡量国民经济发展总规模的。

2. 宏观经济政策

开放经济下宏观经济管理仍然主要是通过对社会总需求进行调节而实现的，而对总需求的调节又可从需求总量和结构两方面来进行，进而可将宏观经济政策分为支出增减型政策和支出转换型政策两种类型。

（1）支出增减型政策

支出增减型政策主要通过支出水平的变动来调节社会总需求的水平，它包括财政政策和货币政策。财政政策是政府利用财政收入、财政支出和国债对经济进行调节的经济政策。它的主要工具包括财政收入政策、财政支出政策和国债政策。货币政策是中央银行通过调节货币供给与利率以影响宏观经济活动水平的经济政策，它的主要工具是公开市场业务、再贴现率以及改变法定准备金率等。

（2）支出转换型政策

支出转换型政策在开放经济中主要通过支出方向的变动来调节社会需求的内部结构，支出方向变动包括支出从外国商品和劳务转向本国商品和劳务，以及支出从本国商品和劳务转向外国商品和劳务，进而改变总需求内部外国商品和劳务与本国商品和劳务的结构比例。支出转换型政策主要包括汇率政策与直接管制政策。汇率政策主要通过确定汇率制度与汇率水平来对经济产生影响。在宏观调控中，汇率政策主要是通过汇率水平的变动来实现政策目标。直接管制政策指政府对经济交易实施的直接行政控制，主要包括贸易管制（如关税、进出口配额和许可证等）与金融管制（如外汇兑换管制、汇率管制和资本管制等）。

3. 经济周期变化

自 1825 年英国爆发第一次经济危机以来，资本主义市场经济一直在繁荣和萧条的交替中发展。西方经济学家对资本主义经济波浪起伏的发展曾作这样的描述：繁荣之后有危机，经济发展让位于衰退。国民收入、就业和生产力下降，价格与利润跌落，工人失业到达最低点后，复苏开始。复苏可以是缓慢的，也可以是快速的。它可以是不完全的，也可以是强大到足以导致新的高涨的。新的高涨可以表现为长期持续旺盛的需求、充足的就业机会及上升的生活标准。它可以表现为短暂的价格膨胀和投机活动，紧随而至的是又一次灾难性萧条。

这种经济活动呈现上升和下降的周而复始的运动称为经济周期。西方经济学家一般把经济周期分为四个阶段：繁荣，即经济活动的扩张阶段；衰退，即由繁荣转为萧条的过渡阶段；萧条，即经济活动的紧缩阶段；复苏，即由萧条转为繁荣的过渡阶段。

自 20 世纪以来，西方经济学家对此起经济周期性波动的原因有种种解释，这些解释大都与对经济周期某一侧面的着重分析有关，扼要介绍主要论点如下：

1）创新说。把经济的周期性高涨归因于科学技术的重大发明创造。

2）消费不足说。把周期性萧条归因于一般人用于消费的收入的相对不足。

3）投资过多说。把周期性衰退归因于投资过多（同社会需求相比）。

4）心理说。把经济的周期性波动归因于人们悲观和乐观的预期的交互作用。

5）货币说。把经济的周期性波动归因于银行对货币和信用的扩张和收缩。

6）太阳黑子说。把经济的周期性危机归因于太阳黑子的出现（因为据说此现象影响气候和收成）。

7）政治因素说。把周期性衰退归因于政府采取制止慢性通货膨胀的政策。

8）乘数—加速说。把经济的周期性波动归因于乘数和加速数的交互作用。

以上诸论点，除太阳黑子说已无人再提及之外，都可归结为外因说或内因说。外因说强调战争、革命、政治事件、金矿的发现、人口与移民的增长、新资源的发现、科学发明、技术革新等的作用；内因说则强调投资、储蓄、政府支出、货币供给、企业家心理、消费者心理等的作用。

二、市场预测知识

1. 定量预测

定量预测是用过去的数据预期未来。第一类定量预测方法需要从得出的线性或多元回归模型中找出领先指标。第二类定量预测方法是假定销售（或其他需要预测的事项）随时间而重复遵循某种模式。时间序列的分析工作包括识别模式以及进行预测。该模式有常量、趋势、季节变量、其他循环变量、随机变量、转折点6个相关方面。

具体有回归趋势模型、移动平均模型和指数平滑模型3种模型。

2. 定性预测

定性预测是对所观察事物的性质及发展方向做出主观判断。它的特点是凭预测者高度的理论素养、长期的经验积累、敏锐的观察能力，通过演绎归纳逻辑推理做出主观判断预测。优点是可以充分发挥预测者的主观能动性，需要的历史资料较少，不一定要求资料的完整性与系统性；缺点是无法对事物量的变化幅度做出比较精确的判断。主要有指标预测法、因素分析法和专家意见法3种预测法。

（1）指标预测法

指标预测法根据经济指标在行情变化过程中所表现出的特点将指标分为三类：

1）领先指标。先于总体经济活动变动的指标，包括新收订单、建筑合同与许可、股票价格、工业原料价格。领先指标可预示生产、就业及总体经济活动的变动，因此，常利用领先指标预测周期的转折点。

2）同步指标。与总体经济活动同步变化的指标，包括国民生产和国民收入、工业生产、就业和失业、制造业和商业销售等，可指示周期的发展阶段及进程。

3）落后指标。落后于总体经济活动变化的指标，包括固定资本投资、长期失业、库存总水平等。

（2）因素分析法

因素分析法是将影响行情的众多因素分为有利因素和不利因素两类。有利因素指支撑总体经济活动扩张的因素；不利因素指导致经济活动减缓或下降的因素。具体程序是：

1）列举影响行情变化主要的有利因素与不利因素。

2）比较评价各种因素作用的方向、程度和时间，做出分析。

3）得出前景看好、前景黯淡、依然如故等3种结论。

（3）专家意见法（德尔菲意见法）

专家意见法是聚集许多人的想法，并做某种程度的判断而得出预测结果。市场预测来自销售人员、地区销售经理等，就是一个典型的例子。预测也可能自上而下地产生。德尔菲技术（Delphi technique）是一种正规的预测技术。收集预测观点虽然缺乏定量技术的精确性，但结构却相差无几。专家意见法的步骤是：确定预测目标、选定专家小组、设计调查表和调查提纲、第一轮征询、综合整理及反馈。

3. 需求预测常用方法

需求预测常用的方法有购买者意向调查法、销售人员综合意见法、专家意见法、市场实验法、时间序列分析法和统计需求分析法。预测时要考虑长期、短期、新产品、老产品等因素，多以已有产品的短期预测与企业的销售预测为主体，以过去、现在、将来可持续销售的产品为基础，以过去实际业绩为依据。

（1）主观方法——推测法

根据经营负责人意见的推测：可以发挥丰富的经验和直觉，弥补资料的不足。

销售人员意见的推测，其优点有：第一，简单易行；第二，对用户需求了解深刻，更有市场洞察力，预测值更可靠、风险小；第三，适用范围广；第四，直接参与销售预测，对完成业绩更有信心，但必须进行修订，否则受能力和知识的局限，会缺乏对整体的规划和判断，为完成业绩而压低预测值。销售预测的一般方法有以下几种：

1）将企业过去的销售记录制成统计表，依次设计未来的销售形式。

2）由营销单位和销售人员对自己未来的销售情况进行预测或估计，然后将结果按地区和产品种类综合起来，形成一个总的销售预测数字。

3）对消费者购买力进行估计也是销售预测的一种方法。

4）对市场和经济趋势进行分析解释，也可以作为判断未来销售情况的重要因素。

企业在销售预测时，一般将上述方法交叉运用，即以销售单位或人员的估计为基础，比较过去的记录，然后在对购买力的估计和对经济形势的解释的基础上加以调整。

根据用户意见的推测：征询用户潜在的需求或未来购买计划，了解用户购买活动、变化、特征等。

（2）客观方法——根据过去业绩

1）时间数列分析法。销售业绩按年、月次序排列，画出曲线，分析曲线走向。

2）趋势变动分析法。根据过去、现在业绩趋势，估计未来情况。

3）循环变动分析法。按工业盛衰变动周期进行预测。

三、世界市场行情知识

“行情”一词源于拉丁文的 conjunctus，原意是指相互联系的信息、形势、情况和条件的总和。但现在在经常接触的英美经济学著作和相关资料中，已见不到 conjunctus 这个名词，甚至这个名词的原有经济含义已不为人们所熟悉，常常见到的是“商业情况”（business conditions）、“经济情况”（economic conditions）、“经济波动”（economic fluctuations）、“经济摆动”（economic oscillations）和“商业循环”（business cycles），实际上就是行情。

1. 经济周期

如前所述，经济活动呈现上升和下降的周而复始的运动，这种经济周期现象是世界市场行情分析的重要变量。西方经济学家一般把经济周期分为繁荣、衰退、萧条、复苏4个阶段。

2. 国内贸易指标

（1）社会消费品零售额

指各种经济类型的批发零售贸易业、餐饮业、制造业和其他行业对城乡居民和社会集团的消费品零售额。这个指标反映了通过各种商品流通渠道向居民和社会集团供应生活消费品满足其生活需要，是研究人民生活、社会消费品购买力、货币流通等问题的重要指标。社会消费品零售额包括以下几项：

1）售给城乡居民作为生活用的商品和住房及修建房屋用的建筑材料。

2）售给机关、团体、学校、部队、企业、事业单位的职工食堂和旅店（招待所）附设专门供本店旅客食用、不对外营业的食堂的各种食品、燃料；企业、单位和国营农场直接售给本单位职工和职工食堂自己生产的产品。

3）售给部队干部、战士生活用的粮食、副食品、衣着品、日用品、燃料。

4）售给来华的外国人、华侨、港澳台同胞的消费品。

5）居民自费购买的中、西药品，中药材及医疗用品。

6）报社、出版社直接售给居民和社会集团的报纸、图书、杂志，集邮公司出售的新、旧纪念邮票、特种邮票、首日封、集邮册、集邮工具等。

7）旧货寄售商店自购、自销部分的商品零售额。

8）煤气公司、液化石油气站售给居民和社会集团的煤气灶具和罐装液化石油气。

9）城市建设、房产管理等部门、企业、事业单位售给居民的商品房。

10）农民售给非农业居民和社会集团的商品。不包括售给国民经济各部门企业、事业单位（包括国有经济的农场）生产经营用的各种原材料、燃料、设备、工具等和售给批发零售贸易业、餐饮业作为转卖用的商品、旧货寄售商店受托寄售卖出的商品、服务业的营业收入、邮局出售邮票的收入、自来水、电力、煤气生产（供应）单位的产品供应收入，也不包括农民之间的商品销售。

(2) 批发零售贸易业商品购、销、存总额

指以各种经济类型的批发、零售贸易业（不包括个体）为总体的商品购、销、存。商品购进总额指从本企业（单位）以外的单位和个人购进（包括从国外直接进口）作为转卖或加工后转卖的商品。这个指标反映批发零售贸易业从国内、国外市场上购进商品的总量。商品购进总额包括以下几项：

1）从工农业生产者购进的商品。

2）从出版社、报社的出版发行部门购进的图书、杂志和报纸。

3）从各种经济类型的批发零售贸易企业（单位）购进的商品。

4）从其他单位购进的商品，如从机关、团体、企业、单位购进的剩余物资，从餐饮业、服务业购进的商品，从海关、市场管理部门购进的缉私和没收的商品，从居民收购的废旧商品等。

5）从国（境）外直接进口的商品。不包括企业（单位）为自身经营用，和未通过买卖行为而收入的商品以及销售退回、商品剩余等。

(3) 商品销售总额

指对本企业（单位）以外的单位和个人出售（包括对国/境外直接出口）的商品。这个指标反映批发零售贸易业在国内市场上销售商品以及出口商品的总量。

1）售给城乡居民和社会集团消费用的商品。

2）售给工业、农业、建筑业、运输邮电业、批发零售贸易业、餐饮业、服务业等作为生产、经营使用的商品。

3）售给批发零售贸易业作为转卖或加工后转卖的商品。

4）对国（境）外直接出口的商品。

不包括出售本企业（单位）自用的废旧包装用品；未通过买卖行为付出的商品；经本单位介绍，由买卖双方直接结算，本单位只收取手续费的业务；购货退出的商品以及商品损耗和损失等。

(4) 批发零售贸易业年末库存

指年末各种经济类型的批发零售贸易企业（单位）已取得所有权的商品。它反映各地区、各批发零售贸易企业（单位）的商品库存情况和对市场商品供应的保证程度。期末库存包括以下几项：

1）存放在批发零售贸易业经营单位（如门市部、批发站、经营处）仓库、货场、货柜和货架中的商品。

2）挑选、整理、包装中的商品。

3）已记入购进而尚未运到本单位的商品，即发货单或银行承兑凭证已到而货未到部分。

4）寄放他处的商品，如因购货方拒绝承付而暂时存放在购货方的商品和已办完加工成品收回手续而未提回的商品。

5）委托其他单位代销（未作销售或调出）尚未售出的商品。

6）代其他单位购进尚未交付的商品。

不包括所有权不属于本单位的商品、拨付除批发零售贸易业以外的其他行业所属独立核算加工厂等加工生产尚未收回成品的商品、代国家物资储备部门保管的商品等。期末库存总额计算方法是：农副产品采购单位按购进价计算，批发单位按进货价计算，零售单位按什么价格核算就按什么价格计算。

（5）城乡集市贸易成交额

指在农村集市和城市集市上买卖双方（包括农民、非农业居民、机关、团体、工商企业、个体商贩）成交的全部商品金额，是反映集市贸易规模的综合性指标。

（6）社会农副产品收购

指国民经济各部门（包括批发零售贸易业、餐饮业、制造业和其他行业）以及非农业居民直接从居民、国有农场、劳改农场、机关和部门农场等农业生产者处收购的农、林、牧、渔业产品，以及从农业生产者处收购的这些产品的加工品，如土糖、土纸、草席等。不包括农业生产者之间购买的农副产品。它反映农业向工业提供了多少生产原料，向居民提供了多少生活消费品。

（7）法人机构

指独立核算批发零售贸易业、餐饮业法人企业。独立核算法人批发零售贸易企业、餐饮企业应同时具备以下条件：

1）依法成立，有自己的名称、组织机构和场所，能够承担民事责任。

2）独立拥有和使用（或授权使用）资产，承担负债，有权与其他单位签订合同。

3）会计上独立核算，并能编制资产负债表。

（8）网点

指本批发零售贸易企业（单位）设立的从事批发、零售贸易业务的自然单位，包括本企业（单位）自身，凡具有独立固定的营业场所，配备一定的业务人员，不论单位大小，不论是否单独核算，均按自然网点计算，即有一个点就算一个网点。不包括同一营业场所内各柜组以及派出的流动推销小组、流动售货车等。

(9）人员

指在批发、零售贸易网点工作并取得劳动报酬的从业人员，包括职工、聘请的离退休人员等。

3. 商品价格指数

商品价格指数又称物价指数，是反映计算期销售或购进的全部商品价格总水平与基期水平相比升降变动程度的相对数。通常以计算期（年度、季度或月度）与基期（某年度、季度或月度）相对比的百分数表示，是一种经济指数。

商品价格指数按其包括范围的不同，分为单项商品价格指数（或称个体物价指数）、商品类别价格指数（或称物价类指数）和物价总指数。单项商品价格指数是反映某种商品的平均价格水平变动程度的指数；物价类指数或物价总指数是反映某一类或全部商品价格总水平变动程度的指数。物价指数按其所采用基期的不同，分为环比物价指数（以上一期为基期）、年距环比物价指数（以上年同期为基期）和定期物价指数（以某一固定时期为基期）。

(1）基期和计算期（报告期）物价指数

基期和计算期（报告期）物价指数指某一时期的价格水平和另一时期的价格水平对比计算的相对数。通常把作为对比基础的时期称为基期，把与之进行对比的时期称为计算期或报告期。计算期为一个月的指数称为月指数，计算期为一年的称为年指数。月指数的基期为上年同月，年指数基期对哪一年没有严格的规定，只是所选的基年不同，价格指数的大小和反映的意义不同，原则上应选取社会政治、经济较稳定，价格变动行为较为正常的年份作为基年。

(2）物价类指数和总指数

物价类指数和总指数是反映某一类商品和全部商品价格总水平的变动趋势和程度的相对数。其中，物价类指数是在单项商品价格指数的基础上加权综合的，它是单项商品价格指数的加权平均数；物价总指数是在各类指数的基础上加权综合的，其权数应根据各类全部商品的购销总额来确定，故总指数并不是所选代表规格品价格变动的简单平均数，而是代表全部商品购销价格总水平的实际变动幅度。

(3) 商品价格指数种类

目前国家统计部门编制的物价指数主要有居民消费价格指数、商品零售价格指数、农副产品收购价格指数等。

1）商品零售价格指数是反映两个时期市场上商品零售价格水平变动趋势和程度的相对数。过去，商品零售价格指数中除包括消费品外，还包括农业生产资料，从1994年起，商品零售价格指数与农业生产资料价格指数成为并列指标。商品零售价格是商品在流通过程中最后一个环节的价格，是工业、商业、餐饮业和其他零售企业向城乡居民、机关团体出售生活消费品和办公用品的价格。商品零售价格指数反映着市场商品零售价格的变动趋势和变动程度。

2）居民消费价格指数是度量一组代表性消费商品及服务项目价格水平随着时间变动的相对数，反映居民家庭购买的消费品及服务价格水平的变动情况。它是宏观经济分析和决策、价格总水平监测和调控以及国民经济核算的重要指标。其按年度计算的变动率通常被用来作为反映通货膨胀（或紧缩）程度的指标。居民消费价格指数与商品零售价格指数既有联系也有区别。前者站在“买”方角度来观察，后者站在“卖”方角度来观察；前者包括服务项目而后者不包括；后者包括对社会团体出售消费品和办公用品价格而前者不包括。

3）城市居民消费价格指数是反映城市职工及其家庭所购买的生活消费品和服务项目价格变动趋势和程度的相对数。用它可以观察和分析消费品的零售价格和服务项目价格变动及其对职工收入的影响。

4）农村居民消费价格指数是反映农村居民家庭所购买的生活消费品和服务项目的价格变动趋势和程度的相对数。用它可以观察农村消费品的零售价格和服务项目价格变动及其对农村居民生活消费支出的影响，直接反映农民生活水平的实际变化情况。

5）农产品收购价格指数是反映国有商业、集体商业、个体商业、外贸部门、国家机关、社会团体等各种经济类型的商业企业和有关部门收购农产品价格的变动趋势和程度的相对数。农产品收购价格指数可以观察和研究农产品收购价格总水平的变化情况，以及对农民货币收入的影响，作为制定和检查农产品价格政策的依据。

6）工业品价格指数是反映工业企业产品价格变动趋势和程度的相对数。工业品价格包括工业品第一次出售时的出厂价格和企业作为中间投入的原材料、燃料、动力购进价格。

(4）国家发改委价格监测中心编制的国际市场商品价格指数

改革开放以来，我国进出口贸易发展迅速，与世界经济联系不断扩大，国内市场与国际市场、国内价格与国际价格的相互联系、相互影响已非常紧密。目前，我国石油、橡胶、铁矿石、氧化铝、棉花、大豆等产品需大量依靠进口，这些产品的国内价格越来越多地受国际市场价格变化的影响。为了解和分析国际主要商品价格变化情况及其对我国的影响，国家发改委价格监测中心编制了国际市场商品价格指数，这是继道琼斯商品价格指数、路透社商品价格指数之后的又一个国际市场商品价格指数。

国际市场商品价格指数分为现货价格指数和期货价格指数，分别简称为中价国际A指数和中价国际B指数。该指数以2002年价格为基期，按月编制和发布。与道琼斯商品价格指数和路透社商品价格指数相比，该指数的特点有以下几项：

1）列入指数编制的商品，主要是对国际、国内市场价格影响较大及我国进口量较多的初级产品，包括小麦、玉米、大米、大豆、豆油、食糖、棉花、羊毛、纸浆、木材、天然橡胶、原油、有色金属及部分钢材、化工产品等共33种商品，其中，列入现货价格指数的有29种，列入期货价格指数的有22种。

2）涉及的国家和国际市场比较广，能够比较全面地反映国际市场价格总体情况，调查的国家涉及22个主要生产国、出口国和进口国，涉及60个有代表性的国际市场。如小麦的价格选择了美国、加拿大、澳大利亚和中国四地作为比较，而大豆则参考了美国、巴西、阿根廷和中国的现货和期货市场价格。国际上目前通用的路透社商品价格指数（现货与期货）主要是17种英国国内商品的市场价格与进出口商品的价格，美国的道琼斯商品价格指数（现货与期货）包括20种商品，除了3种商品是依据英国伦敦金属交易所的价格外，其他17种商品全是美国国内商品价格。由于现阶段铁矿石、焦炭等商品价格对我国经济影响较大，依据专家的建议，国际市场商品价格指数还专门增加了两个指数。因此，针对性和参照性更强。

4. 国际商品市场分类

国际商品市场是国家之间进行商品交换的场所，是国际性商品的流通领域。它是由参加国际贸易的进口国和出口国组成的，市场上所交易的商品就是各国进口和出口的商品。国际商品市场是自发地、在国家间的激烈竞争中发展起来的。

（1）消费品市场

消费品综合市场；农副产品综合市场；粮油市场；肉类市场；禽蛋市场；水产品市场；蔬菜市场；果品市场；棉花市场；中药材市场；竹材市场；饮食市场；其他农副产品专业市场。

工业消费品综合市场；针纺织品市场；日用工业品市场；服装市场；鞋帽市场；眼镜市场；家用电器市场；日用杂品市场；家具市场；旧货市场；食品市场；酒类市场；卷烟市场；文体用品市场；图书市场；文物市场；工艺美术品市场；集邮市场；其他工业消费品专业市场。

（2）生产资料市场

生产资料综合市场；工业生产资料综合市场；石油（成品油）市场；煤炭市场；化工材料市场；木材市场；矿产品市场；建筑装饰材料市场；钢材市场；有色金属市场；机械设备市场；五金工具市场；电子产品市场；机动车（船）市场；旧机动车（船）市场；汽车配件市场；废旧物资市场；其他生产资料专业市场。

农业生产资料综合市场；农用机械市场；农机配件市场；化肥市场；农药市场；种子市场；农用地膜市场；兽药市场；饲料市场；其他农业生产资料专业市场。

（3）生产要素市场

房地产市场；金融市场；劳动力市场；科技市场；信息市场；产权市场；其他生产要素市场。

第二节 需求确定

◎鉴定要点

通过学习，掌握预测企业中、长期发展变化的方法，提高修订需求计划的能力。

◎工作内容

一、预测企业中长期内部需求变化

1. 企业增长态势分析

企业增长态势分析即企业成长性分析，它是预测企业中长期内部需求变化的基本依据。所谓企业增长态势或成长性，是指企业在发展过程中，其所在的产业或行业所具有的发展性、企业产品的前景、公司规模的扩张态势，以及企业经营效益的变化趋势。

企业成长性分析不同于企业经营业绩分析。企业经营业绩分析，主要从盈利水平、财务状况、经营管理、行业地位、市场占有率等因素出发，对净资产收益率、资产负债比率、流动比率、存贷周转率等一系列量化指标进行静态考察，属于滞后性分析。而企业成长性分析则属于全方位、动态的前瞻性、预测性分析，它基于业绩分析和经营环境分析，洞悉行业、市场乃至产品的变化趋势，判断企业未来可能发生的变化。

企业增长态势基本因素如下：

(1) 内在因素

1) 企业在本行业中所具有的规模优势。主要包括销售额、资产额、雇员总数。从市场竞争的角度来讲，一个企业在行业中规模越大，资本实力越强，其长期竞争的能力就越强。一方面，规模经济可产生更多的边际效益，使其在成本、价格上占有优势；另一方面，巨大的资本实力可以增强公司的抗风险能力，并使其在激烈的竞争中可以投入更多的资金开拓市场。按照市场竞争的一般结果，通常是行业中最大的几家成为行业巨人，绝大多数中小企业不是被兼并就是被淘汰，所以行业内的前几名具有稳定的成长性。

2）企业的产品优势。产品长期优势主要考察其产品生命周期特征。一种产品的生命周期可分为开创期、成长期、成熟期和衰退期四个阶段。其中成长期期末和成熟期是其利润的最大产出期，此时投资获利较大。而在开创期，需要大量资金投入，产品的市场前景又难以确定，风险较大，此时投资，一旦成功，获利丰厚，一旦失败，损失惨重。而衰退期的产品将被新产品所替代。

3）企业财务状况。保持合理的财务结构和盈利水平，具有较强的筹资能力，是企业成长性的具体表现。其中，压缩成本、控制开支对公司的利润增长具有杠杆作用。

4）企业决策体系及开拓精神。这是保证企业不断成长不可或缺的因素。其中，新项目的开发和新技术的应用至关重要。公司要向前发展，就要有新项目投入运作，这是企业业绩增长的主要因素。此外，企业领导决策层要有开拓创新精神，不断进取，与时俱进。

（2）外在因素

1）国家宏观调控及政策倾向。我国实行的是以政府为主导的市场经济体制，政府宏观调控及政策倾向对各行业及其成长具有重要影响。在经济发展过程中，总有一些行业受到政府的特殊鼓励，有的则受到某种限制。这一因素的考察，主要看区域开发政策变化、产业政策变化和开放政策变化，以及相关的金融、税收、物价等政策的变化。例如，能源、交通、农业等基础行业，以及对国民经济有重大影响的支柱产业，如科技、石化、机械、电子、建筑、汽车等，都会得到国家有关倾斜政策的扶持。这些特殊行业具备其他行业无法比拟的成长环境。对此，企业应有长期观察和准确判断。

2）产品市场需求状况。市场需求是企业生产最根本的推动力，而持久旺盛的市场需求才是一个行业和企业长期发展的保障和基础。如房地产、汽车等行业，随着经济的快速发展和人民生活水平的不断提高，市场需求也必将日趋旺盛。估算未来特定市场需求是相当复杂的过程，一般需要进行环境预测、行业预测和企业销售预测。通常可以采取的方法有以下几种：

①采购者意图调查法。调查双方通过交谈或在假设营销环境和其他

条件一定的情况下，预测人员利用采购意图量表对企业购买者或潜在购买者进行测试，然后经过一系列分析，预测顾客可能潜在采购的产品及其潜在采购的可能性大小。

②销售人员意见综合法。不直接与客户联系，企业通过听取和综合销售人员的意见，完成对现有和潜在客户会买多少企业所生产的每一种产品的估计。

③市场测试法。对于新产品，企业可以通过市场测试，进行新产品或新服务概念开发需求量分析、同类产品比较预测、产品计划预测和产品生命周期预测等。

④假设成长率为一定的预测法。对处于稳定增长状态下的市场，最简单的销售预测公式是：明年的销售额＝今年销售额×（今年销售额/去年销售额）。

3）集团公司控股优势的影响。某些大型企业集团公司采用部分上市方式，从而使上市公司成为集团公司中优质资产的集合体，并接受集团公司的统一领导。沪市中的海尔、宝钢、中国石化等公司就是其中的代表。作为集团公司的窗口，上市公司的业绩往往得到集团公司内部的大力支持，同时优质资产也不断地被注入到上市公司中，并使其业绩和发展后劲得到提高和增长。

2. 企业成长性财务状况分析

基于历史和现实数据，进行财务状况分析是企业成长性、增长态势分析的关键环节。目前，上市公司的财务状况分析最为规范，它主要包括以下几项：

（1）盈利水平分析

反映企业盈利水平的财务指标主要包括净资产收益率、资产回报率、销售利润率、盈利增长率、每股销售额及每股现金额等。

净资产收益率＝发放普通股股息前的净收益/公司的普通股股东权益总值。它可以反映出公司能否有效地运用财务杠杆提高股东收益，是分析企业盈利水平高低的一项主要指标。净资产收益率与企业的盈利水平、投资价值、成长性呈同向变化关系，具体也无固定的衡量比率，但一般绩优股净资产收益率均高于20%，甚至更高。

资产回报率＝发放股息及缴税前的净收益/平均资产总额。这一比值很高的上市公司较为容易筹集到生产经营所需资金，因为它可以为投资者提供较高的投资收益。

盈利增长率是企业在过去三年中每股收益的年平均增长率，可以综合反映出企业的竞争实力、生存能力、管理水平等。分析该项指标时，一方面是增长率要高，另一方面要稳定增长，而对盈利水平的过分波动则应予以高度重视，是否存在隐藏的市场因素、产品问题或其他偶然因素，是否会对以后的盈利产生某种程度的影响。

销售利润率＝净利润/销售总额。它是衡量上市公司经营效率的主要指标之一。该项指标越高，表明企业投入的相对成本越低，企业的经营越有效。但由于该指标往往因行业的不同而产生很大差别，不能机械地套用。

每股销售额＝过去一年中的销售总额/股票平均发行数。它所反映的是上市公司每股股票向社会提供产品与服务的份额。分析每股销售额在过去三年中的变化情况，可以看出上市公司在市场销售中的发展趋势。

每股现金额＝公司经营所产生的现金/股票的平均发行数。每股现金额反映出每股股票产生现金的多少。

（2）利润相对额分析

该项指标主要是通过每股税后利润来表现的，从财务角度来讲，每股税后利润 0.80 元的上市公司比 0.40 元的上市公司成长性好得多。

（3）利润总额分析

利润总额的绝对增长是企业成长的基本表现，利润总额增幅较大，表明企业经营业绩突出，发展前景乐观，市场竞争能力较强。从长期考察，利润总额的增长可分为两种情况，一种是波动性增长，另一种是持续稳定增长。前者在某种程度上暴露出上市公司在生产经营方面可能存在一些问题，后者反映上市公司具有内在活力，长期看好。

（4）主营业务收入分析

企业经营收益通常可以分为主营业务收入、投资净收益、其他业务收入三部分。其中，主营业务增长是公司利润增长的主渠道，能够反映公司的主要经营业绩。因此，在公司利润增长的前提下，要分析是否来自主营业务，这是上市公司具有成长性的主要表现。投资净收益是公司从事证券投资业务获得的净收入。该项收入具有相对的不确定性，不能真实反映公司经营实力的强弱。其他业务收入指上市公司从事主营业务以外经营活动获得的收益。通常情况下，该项收入比重较小。但当某公司利润增长中其他业务收入增长较快时，应结合财务报告中“经营业务”内容分析其成因。

（5）利润增长率与股票市盈率之比分析

该项指标是指上市公司税后利润增长率对当年比较期的该股市盈率的倍数，这一指标能够比较真实、客观地反映该公司的成长性。一般情况下，该指标的倍数最小不得小于1。

基于以上所述，企业可以撰写出企业增长态势（成长性）分析报告，供高级采购经理人员进行企业中长期内部需求分析。

3. 中长期内部需求分析

（1）把握影响需求的内在变量

影响企业采购需求变化的内在变量主要是企业生产计划、销售计划、库存情况和其他内部需求。

1）掌握历年生产计划及其调整过程。生产计划又称生产大纲，它是根据销售计划所确定的销售量，在充分利用生产能力和综合平衡的基础上，对企业所生产的产品品种、数量、质量和生产进度等方面所作的统筹安排，是企业生产管理的依据和采购需求确定依据。

生产计划部门与采购部门和销售部门存在最重要的接口关系。要定期向市场预测部门提供生产计划，采购部门、销售部门都要参与要货计划评审，生产部门要反馈前期要货计划差异量，召集供产销评审会议，向市场部门提供可执行的发货计划；市场预测部门每月向产品计划提供无约束的滚动要货计划、重大项目的进展情况及要货计划所面临的市场风险等，在不能满足市场要货时，要向生产计划部门给出客户订单需求满足的先后次序。

尤其重要的是，生产计划部门与采购（调度）部门要更为密切地配合。基于生产计划，生产计划部门应及时向采购部门提供采购计划、例外信息、采购预测、预缺料、重大欠料等，并监督采购计划、例外信息的执行；采购部门应向计划部门反馈采购计划、例外信息的执行情况，物料供应中的异常问题等，以便及时、准确把握内部需求变化。

2）掌握历年销售计划及其调整过程。销售计划是企业各项计划的基础，是影响企业采购需求的重要变量。销售计划中必须包括整个详尽的商品销售量及销售金额。

销售计划一般包括以下内容：

①商品计划（制作什么产品）。

②渠道计划（透过何种渠道）。

③成本计划（用多少钱）。

④销售单位组织计划（谁来销售）。

⑤销售总额计划（销货收入总额多少，销售到哪里，比重/占有率如何）。

⑥促销计划（如何销售）。

显然，对于采购需求确定来说，销售总额计划是最主要的，它是销售计划的精华所在，也是销售计划的最终结果体现。

需求计划是滚动计划的主要输入，采购需求管理的思想基于对销售预测和要货预测的正确认识，是以更好地使用而不是以片面追求准确为前提的。为此，采购经理需要参与销售预测评审。销售预测制订的一般步骤为信息收集与分析、销售预测的制订和销售预测的评审。销售预测评审就是在同一时间内综合专家预测和统计分析预测，对预测进行可信性与可行性分析，并对预测结果进行决策的过程。销售预测的输出一般为跨度 12 个月的分产品的销售计划。

在销售预测已完成的前提下，借助统计规律，并结合已收集的相关环节数据，即可制订市场需求计划。典型的市场需求计划的制订过程包括：通过对在谈项目的梳理，确定小合同剩余、大合同剩余、即将签单的重大项目、销售预测（不含即将签单的重大项目）四项数据的要货分布。将这四部分数据按月求和，就可得到未来 3～5 个月需求计划量。长期的市场需求计划量则根据销售和发货比例来确定。

3）掌握库存情况。在企业需求计划形成、调整过程中，及时了解和恰当地控制库存，是非常关键的环节。企业可以用一些高效率的订货/补货方法，达到与整个需求计划的衔接，这些方法主要是：

①两箱法，即把物品的存货分为主要存货和后备存货，两个存货被设定同样的预定数量，当主要存货被用完，后备存货开始消耗时，就下达一个新的补货订单。

②目视评审法，即定期地用目视法核对存货水平，经评审，在需要把存货水平恢复到某一预先确定的现有库存与已订购量之和的最大值时，就发出补货订单。

③订货点法（固定订货量——可变订货周期制），当库存物品在库存

下降到一预先确定的水平（称为订货点）时，发出补货订单（通常订货量为预先计算好的 EOQ）。

④定期评审法（固定周期——可变订货量制），库存记录被定期地评审，每周一次或每月一次，并定期地订货，使现有库存加上已订货量的库存总量恢复到预先确定的最高水平。

4）掌握其他内部需求变化。其他内部需求，是指来源于公司内部相关部门（如各产品线项目管理处、维护事业部、中央备件部）用于满足产品研究开发、自制设备、环境实验、维修维护、备品备件的各种需求（包括位于产品结构顶层的整机模块的需求或构成整机模块的各种零部件、配件、毛坯、原材料的需求）。表现形式为：相关部门每月向各组织提交的未来数月的物料需求计划（包括产成品、半成品、元器件），各组织向其他组织提交的未来数月的物料需求计划。

如果内部需求部门计划有变化或急需，要及时反馈给生产计划进行计划更改、追加计划或提出紧急需求。对于实施内部订单的内部需求要通过内部订单发运自动核销内部需求。对于无内部需求计划的零星领料，物控人员要进行严格审核，确保对生产冲击最小。

企业采购经理人员要定期与生产、销售和库存部门接洽，掌握采购需求计划的制订和调整情况。

（2）分析影响内部需求的外部变量

1）市场供给因素分析。一般说来，影响特定商品市场供给的主要因素是价格因素和外部环境因素。

①价格因素包括商品价格、相关商品（替代品、互补品）价格、生产要素价格和生产者预期价格四项。

②外部环境因素主要是生产技术水平及其所决定的行业/产品生命周期变化、政府的税收政策和价格政策的变化等。

2）市场需求因素分析。影响特定商品市场需求的主要因素是价格因素、消费者因素和市场环境因素。

①价格因素包括商品价格、相关商品（替代品、互补品）价格和消费者预期价格三项。

②消费者因素包括消费者数量、消费者偏好、消费者收入水平和消费结构。

③市场因素包括商品市场饱和程度、订单变化率和广告费用变化等。

分析影响内部需求的上述外部变量的方法和获取数据的渠道多种多样，本节和第一节已对此多有阐述，不再赘述。

二、修订需求计划

1. 确定需求计划修订与调整的目标和重点

需求计划的修订实质上是一个以供产销协调为核心的企业需求管理过程。需求管理是计划部门一个主要工作，它涉及市场计划、生产计划和采购需求计划等部门的工作范围，主要包括以下几项：

1）如何得到一个准确、及时和全面的需求计划。

2）对需求来源的正确性和及时性进行管理。

3）进行需求优先级管理。

4）进行供应能力管理。

可见，采购作为需求管理的一部分，采购需求计划不应仅仅囿于采购自身。采购需求计划的修订与调整的目标和重点，就是根据生产计划、销售计划和其他相关计划，调整采购需求总量和结构，以确保及时、可靠、充分和低耗费的供应。

2. 与计划接口部门沟通，进行供产销综合评审

（1）召开要货计划评审会

企业每月由市场/计划部门召集由市场、生产和采购部门参加的要货计划评审会，会议主要审视需求计划变动和合理性，供应环节根据新的市场要货计划调整生产策略和制订新的采购到货计划。

（2）召开供产销评审会

要货计划评审会起到了评审需求合理性、通报需求变动信息和供需沟通协调的作用，但在供需平衡方面作用不大，供应环节可能会对需求波动有所抱怨。为此，可将范围扩展至供产销，即召开供产销评审会议。

供产销评审会议可分为上期计划执行情况分析，本期无约束市场需求介绍、本期供应能力介绍、可执行的发货计划评审四个部分，并对每一部分都建立模板，其中包含了数据要求及基本格式。

1）市场计划提供无约束的市场需求，并提供需求波动的上下限。供产销会议不对市场需求的可信度进行评审。无约束市场需求介绍模板包括短期（近三个月）需求计划介绍模板和远期需求计划介绍模板。短期需求计划介绍模板主要包含下单合同需求、剩余合同需求、在谈项目总

量、在谈项目需求预测等基础数据。远期需求计划介绍模板主要从市场需求空间及不确定性、竞争的不确定性与市场策略、市场需求趋势等方面介绍需求计划及其波动范围。

2）生产计划对上期计划执行情况进行分析和回顾，并指出本次计划执行过程中预计会出现的关键物料和约束产能。采购部门对未来（一般为三个月）的物料供应状况进行介绍，识别出潜在的约束物料及解决对策，制造部门对现有的产能进行分析，识别出主要的产能瓶颈及解决对策。

3）供产销评审会议依据无约束的市场需求和未来的供应能力，制订出一个现实的、平衡的可执行发货计划以满足市场需求并合理利用关键资源。

3. 调整需求计划

（1）修订和调整采购需求计划的品种和数量

在需求不稳定的情况下，每种物料事先设定的批量和提前期可能会与需求不匹配，从而导致按需求计划运算生成的采购需求计划不符合企业的实际情况，因此，需要及时修订和调整。以品种和数量为中心，计划修订要及时、具体，据此形成经调整后的产品采购需求分析表，参见表 1—5。

表 1—5　　调整后的产品采购需求分析表

库别代号：　　　　存货类别：

产品编号	产品名称	期初存量	需求量	采购量	采购金额	已订未交量	期末存量	进货量	使用量	最后使用日期	最低采购量	安全库存

（2）修订和调整采购需求计划价

价格调整是采购需求计划修订的基本内容。企业制订的采购计划价应尽可能接近实际采购价（不含税），并包含由企业承担的应计入物料实际成本的杂费。制订计划价时要认真仔细，考虑全面，减少出错或偏差，并要考虑到未来一段时间内采购价的变动走势因素。

计划价调整不应过于频繁。除一些特殊情况外，计划价在年度内一般不作调整。在计划价偏离实际价较大的情况下，企业需要修订计划价，但最好选择在年初修订计划价，这样让仓库过账更方便、直观。

企业修订计划价必须要有一套明确、完整、规范的机制，并与生产部门、仓库部门、财务部门和销售部门协调好，基准日把握一致，有利于各方同步调整，并做到形式上的“账实相符”。

基于上述内容，采购部门综合各方意见，提出需求计划调整意见和初步方案，提交采购决策部门。一般说来，应由经理办公会议做出需求计划调整决议，并相应下达指令。需要指出的是，目前许多企业的采购管理实行了总经理或董事长“一枝笔”的做法，计划调整由一个人“拍板”，带有一定的主观性和随意性，这样既不符合管理原则，也容易出现决策偏差。应当注意到，需求计划是企业制订采购计划的直接依据，其调整必须客观、谨慎和严密。

◎相关知识

需求管理（demand management）一般包括处理预测，客户订单输入，销售确认与合同承诺，合同冲销预测方法，销售分析，各地区、分厂之间的需求以及备品备件需求等内容。目前的需求管理，大多是借助和利用 MRP 和 ERP 系统进行的。在 ERP 系统中，需求管理被赋予了更深层次的含义，它是供需链管理的“龙头”，决定整个企业的经营生产运作。市场的需求瞬息万变，做好需求管理对于企业利用资源、把握机遇和健康运行至关重要。

一、物料及其三种管理特性

1. 物料的内涵

在传统的生产管理教科书中，是没有“物料”这个名词的。物料的英文在 MRPⅡ/ERP 系统中多数是“item”，有的进口软件译为“项目”。但是对那些能支持“按设计专项订货（engineer to order）”的单件/小批生产的软件，也就是有“项目管理（project management）”模块的软件，再把“item”译为“项目”就容易同“project”混淆。此外，国内已公认把 MRP（material requirements planning）译为“物料需求计划”，可见，这里 material 同 item 指的是同一个内容。因此，按中文用词严密的习惯，统称为物料。

物料的一般定义是为了产品销售，所有需要列入计划、控制库存、控制成本的一切物的统称。范围包括原材料、配方成分、配套件、标准件、毛坯、副产品、联产品、在制品、产成品甚至设备备件、工艺装备或某些能源，这些是组成物料清单（BOM）的最基本元素。绝大多数物料是可以库存的，但也可以是非库存型的，如电能或某种形式的“虚拟件”。不论是否库存，都要列入计划并计算成本。总之，物料是计划的对象，也是库存和计算制造成本的对象。

2. 物料的三种管理特性

物料有物料的相关性、物料的流动性、物料是有价值的三种管理特性。

（1）物料的相关性

任何物料总是因某种需求而存在；没有需求的物料就没有存在的必要。

（2）物料的流动性

既然有需求，物料总是不断从供方向需方流动；物料的相关性决定了物料的流动性。

（3）物料是有价值的

一方面它占用资金，为了加速资金周转，就要加快物料流动；另一方面，在物料形态变化和流动的过程中，要用创新竞争（不仅是削价竞争）提高物料的技术含量和附加值，用最小的成本、最短的周期、最优的服务，向客户提供最满意的价值并为企业自身带来相应的利润。这也是增值链（value-added chain）含义之所在。

三种特性相互作用、互相影响。理解物料的管理特性有助于理解物料需求管理的特点。

二、物料需求的类型

就制造业来讲，由于物料需求来源的依据不同，MRPⅡ系统把物料分为“独立需求（independent demand）”和“相关需求（dependent demand）”两大类。这是物料需求计划（MRP）创始人、美国 IBM 公司的专家 Dr. Joseph A. Orlicky 在 1965 年首先提出的。

位于产品结构最顶层的是销售的产品，其需求是由市场或客户订货决定的，即由企业外部因素决定的，称为“独立需求”。而构成销售产品的各种零部件、配套件、毛坯、原材料等在产品结构中最顶层以下的各层物料，它们的需求是由销售产品的需求决定的，称为“相关需求”。有些物料具有双重性质，如某些零部件可以安装在产品上，也可以作为备品备件直接出售。可见，只要管理好独立需求（销售产品的需求），其余一切物料的需求计划都可以根据产品结构或物料清单按照 MRP 运算逻辑得出。物料清单是制造业信息化管理必不可少的重要管理文件，如果缺少 MRP 软件的支持，建立复杂产品的物料清单是有困难的。这说明先进的管理思想和方法需要信息技术的支持。

三、物料需求管理的基本过程

按照供需链管理思想，需求管理是一种系统管理，概括起来有三个过程，即了解需求、获取需求、保证需求。前两个过程主要是处理“独立需求”；后一个过程主要是处理“相关需求”。三个过程是有内在联系的，而且都需要得到信息技术的支持。

1. 了解需求

了解需求是指对市场和销售进行分析与预测，并与客户建立长期合作伙伴关系的过程。在了解需求方面，传统的 MRPⅡ系统由于是面向企业内部的，还仅限于一种等待客户上门接受订单的被动姿态，这在剧烈的市场竞争环境下是远远不够的。必须建立一支强大的营销队伍，主动出击，建立“竞争情报网”，“刺探”各个行业、各个地区、各类客户的需求。这里，政府为企业提供信息服务是非常必要的，企业履行了纳税义务，就应当有权无偿享受必要的行业和地区需求和发展信息，以利于公平竞争。

通常，市场分析是指对未来销售行为的定位和估计，包括对技术和产品发展的预测、开拓新的市场或增加市场份额、创造需求、寻找新的增长点。而销售分析是指对已发生销售行为的分析，这里，联机分析处理（OLAP）技术将起到重要的作用。比如当企业发现一种产品销售额下降，必须弄清究竟是哪些地区甚至哪个具体城市、哪类销售渠道、哪类产品的影响；在产品性能、质量、价格和服务上同竞争对手有什么差异；有无时间和季节波动的影响。只有掌握具体、细致和实时的信息，才能及时做出正确的决策。有时，仅仅改善一下售后服务，就能使销售额明显上升。

据资料介绍，得到一个新客户所花的代价，往往是保持一个老客户所需代价的6～10倍。因此，要把提高客户的满意度、同客户建立长期合作伙伴关系，作为企业获得需求的一项重要经营策略。在保持长期合作伙伴的同时，也要有所筛选，根据企业盈利和客户业绩分析，终止同那些信誉不好的客户的商务关系。这类分析，都需要MRPⅡ系统提供信息支持。

2. 获取需求

了解需求是为了获取需求。显然，了解需求并不等于获取需求，不等于签订合同。在获取需求方面，不仅信息技术的支持是绝对必要的，还需要有机智灵活的营销战略。例如：某塑料制品企业从Inernet上获知，全球塑料原料供过于求，预计价格会大幅度下跌。于是在一个工程项目上，该企业决定按盈亏平衡点以其他企业不敢想象的低价格投标，赢得了合同。不久，原料价格大跌，该企业依然获得了可观的利润。这里，Internet提供了重要的信息，而企业家的智慧和胆略同样起了不可忽视的作用。

获取需求往往表现在时间上的竞争——抢在竞争对手之前，以最快的速度回答客户的询问，报出可靠的承诺。面对客户询问，任何地点的销售人员，都要能及时访问企业遍布各地仓库的库存状态，调用生产信息，对需求计划与企业能力和资源进行模拟，寻求优化方案，落实交货期。必要时组织有关合作伙伴形成敏捷制造的动态联盟（虚拟企业），来满足客户的需求。这些都离不开Intranet、OLTP、可以同步运行需求计划和能力计划的APS（advanced planning and scheduling）技术、分销需求计划（DRP）和MPS/MRP的模拟功能等信息技术。

还要看到，并非所有需求都一定要下力气争取。有些情况，企业还要根据获利大小进行选择。获利性分析是物料需求管理要用到的一项重要功能，企业应当把有限的资源用来制造最增值的产品，为企业带来最大的利润。另一方面，也要注意客户的信用或信誉，长期拖欠的货款不是企业到手的销售收入，而且存在成为坏账的危险。客户信誉分析在了解和获取需求阶段都是物料需求管理要用到的重要功能。

随着电子商务应用的普及，物料需求管理又会有新的内容。客户可以随时从网上了解企业的产品，企业也可以从网上了解市场需求，简化和加快交易程序，使企业有更多获取需求的机会。

3. 保证需求

企业拿到订单后，必须保证按客户需求履行合同，企业履约率是持续不断地获取更多需求订单的前提。不同类型的物料用不同的方法确定其需求量。在MRPⅡ系统中，针对独立需求件的计划称为主生产计划（master production schedule，简称MPS），计划对象的种类较少；针对相关需求件的计划称为物料需求计划（material requirements planning，简称MRP），物料种类和数量繁多。企业的生产加工计划和物资供应计划是通过展开物料清单由MRP一揽子形成的，简化了编制计划的方法，提高了编制计划的效率，保证了需求的一致性，也体现了信息集成的优势。

基于MRPⅡ系统，保证需求的要点是：首先，确定优先级的计划（priority planning），按照客户要求的实际交货顺序，安排制造计划的优先顺序。为了区别优先级，按季或月安排计划是不够的，必须把时间段细化到周或日，统称为分时段计划（time-phased planning）。只有按优先级处理物料需求，才能保证物料按照需求的顺序不停顿地通畅流动，同时，使企业的有限资源得到合理的利用。再者，为了迅速响应环境的瞬息变化，需要及时修正的计划（on-going）。这些特点是保证需求所不可缺少的，也离不开信息技术的支持。此外，除了制造计划外，运输及发货计划、地区间仓库调拨计划同样不可忽视，这是保证需求不可或缺的方面。必须考虑整个供需链各个环节的计划，只有使客户按合同得到所需的商品，才是真正保证了需求。

四、物料需求周期

需求管理效率最终要体现在时间上。客户从签订合同到收到商品的周期称为需求周期，企业从开始下达计划到把商品交到客户手中的周期称为生产周期（总提前期）。生产周期与需求周期的比值称为P/D比，P/D值越大，客户满意度越大。

交货期最短的是现货生产（make-to-stock，MTS），其次是订货组装（assemble-to-order，ATO），再次是订单生产（make-to-order，

MTO)；最长的是按订单设计（engineer-to-order，ETO），P/D 比为 1。对后三种类型，产品设计的影响很大，一条基本的原则就是用最少量规格的原材料，制造出众多的零件，用最少品种的零件组装成性能规格众多的产品。MRPⅡ/ERP 系统主要是管理方面的信息系统，为了缩短交货期，必须从产品开发设计阶段入手，如采用成组技术（group technology)、并行工程（concurrent engineering）等。

为了缩短生产周期，还必须运用工业工程改进工艺和技术，降低更换产品品种的时间，尽量按照需求量来确定生产批量，提高对市场需求的应变能力和灵活性。此外，为了减少由于质量或设备故障造成计划失效、交货延误，要用到统计过程控制（statistical process control，简称 SPC）和预防性设备维护（preventive maintenance，简称 PM）等先进的质量管理和设备管理技术，防患于未然。这也是实施计算机集成制造系统（CIMS）的目的所在。

总之，物料需求管理是一项系统工程，涉及面很广，既要有正确的经营战略，又要有先进的管理技术和信息技术。这也说明，管理信息系统只有在企业领导决策层的正确经营战略指引下，同先进的管理思想及信息技术结合起来，才能真正发挥作用。

第二章 采购计划制订

第一节 采购战略制订

◎鉴定要点

通过学习，了解采购战略、采购决策和采购外包的基本知识，掌握采购战略和采购政策制订流程、外包与第三方采购服务方法和采购手册编写程序。

◎工作内容

一、制订和实施采购战略

企业采购战略是依据企业总体战略就采购活动所制订的带有指导性、全局性、长远性的基本运作方案。制订并组织实施采购战略是高级采购师的基本职责。

企业采购战略制订是一个基于采购环境分析，确定采购目标，谋划与选择采购策略，最终形成采购战略规划的过程。

1. 进行采购环境分析

（1）采购环境分析的内容

内外部环境分析是制订和调整战略的重要依据，也是贯穿战略管理全过程的关键环节。企业采购战略环境分析包括供应环境分析和企业内部采购环境分析。

1）供应环境分析。供应环境分析需要从宏观、产业和供应商等三个层面着手。

①采购的宏观环境。即那些可能对企业采购活动带来机会和威胁的主要社会经济因素，如政治环境因素、经济环境因素、法律环境因素、其他环境因素等。政治环境因素包括供应商所在国的政局稳定性、政策变更与调整、政府更迭、战争或恐怖事件及罢工等。经济环境因素涉及国民经济结构、国民经济增长速度、财政货币政策、外贸政策、投资政策、国际经济联系等。法律环境因素是与采购相关的法律体制的完善程度及其变化等。其他环境因素，如社会环境、自然环境和技术环境等。

②供应商所处行业环境分析。涉及行业生命周期及增长率、市场结构（行业集中度）及其竞争性、行业供求状况、行业效率（利润率）、行业生产与库存量、供应商数量及其分布等多个方面。其中，市场结构分析尤为重要。根据产业组织理论，供应商所处行业的市场结构可划分为完全竞争市场、垄断竞争市场、寡头垄断市场和完全垄断市场。

a. 完全竞争市场。市场信息完备，透明度高，产品结构、质量、性能和价格在不同供应商之间几乎没有差异，如农副产品。

b. 垄断竞争市场。一般有大量供应商存在，各供应商提供差异性产品，没有很强的进入和退出壁垒，供应商讨价还价能力不强，如大多数日用消费品、家用电器和工业产品，供应商处于垄断竞争市场的比例最高。

c. 寡头垄断竞争市场。几家大供应商占据绝大多数市场份额，企业进入壁垒高，供应商讨价还价能力强，如石油、电力、电信等。

d. 完全垄断市场。包括自然资源垄断（如国家造币所需专用林场的木材）、政府垄断（如铁路、邮政）和控制垄断（如拥有专利权的微软）。在完全垄断市场上，供应商只有一家，所以在交易中占有绝对优势，完全控制了价格。

③供应商因素分析。涉及供应商的组织结构、财务状况、产品开发能力、生产能力、工艺水平、质量体系、交货周期及准时率、成本结构与价格等。

2）企业内部采购环境分析

①采购在企业管理中的地位。企业的高层领导是否认识到采购管理对产品质量和价值以及企业利润的贡献，在企业流程重组中将采购管理放在什么位置。

②各部门（主要是生产、销售和财务等接口部门）对采购工作的支持力度。销售部门是否有充足的资金保证，设计部门提供原材料、零部件变动情况的及时程度，人力资源部门是否提供适合采购管理人员的激励机制、薪酬水平和培训机会。

③信息技术在采购工作中的应用程度。

（2）采购环境分析步骤

采购环境分析流程如图 2—1 所示。

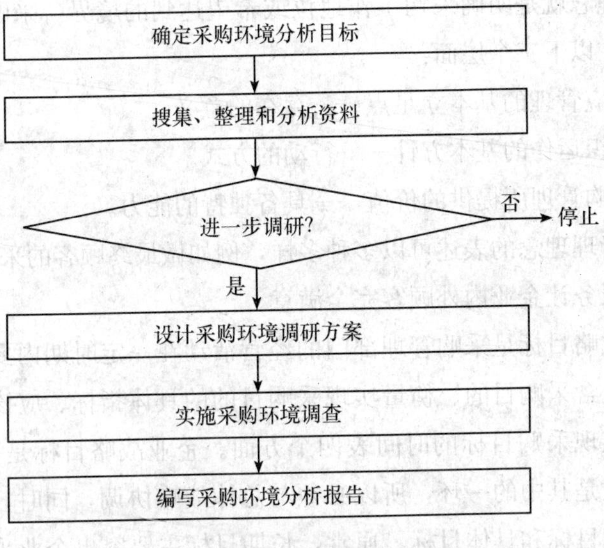

图 2—1　供应环境分析流程

1）确定供应环境分析的目标。企业的采购环境涉及面广、因素复杂，所以在进行采购环境分析时首先要确定目标，通常是解决采购管理中发现的新情况和新问题，使最终形成的分析报告更有针对性。

2）搜集和分析间接资料。搜集和分析间接资料可以快速而经济地获得初步信息和结论，确认是否有必要进行采购环境调查。间接资料的来源包括国家有关部门发布的方针、政策、发展规划、计划、通报、简报、经济信息等，从各种信息中心或国际互联网上查询的信息，从事信息服务的机构或刊物定期发布的信息资料、广告及各供应商提供的资料等。

3）设计采购环境调研方案。采购环境调研方案的设计是为实施供应环境调研所做的计划或方案，包括确定调查对象、资料的搜集方法、调研力量的组织与配备、时间安排和费用预算。

4）实施采购环境调查。企业采购部门可选择实地考察、电话调查和邮寄调查的方法进行采购环境调查。在调查过程中要紧紧围绕调查主题，突出重点，问题具体明确，便于回答，始终保持热情、真诚友好的态度。

5）编写采购环境分析报告。报告应针对采购战略制订与调整中的特定问题，有的放矢地加以分析，并对采购战略决策提出政策建议。

2. 明确采购战略目标

采购战略目标源于采购管理理念。采购管理理念，即采购管理哲学，涉及企业为采购进行工作所确立的价值观和行为准则。简而言之，形成采购管理理念就是明确采购工作地位或希望达到的境界。采购管理理念主要体现在以下三个层面：

1）供应管理的基本立足点——存在的意义。

2）组织运作的基本方针——行动的方式。

3）采购管理所提供的价值——具备独特的能力。

采购管理理念的表述可以多种多样，例如做最终顾客的采购代理人，以优质的服务让企业内外顾客完全满意。

采购战略目标是采购管理部门的经营活动在一定时期内要达到的具体指标，包含采购目的、衡量实现采购目的的具体指标、应该实现的采购指标、实现采购目标的时间表四个方面。企业战略目标是一个体系，采购目标只是其中的一环，所以必须与总体战略协调，同时，还要进一步分为长期目标和具体目标。通常，长期目标主要突出企业采购管理的战略重点和方向性问题，例如开发并优化供应网络体系、以最低的成本采购保质保量的物品、加强供应链管理、提高采购的柔性和建立并保持高水平的采购队伍等。

确定采购目标必须有参照系，通常是将行业中出类拔萃的企业作为企业目标的测定基准或标杆，即所谓的标杆法。采用标杆法确定采购战略目标，有利于企业辨别最优秀企业及其优秀的管理功能，找出本企业采购管理中深层次的问题和矛盾，尤其是过去没有意识到的采购技术或管理上的问题，提升采购目标的先进性和进取性，完善企业采购战略规划，改进采购绩效。表2—1显示了一般企业与世界级企业的采购效率指标对比情况，可供一般企业制订采购战略目标参考。

表 2—1　　一般企业与世界级企业的采购效率指标对比

指标	一般企业	世界级企业
每个购买者的供应商数目	34	5
购买成本占购买价格的百分比（%）	3.3	0.8
购买的交货时间（周）	15	8
订货所花的时间（min）	42	15
送货延误的比例（%）	33	2
废弃材料的比例（%）	1.5	0.0001

资料来源：转引自沈小静等编著《采购管理》，中国物资出版社，2003 年 3 月出版。

3. 谋划与选择采购策略

通过对采购环境分析，基于企业采购战略目标，企业需要制定旨在与实现目标相应的采购策略，包括采购物品战略定位、采购品种策略(即品种种类、性质、数量、质量等的选择)、自制与外购决策、采购模式（即采购主体、采购技术、采购途径、联合方式等的选择)、谈判策略、供应商选择与开发战略、采购成本战略、物流策略（如运输方式、运输途径、运输商的选择等）和采购人员开发战略等。从而形成确保为企业提供最优产品和服务、满足企业正常运营的最佳采购战略。

4. 形成采购战略规划

基于上述内容，可形成一套完整的采购战略规划。这种规划因企业性质（如零售业企业和制造业企业)、规模和采购物品特性而各异，但其基本层次和内容包括采购理念与宗旨、采购目标（长期目标、年度或季度目标)、具体策略、采购方案（包括预算和应急计划)。采购策略最终要转换成行动（执行）方案。

该方案可采取类列表的方式，包括工作内容及目标、量化指标、时间进度安排和行动负责人等。表 2—2 以某制造业企业为例模拟设计一套企业采购战略规划方案。需要说明的是，这里仅是一个制造业企业的例子，如果是零售业企业，则要突出品种或品类战略。

5. 实施采购战略

采购战略实施需要做好以下几方面的工作：

(1) 采购组织

它是为了实现给定的采购任务而组建起来的人员岗位职务责任体系的一个管理招待机构。为了完成给定的采购工作，如何设置和调整采购

表 2—2　　　　某制造业企业采购战略规划方案

规划内容	年份					备注
	2002 年	2003 年	2004 年	2005 年	2006 年	
年采购成本降低幅度	20%	20%	20%	15%	15%	
物料库存（天）	45	40	35	25	20	
物料外购比例	60%	65%	70%	80%	90%	
标准件比例	30%	35%	40%	50%	70%	
物料供应商数目	400	300	250	200	150	供应商优化
供应商早期介入比例	5%	10%	15%	18%	25%	
ISO9000 认证供应商比例	40%	60%	75%	85%	95%	
来料免检比例	50%	60%	70%	80%	85%	
平均交货批次准时率	85%	90%	95%	97%	99%	
平均交货周期（天）	20	15	12	8	5	
JIT 供应商比例	10%	15%	35%	50%	70%	直接送上生产线
集中采购比例	40%	60%	70%	80%	85%	
招标采购比例	50%	70%	80%	75%	60%	
网上采购比例	10%	30%	40%	50%	60%	
绿色采购比例	2%	5%	8%	10%	15%	产品回收使用，不污染
管理现代化程度	MRP	MRP Ⅱ	ERP	ERP	ERP	
供应链管理比例	2%	5%	20%	25%	40%	
废弃材料比例	4%	3.50%	2.80%	2.50%	1.50%	
采购人员本科以上学历比例	40%	50%	70%	80%	90%	
采购人员年培训时间(小时)	30	40	50	55	60	
采购人员轮岗比例	10%	12%	15%	15%	12%	

组织机构？机构需要多少人？都是些什么岗位？什么职务？承担什么责任？采购组织应形成一个既互相独立，又互相联系、互相约束的有机整体。

（2）采购人员

采购组织决定以后，就要选人、用人。为采购组织各个岗位配备好合适的人员是采购工作的关键。其中有执行人员，特别是采购员，也有管理人员，特别是采购小组组长、采购科的科长，有些既是执行人员又是管理人员，如统计员、会计员、计划员等。

（3）采购目标分解与落实

在采购组织和人员的设置、配备和调整的基础上，明确制定管理目标和要求。采购目标的分解与落实，要落实到每个岗位和每个人，要有明确的工作规范和考核指标等，以便进行指导、监督和考评。

（4）采购作业流程调整与改造

采购作业流程的统一规范了整个采购过程各项工作的各个环节，对实现采购目标至关重要。它不但规定每个人所承担的工作是什么、如何去做、承担什么责任、达到什么要求，还规定了各个人之间如何衔接、如何配合。

（5）进度控制

为实现目标必须规定各项工作时间进度表。它不但控制各项工作完成的进度，也保证了各项工作在时间上的顺利衔接，使得各项工作按部就班地顺利进行。

（6）保证措施

企业要为实现各项采购工作提供所需的各种条件，如资金、人员、工具、物质条件等，都要落实到位。

二、制订分包、外包采购方案

采购分包多见于招标方式下的建筑、工程项目和政府采购项目，世界各地的建筑业和工程项目都非常依赖分包程序，采购分包制度也被普遍应用，并且已从传统的建筑业延伸至其他行业。主承包商就合同中的一部分工作向其他承包商进行招标，或者是中标厂商将采购分包予其他厂商，分包由此而产生。

1. 制定分包采购方案

（1）建立分包制度

客户、总承包商与分包商既要在社会法律架构范围内运营，又要恪守企业特定的分包制度。首先要建立严格、公平和透明的分包决策机制。其次，要明确分包契约责任关系，分包契约要上报给采购机关，并经主承包商或中标厂商就分包部分设定权利，质权予分包厂商。分包厂商就其分包部分，与主承包商或中标厂商连带负瑕疵担保责任。再者，要严格控制分包项目，减少多重转包和过度分包，这是确保工程质量和项目实施安全的重要一环。

从分包的法律关系来看，中标、成交供应商就采购项目和分包项目向采购人负责，分包供应商就分包项目承担责任。

（2）确定分包任务

不同类型和性质的项目，其采购分包任务也不同。通常，在工程项目分包业务中，需要专业技能的采购工作要由专业分包商承担。在工业分包中，分包任务分为两种情形。

1）产量导向型分包（capacity subcontracting）。当发包商到达产量极限仍不能及时完成某项生产任务订单时，为了迅速扩大产量规模，而将超额部分工作量委托给其他分包商完成的分包形式。

2）专业导向型分包（specialist subcontracting）。为了生产出质量更好、价格更低的产品，发包商基于分包商的某项专业优势（技术、设备或人力成本等），为了形成专业化生产，而将生产任务中的某些可独立专业化生产的部分，委托其他分包商完成的分包形式。

（3）选择专业公司

分包尤其是现代工业分包不是一种简单的采购贸易关系，其核心内容体现在上游的主发包商（采购商）与下游的分包商（供应商）之间所形成的长期而稳定的合作伙伴关系。同时，分包任务的复杂度和管理变化幅度与项目的价值、规模呈直接的比例关系。分包管理需要专门的技术与能力，因为它需要各种形式的沟通、制图、项目审查、管理报告等工作。而且，分包主要出现在大型建筑工程与军事项目中。因此，一定要选择专业的分包公司以确保分包任务的质量。

（4）签订分包协议

为了控制好分包项目的成本、进度、技术和整体结构，企业应与分包商签订分包协议。成本控制需要协商确定合理的价格，选择适当合同类型及可利用因素。进度控制需要制订良好的生产计划，其中包括所有必要、可行的合同内容。技术控制的目标是使产成品达到合同规定的产品规格说明书的各项指标。大型分包合同的结算行为也需要事先进行大量细致、明确的定义。结算方式因合同类型和项目/任务完成的困难程度不同而各不相同。履约期间，大型的复杂运作过程往往会发生变化，因变化而增加的成本必须在签约之前协商好。另外，提供给分包商的数据、材料在合同完成后也必须返还原主。

分包项目的复杂性也要求发包商承担必要的培训、改造和升级责任。因此，工业分包协议中通常规定，发包商选中一家有潜质的分包商后，有义务协助分包商对其专业技术、生产、管理和营销流程进行全方位的培训、改造和升级。不仅如此，在很多情况下，发包商还需要向分包商无偿提供生产设备，对分包商进行投资并参股，以巩固和加深双方的合作关系。联合国工业发展组织认为，这种新型合作伙伴关系的确立，有利于规范工业分包市场，营造一个更加公平合理的合作环境，同时也将为发包商和分包商双方以及双方所在的地区带来实质性的利益，从而带动全球工业分包系统的良性发展。

2. 制订业务外包方案

(1) 识别核心能力，确定外包任务

首先企业要识别自己的核心能力。例如，与竞争对手相比较，提供差异化的服务。外部高标定位分析通常被认为是监控所提供服务的质量和确定其他竞争对手的市场地位的工具。如宝洁公司的核心技能领域是其市场营销领域，3M 公司的核心技能领域是其精密涂层和聚合物等技术领域。确定组织的核心竞争力往往不是件容易的事，例如，出租车辆公司的所有者和经营者可能会做是否外包或自制的决策。在一线员工众多的出租车辆公司里，一线员工的出租车辆往往被视为运营能力的外延，而出租车辆公司取得良好竞争能力的关键就在于一线员工。许多职能都可以由外包获取——租用而非自有车辆，维修、出租车辆等，但与司机保持联系必须由公司自己来做，因为使司机（一线员工）心情舒畅对组织成功而言非常关键。外包决策取决于诸多因素，每个组织必须基于自己的目标、目的、长期战略等来评价这些因素。在此基础上，企业才能确定外包的具体任务。

(2) 选择外包公司（供应商）

在市场环境中，供应商的数目很多，市场供应能力充足，企业在选择外包公司时必须考虑以下方面：外包是否能给公司其他部门带来持续的竞争优势；明确外包公司的战略价值，是否会成为本企业的竞争对手；外包公司能够获得哪些竞争优势，对本企业会产生哪些影响；与外包公司建立一种成功的战略联盟伙伴关系的可能性有多大。

综合考虑以上因素，从而确定所要选择的外包公司。选择采购服务提供商，可以有三种选择。

1）单一采购服务提供商。优势是企业可以和采购服务提供商共同工作，采购服务提供商能更好地理解企业的需求并提供更好的服务，劣势是没有其他采购服务提供商的绩效评估可以与之比较。

2）多个采购服务提供商。能够降低成本，并获得更好的服务。但是因为和多个采购服务提供商的合作，相应会增加管理成本。

3）整合的单一采购服务提供商（多个供应商联盟组成的单一供应商）。这种方案具备前两种方案的优点，采购外包的企业有较少的供应商合作问题，只需和主要供应商沟通合作，并可同时评估所有采购服务提供商的绩效。

（3）预测外包效益

企业在自制与外购成本收益分析时，首先考虑的就是预测外包效益。外包效益主要体现在以下几方面：外包对企业战略有何直接贡献；外包能为公司带来哪些先进技术、观念和方法，从而带来意想不到的收益；公司与外包伙伴对未来投资达成共识，愿意共同承担风险，并分享收益。

（4）制订外包方案和外包管理制度

通过对外包业务、外包公司及外包效益的分析，企业应就外包任务制订相应的外包方案，确定外包的价格、品质、交货期、数量、生产所需物料的管理、外包跟催、外品验收、外包往来账务管理及其他条件以满足企业的生产需要，同时制定相应的外包管理制度以使外包业务能够顺畅进行。

（5）时间进度控制动态监控

外包者和提供服务的供应商应对目标和检查点达成一致，确定服务标准协议的绩效指数是控制时间进度的关键，例如，检查点、目标曲线和实际曲线之间的可容忍差距。如果差距超过了可容忍度，外包者就要寻找原因并提出改进方案。差距过大的原因之一可能是服务标准协议定义不准确，或者是定义的检查点不合适。如果这些原因都不是，应该考虑确定新的外包方案或者重新策划外包项目。

采购外包中存在的最大问题是，采购服务提供商在向外包企业传递价格降低信息上存在延迟。专门从事外包合同审计的 2ndEdison 公司在一项调研中发现，大多数 EMS 供应商通知价格上涨只需两天，而通知价格降低则需要 22 天。因此，企业应按季审查采购服务提供商为其采购的物料，从而掌握价格变化情况，并密切关注成本趋势和数据分析。外包企业要经常拜访采购服务提供商，以确保报价中未隐藏额外的成本，如果不跟踪市场动态和对服务公司进行审计，将会造成很大的经济损失。

三、采购政策制定

1. 采购政策制定流程

（1）采购政策制定步骤

制定采购政策的流程并没有一定的先后次序，有些步骤可以同时执行。采购政策的准备、撰写以及核准是一个循环性的流程，在真正落实以前，必须历经多次的讨论。具体步骤包括以下几项：

1）获得高层主管的支持与认同。包括对于提供资源的承诺、跨部门之间的沟通和协助。这项步骤对于政策的制定、执行、调整和修正有很大的帮助。在很多情况下，采购政策的制定实际就是在高层主管的直接领导下进行的，尤其是采购政策坚持的原则、采购组织及其权责划分、管理指标的设定、部门（或门店）间的管理对接、采购政策执行环境和激励政策的制定等，往往是在采购经理参与或提出建议的情况下，由高层主管组织经理班子研究决定的。这在采购主导的零售业中更为突出。

2）搜集并整编相关的题材，包括政策和程序的范本。典型的来源有其他公司的同事、朋友，专业顾问以及图书馆。

3）搜集并整理公司内部相关的题材，包括备忘录、组织图、工作说明书以及现行的政策与程序。这些信息可以帮助采购政策和企业整体政策与其他部门政策之间建立相互合作的关系。

4）列出一份暂时性的流程政策与程序内容大纲的清单，如果对每一个流程政策都能先列出大纲，对于整体政策的设计会有很大的帮助，即使是一个粗糙的架构也有助于在初期把握方向。

5）考察目前的政策、程序和经验。这项信息可以从个人的观察与经验得到，也可以向部门内的管理层与其他部门较有经验与知识的个人请教。这项信息向采购部门提供了公司政策的概貌。

6）对现行的采购政策、程序和经验进行检查，判断目前的政策是否专业化、与企业的政策是否配合、是否符合其他部门的需求以及适用性如何。部门之间必须相互合作才能使整个企业运作顺畅，因此，若各部门的政策彼此抵触，企业将花费许多时间在部门之间的协调上。

7）准备草拟采购政策与程序。由部门内的管理人员与其他部门的关键人物开始对政策草案进行审视，有时候也可以邀请重要的供应商一起参与政策的研讨过程。对于政策的基本架构必须反复检查，直到各方获得共识，这样有助于顺利地推行政策。

8）整理先前获得共识的草案，制定正式的制度。

9）提出正式的采购政策，并获得高层主管的认同，确定该采购政策为企业的正式政策。

10）经由高层主管协助，将此政策传达到每一相关人员，使其了解各自新的职责。

（2）采购政策制定范例

某零售企业采购政策

第一条　本公司对物料供应采用集中采购制度。

第二条　本公司物料采购计划是根据物料需给计划而拟订。

第三条　本公司对储备物料采用预购备用方式采购，对非储备物料采用现用现购方式采购。

第四条　本公司采购人员应采取客观公正的态度并保持价值观念来从事业务。

第五条　本公司对国外采购需经由供应商或制造商以询价、比价、议价或投标方式办理。对国内采购其为现货、期货者，需经由供应商或制造商，其为定制（当地制造）者需直接经由制造商，以询价、比价、议价或投标方式办理。

第六条　每一购案的供应商或制造商，除因采购金额微小或因事实上不可能外，应以指定两家或两家以上询价为原则。

第七条　本公司采购得于必要时以订立长期或短期采购合约方式办理。是否以订约为宜及订约期间的长短，应以与本公司最有利的因素考虑。

第八条　本公司对物料采购应加强发挥计划与预算的功能，以增进效率，降低成本。

第九条　本公司对物料采购应实施市场调查工作，建立有关资料，作为选择供应商或制造商的依据。

第十条　本公司对物料采购工作的进行，应实施独立的追踪制度，以增进工作效能。

第十一条　本公司对物料采购应保持完整的记录，以供充分参考运用。

第十二条　本公司为实施扩充计划的需要而设置扩建委员会时，对采购业务职责的规定，应依总经理室核定者为准。

某电脑公司采购政策

第一条　规定一个优良供应商必备的条件。

第二条　说明本公司全面品质管理的概念。

第三条　确立选择供应商的标准。

第四条　与供应商的关系。

第五条　分配订单的原则。

第六条　整合供应商的能力。

第七条　降低采购价格。

第八条　采购人员的责任。

第九条　对供应商的协助。

2. 采购政策的评估与修订

随着企业经营状况和采购环境等的变化，采购政策也需要进行必要的调整。在评估采购政策时，可使用下列评估项目进行评估：

1）采购政策是否具有可配合市场、经济动向或其交易内容变异的弹性。

2）中、长期或年度采购执行方式是否明确。

3）在执行采购前，是否已检讨集中及分散采购等机制的优缺点。

4）交易形态能否适当运用，以降低采购成本。

5）改变订货量对采购成本是否有影响。

6）是否对供应商进行评鉴。

7）是否依据供应商评鉴结果进行订货。

8）是否积极地辅导或培育供应商。

9）对供应商的辅导成果是否反映在采购成本上。

特别指出：需要按照企业既定采购制度和决策机制进行采购政策的修订。

四、采购手册的编写

1. 构造采购手册的基本框架

采购手册的格式应该依据个别需求而量身定做。一般而言，手册都会以活页的方式装订起来，方便翻阅。现在则因为计算机的普遍使用，许多公司都把政策、制度在计算机中建档，这样更方便需求者能立即取得资讯，也方便公司更快速地更新、修订制度。

采购手册并没有一套标准的架构，不同的公司有不同的形式。完整的手册应该包括组织架构、职务、权责、功能、企业政策、部门政策、程序、流程、指示、规范和有关企业特殊事项的指导原则。每一个企业或机构的手册，都是依据企业的特定需求来设计的。

2. 确定采购手册的基本内容和模板

采购手册的内容依企业的规模、业务范围以及不同的需求而各有不同，但是无论有何差异，采购手册的内容必须根据企业整体政策制定。通常企业都把采购政策融入企业的制度中，而分布在各地区的采购部门则可依据当地实际情况对企业政策做适当调整与修正，并且这些修改要获得企业同意才可施行。

以下面两家企业的采购手册框架为例，来说明采购手册的基本内容。

A公司采购手册大纲

1. 采购作业目标及定义。

2. 采购部门的工作范围与任务。

3. 采购相关组织系统图及定义（在企业组织中的位置，部门内部的组织分工）。

4. 采购部门内各采购事务单位作业内容与职责。

5. 采购部门内各采购人员的职责说明与权限（或含采购人员资历甄选规定）。

6. 采购作业流程与各作业方法及规定要点说明。

7. 作业单据填写说明、审核规定及计算机系统各作业操作程序说明。

8. 采购市场信息的搜集方针及报告系统说明。

9. 元件开发、样本索取提供作业规定。

10. 供应厂商的开发与评选办法。

11. 供应厂商的评鉴及管理办法。

12. 采购报价审议原则方针与交易付款、运送条件的规定说明。

13. 采购成员及公司其他部门与供应厂商接触交往行为的原则规范。

14. 采购订单或契约签定、审议、签核的作业规定及范本。

15. 采购组织内部成员对文件资料的保密规定。

16. 物料采购记录、供应厂商档案及文件规格、图表等记录档案的运用及文件管理办法。

17. 委外加工机（模）具委托外制或委托保管及维修保养办法规定。

18. 调资材验收、退货、品质不良事件及材料处理作业规定。

19. 采购案件赔偿或处理抱怨、索赔作业规定。

20. 紧急采购案定义说明及作业处理规定。

21. 委外采购及策略性采购作业方针。

22. 采购参数设（修）定、审议作业办法。

23. 采购部门与其他部门的关系及关联性协调作业要点说明。

24. 采购成员行为规范及相关惩处规定。

25. 采购作业内部稽核办法及采购绩效评定说明。

B公司采购手册大纲

1. 采购工作手册的功能和目的。

2. 采购组织表

2—1　采购部门的权责

2—1—1　采购部门主管的权责

2—2　采购与其他部门的关系

2—3　公共关系

3. 采购政策

3—1　采购批核额度

3—1—1　资本支出申请

3—1—2　请购

3—1—3　订购单及合约

3—1—4　付款

3—2　采购人员行为规范

3—3　采购人员处理礼品及报酬

3—3—1　礼品及报酬的定义

3—3—2　不可收受的礼品及报酬

3—3—3　可收受的礼品及报酬
3—4　采购与供应商的责任
3—4—1　供应商的责任
3—4—2　订单及合约的交易条件
4. 采购程序
4—1　采购来源
4—1—1　请购单
4—1—2　资本支出申请
4—1—3　工程发包申请
4—2　招标
4—3　签订商品及劳务采购合约
4—4　订购单
4—4—1　一般请购单
4—4—2　重复请购单
4—4—3　订单变更通知
4—4—4　报价申请单
5. 采购管理
5—1　采购相关单据的归档及保管
5—2　开发新来源
5—3　采购跟催
5—4　采购事实上期报告
5—5　采购人员的训练及晋升办法
5—6　供应商的管理
6. 采购相关的法律

3. 组织编写班子

组织高水平的编写班子是编写好采购手册的关键。一般包括以下几个环节：

(1) 建立编写组

采购手册编写组应包括企业负责采购工作的经理或总经理、采购经理人（如采购部经理）、其他采购专业人员、采购部门的“接口”部门（如生产部门、销售部门和财务部门等）负责人、企业咨询或顾问单位的人员等。编写组组长和手册主编一般应由总经理或采购部经理担任。

（2）选定执笔人

遴选执笔人一般应考虑以下要素：

1）通晓企业文化、企业管理流程和各项规章。

2）有若干年从事采购工作或采购培训的经验，对采购体系结构和发展走向有清晰的认识、深入的思考和准确的把握。

3）具有较高的文字水平，并具备创新意识和合作精神。

4）有较强的组织活动能力和协调能力，善于沟通，能够统领编写组人员，求同存异，统一编写思想，共同实现编写目标。

（3）组织编写人员

编写采购手册可能是由多个部门、多人合作完成的，因此，组织和沟通工作变得十分重要。参编人员必须统一思想，并保持密切联系。编写周期不应过长，要在较短的周期内完成初稿，经过编写组内部讨论和修改后，提交有关部门进行讨论。最后提交总经理。手册发布之前，最好采用活页的形式，以便进一步修订。另一个必需的步骤是，请公司的首席执行官写一篇简短的前言，阐明部门的政策和工作，并确定部门的权限。

◎相关知识

一、企业经营战略与采购管理

1. 企业战略管理框架

企业战略管理是企业在战略思想和理论的指导下，因经营环境变化，为寻求企业长期生存和稳定发展，而对其总体和长远发展进行系统谋划，并据此制订方案、组织实施、进行控制和调整的过程。

企业战略可分为公司战略（corporate strategy）、业务战略或竞争战略（business strategy）和职能部门战略（functional strategy）三个层次，如图 2—2 所示。

（1）公司战略

公司战略是企业最高管理层指导和控制企业一切行为的最高行动纲领。重点有以下三方面：

1）树立公司的愿景（vision）、使命（mission）和价值观（value）。

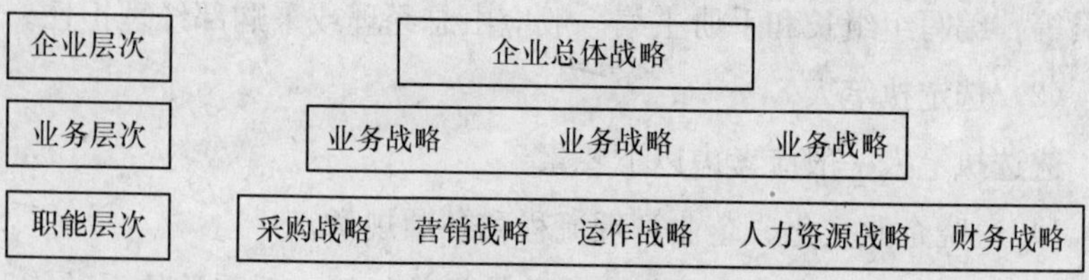

图 2—2 企业战略管理层次

愿景是公司未来发展的境界，员工发挥想象力，设想自己未来的位置；使命是公司的业务范围，也就是在何领域发展自己的愿景，为哪些消费者服务以及企业向哪些领域发展；价值观是由使命衍生出来的经营理念，价值观通常包含如何对待客户、员工、股东、社会的行为准则。

企业要做的就是描绘出公司的愿景，愿景是一个公司奋斗的最终目标，它是公司一切战略和目标的基础。例如，戴尔计算机公司的愿景是在市场份额、股东回报和客户满意度三个方面成为世界领先的基于开放标准的计算机公司。确定了这样的愿景以后，就可以阐述公司的使命了。

企业使命就是对愿景的细化，它具有更强的操作性，是企业为了达到愿景而对客户、员工、股东和社会等方面的承诺。

2）战略目标（strategic objectives）。是指在既定的企业战略经营领域开展经营活动所要达到的成果。战略目标不仅要有远景目标，还应该有若干具体目标。一般地说，应包括业绩目标、能力目标、社会贡献目标等。

3）划分战略经营单位（strategic business unit，SBU）。是指集团内拥有较大自主权、相对独立的经营企业（或单位）的设置，可以按工厂、产品线和品牌等进行划分。

（2）业务战略

业务战略是指在企业总体战略的指导下，经营管理某一个业务单位的战略，是企业总体战略之下的子战略，为企业的整体目标服务。业务战略的核心是在特定的 SBU（如特定的产品和市场）如何获取竞争优势，从这个意义上说，业务战略就是公司具体的竞争战略。

（3）职能部门战略

职能部门战略又称职能层次战略，是贯彻、实施和支持总体战略与业务战略而在企业特定的职能管理领域制定的战略。它的侧重点在于：如何贯彻企业的总体目标；职能目标的内容及其细分化，如规模与生产能力、主导产品与品种目标、质量目标、技术进步目标、市场目标等；确定职能部门的战略重点、战略阶段和主要战略措施；战略实施中的风险分析和应变能力分析。

基于上述内容，形成企业战略管理的一般框架如图 2—3 所示。

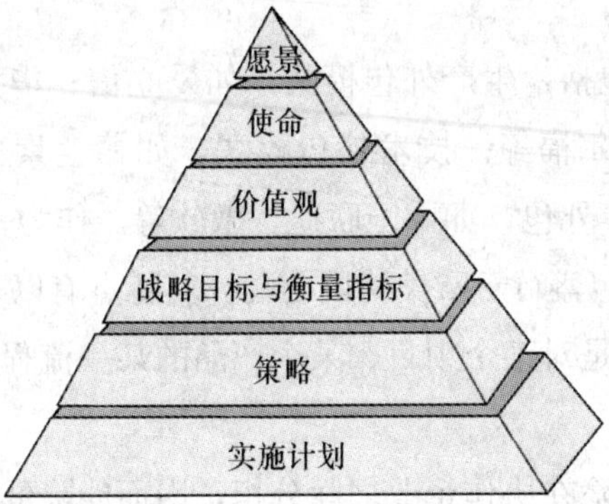

图 2—3　企业战略管理金字塔

2. 战略型采购供应管理

制定战略型采购计划时，首先要明确资源战略，而对于供应商战略管理主要是回答供应商在哪里及如何管理的问题：

1）哪个供应商能够提供总成本最低、质量最高、提前期最短以及最好的服务？

2）哪个供应商能提供提高产品技术的途径？

3）每个潜在供应商的相对优势是什么？

4）每个可选供应商的相对风险是什么？

二、外包与第三方采购服务

1. 外包与第三方采购服务的特点

(1) 外包及其特点

外包的英文是 outsourcing，即将内部生产投入品（有形商品、服务、知识产权等）转变为从外部供应商处购买，企业只保留最核心的业务（如市场、关键系统设计和系统集成、总装配以及销售）。从价值链的角度看，外包是指截去过去价值链的一部分，缩小经营范围。

外包曾被《哈佛商业评论》认为是在过去近一个世纪里最为重要的管理学概念之一，起源于 20 世纪 90 年代的自制或外购决策。如今，业务外包已被企业界公认为可以提升企业供应链中核心业务的竞争力。主要的原始设备制造商（OEM）和一些中型公司不仅将间接物料的采购外包出去，而且开始将更多的直接物料采购业务也交与电子制造供应商（EMS）伙伴或分销商负责。有迹象表明这一趋势正向中小型制造商蔓延。

外包的类型包括：生产外包模式，如爱立信、华为等；人才外包模式，如P&G、德尔福等；技术外包模式，如葛兰素史克、辉瑞等；财务、审计、会计等外包，如中国联通、微软等。作为一种战略，20世纪90年代开始，外包盛行于欧美跨国公司。其特点有以下几项：

1）外包一般是对某个项目、某个产品的某一流程、工艺环节或零部件而言。

2）外包的风险在协作企业之间分担，因而能降低风险。

3）外包的管理成本低，交易成本高。

4）外包对市场反应速度快。

5）外包充分利用外部资源。

采购外包的缺点是失去了采购的控制权，外包决策的可逆性差，存在道德风险，合同成本增加，采购外包的服务质量的管理成本增加，并要制定如何激励采购服务提供商的策略以降低采购成本。此外，采购外包经常会导致大批员工被解雇。

（2）第三方采购及其优势

第三方采购是企业将属于自己处理的采购活动，以合同方式委托给专业的采购公司进行的采购模式。其运营模式包括以下四类：

1）第三方公司推荐多家备选供应商。众多企业最难处理的一种情况是如何防止采购舞弊的行为，即如何防止采购员从供应商获取好处而损害公司的利益，包括提高成本、提供质次的产品等。而备选供应商的选择则是关键。由第三方公司推荐供应商对企业采购的好处是，可以有效地防止公司内部某些人利用关系进行采购垄断的行为，减少所推荐供应商产生的风险。第三方公司是在对供应商的预先考察基础上进行推荐的。第三方公司为了维护自己的声誉，一般不会草率推荐，比起公司内部单个采购人员的推荐明显更具信任性。

2）第三方公司共同参与采购。在这种方式下，第三方公司不仅仅向企业推荐备选供应商，而且还与企业一起对供应商进行考察和评估。在可选择的供应商中选择最适合企业该项目的供应商。由于第三方公司的参与，公司的采购风险有了大幅降低。因为在这种方式下，第三方公司承担着供应商采购失误的连带责任。公司的采购部门可能是一个独立的部门，也可能是一个小组，专门负责与第三方公司的共同采购。

3）企业产品和服务的采购全部外包给第三方公司。当公司将自己的产品和服务采购全部外包给第三方公司时，公司也就从烦琐的日常采购中脱身，不再为采购舞弊而大费脑筋了。公司将采购需求发给第三方公司，并支付一定的费用后，其他事务就全部由第三方公司完成，甚至包括入库的验收、配送。在这种方式下，企业的采购部门无须单独存在，可以配备少数几名采购技术人员，负责与第三方公司的衔接工作以及日常的零星采购。如果企业将第三方采购、第三方物流紧密结合，就可以集中全部精力进行战略的制定、产品的选择、销售的拉动，就可以将力量全部集中到前方，进行市场的争夺，采购、物流的后勤服务基本上由社会资源来支撑。

4）基于网络的第三方采购平台。即以互联网为中介，集合在同一垂直行业中的买方和卖方，促使和达成采购交易的中立交易场所。按与传统经济运营主体关系的角度，第三方采购平台可以分为四大类：传统行业经济主体网络化的网站；垂直服务行业经济主体的网站；跨行业提供电子商务解决方案为主的网站；提供电子采购增值服务的ISP。

第三方采购平台不同于买方或卖方所主导的交易平台，其管理和运作完全独立于企业，不受任何采购商或供应商的影响和操控。交易场所具有独立性，平台只有依赖这种独立性才能确保交易和相关业务信息的高度保密，避免强势买卖方对采购平台的操纵和通过信息的不平等获取所造成的不公现象。传统贸易市场的资讯欠缺造成了采购的低效率，而第三方采购平台利用互联网迅速集合、分散大量信息的功能，更加准确地反映市场的供求情况，同时协助买卖双方达到最佳的采购/销售绩效。第三方采购平台是2000年下半年互联网电子商务领域出现的一种新现象。

由此可见，第三方采购可以给企业带来诸多利益，归纳起来包括以下几点：

1）提高采购活动的计划性。企业的内部采购期往往变动很大，通过第三方采购，以合同的约束使企业的整体采购变得更富计划性。

2）降低采购成本。第三方采购使得整个企业的采购成本降低很多。例如在美国，美国地方政府采购联盟是一个第三方采购组织，有 7 000 多个政府机构加入了这个采购组织，直接采购成本降低了 15%以上。Amerinet 是美国最大的医院和诊所的采购组织，平均能为其客户节省近 20%的采购成本。如果对第三方公司按预算节约额的一定比例给予奖励，效果更佳。

3）提升采购质量。由于采用后两种的第三方采购办法，第三方公司负有连带责任，使得第三方公司对产品质量要求较严格。同时第三方公司由于其自身的专业性和经验，采购效果往往更好。

4）有效防止采购舞弊。企业将防止采购舞弊的烦恼轻松地抛给了第三方公司，从而使企业能集中精力处理核心业务。

5）提高效率，降低风险。企业从对个人（企业内部采购人员）的诚信转变为对一个公司（第三方公司）的诚信，并且有竞争力的第三方公司能提供担保的附加业务，这对企业来说，无疑极大地降低了采购风险，提高了交易效率，提高了抢夺市场的速率，增加了制胜的先机。

2. 维护、修理与运营材料（MRO）外包

（1）MRO 外包的内容

MRO 外包是指为保持组织的运转（尤其是辅助活动的进行）而需要的间接材料或用于消耗的物品采购的外包。MRO（maintenance，repair and operation）又称为非直接生产材料，是指那些无法进入产品中的材料，即维护生产运行物资、备品备件、基建材料、机器设备，也包括办公设备、办公用品和其他非生产性材料。一般而言，MRO 定义包括的材料和服务，主要包含以下一些内容：

1）电力和机械材料（包括修理用配件、仪器装置以及支持资本项目的材料）。

2）电子仪器（如一些元件、仪器、计算机和终端设备）。

3）专业设施（包括实验仪器和应用仪器）。

4）工业供应品（包括通常的维护供应品）。

5）安全和保健器械。

6）机械应用件（如工业机器、设备和工具）。

7）办公用耗材和设备。

8）化学供应品和设备。

9）自动化和散装元件、设备和供应品。

（2）传统采购体系往往忽视 MRO 供应

一般而言，在许多企业中，采购部门对直接生产材料采购和使用管理非常重视，而在很大程度上忽视 MRO 的供应和采购管理，或者把它放在次要位置。几乎任何采购人员都可以随意从他们选中的供应商那里购买 MRO。对此几乎没有施加任何控制手段。而且，对于不同类型的 MRO，责任是分散的。当然也有一些企业采取了某种控制方法，如对每个所需要的 MRO 项目都要求填写需求表格，然后采购人员根据申请单购买所需要的项目。

忽视 MRO 类物资的采购和使用管理是一种误区：首先，有很多典型的服务类行业实际上几乎没有直接生产材料，如运输业（航空、铁路、公路、航运等）、电信业、宾馆酒店业等。对于这类企业，最重要的产品莫过于维持运营设备正常运转的生产运行维护物资和备品备件。因此，管理好这类物资的采购和内部使用对于这类企业正常营业、降低成本、提高服务质量非常关键。其次，有很多连续的流程制造型企业，其生产过程是连续不断的，如能源业（电力公司、发电厂等）、化工产品制造业等，如果因为 MRO 类物资供应的问题造成生产的停顿，其损失是巨大的，因此，管理好 MRO 类物资采购和内部使用是不间断生产的必要保障。而且，有很多普通的制造业企业，随着企业规模和销售收入的不断扩大，单位产品的生产成本不断下降，但是非生产性成本，例如 MRO 类物资材料的费用却由于没有严格控制而更快地上涨，抵消了生产成本下降所带来的节约，导致企业的利润率即盈利能力停滞不前甚至倒退。

（3）MRO 外包的意义

MRO 采购及其物流管理是降低成本、提高质量、进行业务创新、减少中间环节周转时间、防止采购腐败等的一个重要目标领域。目前，在许多行业（如空运、航运业和电子企业等）MRO 的采购和后勤服务的外包备受青睐，其意义在于：

1）许多公司的高级管理层已经开始接受这种观点：在许多情况下，第三方可以更加有效地提供采购和后勤服务。

2）那些利用第三方提供 MRO 采购和后勤服务的公司，不仅达到降低采购人力成本的目的，而且成为改进整体运营体系和管理机制的一个良好途径，这些成功的实践结果鼓舞其他企业将这一政策推行到底。

3）新技术的飞速发展，尤其是采购和物流信息系统的迅速发展，使得采购和物流管理分工更细，为第三方提供了一些机会，企业利用专业MRO采购企业和第三方网络采购平台的条件日益成熟。

4）MRO供应商有能力进行广泛的联合行动，并在大客户中分散其采购和后勤成本，使这些公司能更高效地处理核心业务。

美国的一份关于公司外包业务的调查表明，15%的公司已经把MRO和产品服务外包出去，更有74%的公司认为应该把MRO外包出去。通用电气和IBM已经将MRO外包出去，福特、贝尔重新评价了MRO采购的财务支出，开始考虑将MRO外包出去。

3. 外包与第三方采购服务的新方法

（1）供应合伙关系或联盟

这种类型的安排通常是一种单一渠道的协议，不是一种有法律意义的合伙关系，要求合伙关系至少持续一年，更多的是3～5年或5年以上的承诺。供应合伙关系或联盟类型的外包采购常常用于高成本核算、大规模的项目中，或者是由于产品和物料的采购难度大、供应可靠性要求高。此外，对那些有大量需求的产品，也适用于这种采购模式。

（2）一体化供应

一体化供应是一个供应商负责供应某一特定产品线上的所有材料。例如，一家公司现在有3家供应商供应电气MRO物品，当有大量的需要分别采购的产品，并且其中许多混杂的项目可以从同一个货源得到的时候，通常采用一体化供应。

（3）准时制（JIT）采购

准时制意味着买方不保留库存，当买方雇员需要任何供需双方已达成协议的货品时，供应商要立即交货。外包采购是准时制（JIT）实现的最佳模式。

（4）供应商城

供应商城是来自所采购的每个产品线的供应商们聚集在采购方所在地的附近或者一个建筑物中，集中为多个采购客户服务。它要求一个顾客拥有很大的业务量，这在特定产业（如IT业和运输业等）密集区和特殊开放区域（如自由港、自由贸易区、出口加工区、边境客户工业区、经济技术开发区和科学工业园等）比较常见。与实体“供应商城”相对应，基于网络的“电子商城”也具有类似的功能。

（5）分销商合作

它是指经销各种工业产品、有独立所有权、地理位置分散的分销商同意在一起合作。可以用这种方式来购买多种用品和材料，商品范围广泛。如果一个大型公司有众多分散的网点，分销商合作还能使买方获得全国性的协议而在当地交货。

（6）采购者合作

与分销商的合作相反，采购者合伙购买特定的产品或商品，目的是获得最优的定价、服务或货源保证。

三、自制与外购决策

自制与外购（make or buy）决策是企业采购战略管理中的重大问题。自制是指企业机构运用自己的技术与设备，制造自己需要的物品；外购即外包采购（简称外包）是指根据买方的图样或规格，将需求的物品委托其他企业承制。实践表明，一些生产活动可以由专业供应商更快、更便宜地完成。而且公司能够在质量方面对供应商提出比对其内部的生产部门更高的要求。因此，很多企业都对自制与外购决策进行详细的研究，以实现企业成本最小、收益最大。

1. 影响自制与外购决策的因素

（1）一般因素

影响企业自制与外购决策的一般因素为企业没有自制能力或能力不足，必须以外包或采购外界的数量来满足自己的需求。

（2）成本因素

企业如果自制物品投资支出增加，一旦自用量不足，外售困难时，将使制造成本偏高，向市场采购反而更加节约成本。

（3）生产与质量控制

当供应商的技术能力与质量管理较差时，买方自制有利于质量的提升与保证，并符合特殊设计的需求。而对于自制物品若技术并不专精，对提升产品质量无明显作用时，以向供应商订购为宜。

（4）技术风险

关系到企业的专利、技术机密或国防安全时，不宜轻率委托外界机构来产制，以防泄密，并可保持品质技术领先。

（5）其他因素

对于有些试制品因技术尚未成熟，为避免供需双方的困扰，仍以自制为宜。对于结构复杂的产品，其各项零件的制造都有独特的技术或材质，买方没有完全自给自足的能力，至少部分需要向外订购。

2. 自制与外购决策管理

采购人员必须经常进行某种商品是外购或自制的决策。在做出决策之前有许多因素要研究，其中不少是难以定量表示的。可能有以下的影响因素：闲置的设备产能，组织内部能力（人力及设备远期能力），供应的可靠性、互换性，职业的安定性，代用资源的运用以及经济利益等。到底是自制好还是外购好没有一个可以适用于一切情况的简单准则。各种情况必须根据自身的特点来判定，并且许多结论在不同条件和不同时间可能是不同的。若商品来自外部购买，则订货量可根据采购经济批量（*EOQ*）分析得到。若商品由内部制造，则订货量可根据经济生产批量（*EPQ*）分析得到。将自制（*EPQ*）分析与外购（*EOQ*）分析比较，便可确定出最合理的方案。

例：某商品可以以每单位 25 元购入，或者由其分厂在生产率为一年 10 000 单位时以每单位 23 元制出。自制的生产准备成本为 50 元，外购的订货成本为 5 元。该商品的年需求量为 2 500 单位，单位储存成本率为 10%，问该商品应外购还是自制？

（1）外购

$$\text{经济订货量}(EOQ)=\sqrt{\frac{2DI}{FP}}=\sqrt{\frac{2\times5\times2\,500}{0.10\times25}}=100(\text{单位})$$

$$\text{总成本}(TC)=2\,500\times25+2.50\times100=62\,750(\text{元})$$

（2）自制

$$\text{经济生产量}(EPQ)=\sqrt{\frac{2DIQ}{FP(Q-D)}}$$

$$=\sqrt{\frac{2\times2\,500\times50\times10\,000}{0.10\times23\times(10\,000-2\,500)}}=381(\text{单位})$$

$$\text{总成本}(TC)=2\,500\times23+\frac{(10\,000-2\,500)\times2.30\times381}{10\,000}=58\,156(\text{元})$$

因为 58 156 元<62 750 元。

所以该项商品应该自制。

3. 自制与外购决策的弱项评估模型

关于自制与外购决策有许多理论决策模型可供参考，其中，休斯等人（Jon Hughes，Mark Ralf 和 Bill Michaels）提出的基于对企业未来潜在弱项分析进行自制与外包决策的模型，即弱项评估模型，是一种较为有效的辅助分析工具，如图 2—4 所示。对于企业经营的弱项，如果能通过管理手段，进行有效、经济的控制，就可以考虑实行外包；如果这种弱项涉及企业能力的重要部分甚至核心部分，从战略角度出发，企业还是应以自制为主。

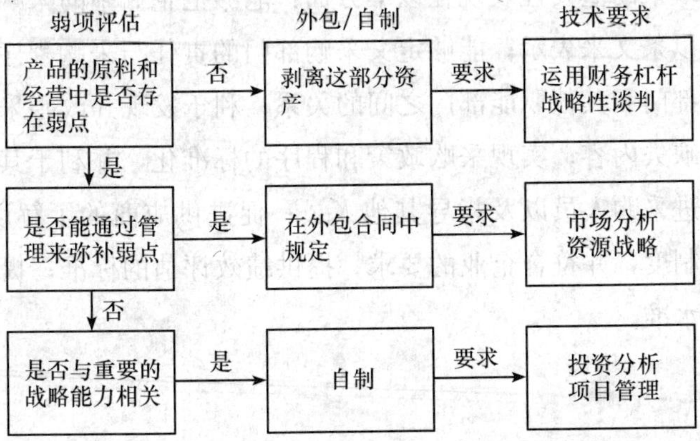

图 2—4　自制/外包弱项分析

四、采购政策

1. 采购政策的基本内容

采购政策是指采购人员从事采购活动时，公司或企业提供的全面性及长期性的采购决策原则、管理体制和操作框架。有些企业会制定明确且单独的采购政策声明书；有些企业则将有关政策分散于各项采购作业规范当中。通常，一个企业的采购政策主要包括下列各项：

1）物料采购是用集中或分散机制处理。

2）物料采购计划是根据物料需求计划而拟订。

3）对储备物料采用预购备用方式，对非储备物料采用现用现购方式办理。

4）公开招标，比价、议价方式的决定原则。

5）国外或国内采购的决定原则及办理方式。

6）向制造商或通过经销商、代理商采购的原则。

7）在一定金额以上，询价或报价厂商数目的规定。

8）长期或短期合约方式采购的原则。

9）品质、时效与价格何者为优先的原则。

10）采购人员不给不合格的供应商下订单的原则。

11）采购人员应秉持客观公正的态度，并保持价值分析观念从事工作。

2. 制定采购政策的重要性

采购政策的重要性表现在以下方面：能够把企业中的采购理念、原则和功能以条文来表示；能够定义采购部门的责任与采购程序；确定并改善采购部门和其他职能部门之间的关系；利于发现并改善采购制度和程序中的缺失内容；实现采购政策和程序的标准化，并利于其普及；方便训练新进采购人员以及指导其他人员；促进供应商的了解以及合作；落实管理制度，并符合企业的要求；提供绩效评估的标准；提高采购部门的专业水准。

第二节 采购计划审核

◎鉴定要点

通过学习，了解采购计划审核、自有品牌开发和委托生产、多事业部集团公司采购计划的内涵和特殊性，掌握采购计划审核、修订和商品结构优化方案制订的程序，以及自有品牌开发计划、委托生产（OEM）计划和多事业部集团公司采购计划的制订与修改程序。

◎工作内容

一、审核、修订采购计划

科学合理的采购计划是企业组织订货或向市场采购各种货物的依据。审核、修订采购计划的具体内容包括：

第一，审核采购计划的编制是否依据市场预测资料和采购决策方案。具体内容包括是否以“供需平衡”的原则来确定购进货物的品种、规格、数量和质量；供应间隔期是否恰当，是否考虑了生产周期需要量与进货运输时间以及运输条件对供应间隔日数的影响。

第二，审核采购计划采取的措施是否适当，有关人员的责任是否明确。审查实施计划的措施，其目的是促使采购计划顺利贯彻执行。审查采购计划是否实行目标管理，是否将采购计划逐一分解落实到采购人员，采购人员是否制订作业计划等。

第三，审核采购计划是否得到了适当的控制。在采购计划的执行过程中，由于企业生产经营的变化及供应商情况可能发生的改变，采购计划的进展情况与采购计划内容可能会有偏差。

第四，审查采购计划的执行结果是否达到了预期的目标。采购计划的执行结果应该有利于企业内各项资源的充分、有效利用，企业各职能部门的综合平衡，计划与行业发展目标的协调一致，观察竞争对手挑战的态势。

二、审核、修订商品结构优化计划

虽然任何采购都存在商品结构问题，但一般来说，商品结构优化主要是针对超市采购而言的。它主要涉及商品组织结构、定价原则、毛利率设定和商品选择方法等。高级采购人员必须能够对商品结构优化计划进行审核和修订。

1. 审核商品结构构建的程序

商品结构决策的难度在于，对需要采购的商品予以分类并不存在唯一的标准，必须以消费者需求为中心，根据公司定位，充分把握竞争对手的状况。在此基础上，再考虑商品的品种结构、品牌结构、产地结构等，最终构建起合理的商品结构。

审核商品结构构建的程序是否得当，主要考察以下几点：

1）是否对竞争对手进行了全面而周密的分析？对竞争对手的价格记录是否完整、可靠？其中，竞争对手包括目标客户群（尤其是特定商圈内的客户群）经常购物的超市、批发市场、农贸市场、专卖店或百货公司、团购网络等。

2）是否收集了兄弟公司的价格资料？采购经理是否掌握了兄弟公司完整的商品明细表？

3）本店的商品组织架构表是否符合总部商品结构表的要求？其中，

存在一些需要注意的技术性问题，如编码号是否正确，有无重复和顺序性衍生等。

表 2—3 和表 2—4 是标准店的商品组织架构表。

表 2—3　　标准店的商品组织架构表

（营业面积：6 000～9 000 平方米）
商品总项数：12 319

生鲜部门品项数：947
F1 蔬果组：431
F2 水产组：140
F3 肉组：206
F4 熟食组：170

食品部门品项数：4 921
F5 日配组：934
F6 酒饮组：528
F7 休闲组：1 028
F8 粮油组：658
F9 冲调组：552
F10 日化组：1 221

百货部门品项数：5 992
NF23 文体组：1 153
NF4 家居组：1 308
NF7 DIY 组：402
NF89 家纺组：1 506
NF10 服饰组：492
NF11 鞋组：1 131

家电部门品项数：459
NF5 大家电组：238
NF6 小家电组：221

表 2—4　　商品结构表

<table>
<tr><th>部门</th><th>大类编号</th><th>大类名称</th><th>中类编号</th><th>中类名称</th><th>小类编号</th><th>小类名称</th><th>备注</th></tr>
<tr><td rowspan="6">10</td><td rowspan="6">100</td><td rowspan="6">饮料</td><td rowspan="3">1000</td><td rowspan="3">碳酸饮料</td><td>10000</td><td>可乐</td><td></td></tr>
<tr><td>10001</td><td>汽水</td><td></td></tr>
<tr><td>10002</td><td>加味汽水</td><td></td></tr>
<tr><td rowspan="3">1001</td><td rowspan="3">果汁</td><td>10010</td><td>含纤维果汁</td><td></td></tr>
<tr><td>10011</td><td>橙汁</td><td></td></tr>
<tr><td>10012</td><td>苹果汁</td><td></td></tr>
</table>

续表

部门	大类编号	大类名称	中类编号	中类名称	小类编号	小类名称	备注
10	100	饮料	1001	果汁	10013	葡萄味果汁	
					10014	其他果汁	
					10015	浓缩果汁	
			1002	机能性饮料	10020	咖啡	
					10021	运动饮料	
					10022	健康饮料	
			1003	茶饮料	10030	原叶茶	
					10031	加味茶	
					10032	奶茶	
					10033	凉茶	
			1004	水	10040	纯净水	
					10041	矿泉水	
					10042	含碳酸水	
	101	酒	1010	啤酒	10100	国产品牌瓶装	
					10101	国产品牌听装	
					10102	进口品牌瓶装	
					10103	进口品牌听装	
			1011	葡萄酒	10110	国产干红葡萄酒	
					10111	国产桃红葡萄酒	
					10112	国产干白葡萄酒	
					10113	国产普通白葡萄酒	
					10114	进口干红葡萄酒	
					10115	进口桃红	
					10116	进口干白葡萄酒	
					10117	进口普通白葡萄酒	
					10118	汽泡酒	
			1012	烈酒	10120	白酒	
					10121	黄酒	
					10122	糯米酒	
					10123	滋补酒	
					10124	白兰地	
					10125	威士忌	
					10126	其他国产酒	
					10127	其他进口酒	

续表

部门	大类编号	大类名称	中类编号	中类名称	小类编号	小类名称	备注
10	102	烟	1020	国产烟	10200	国产软盒烟	
					10201	国产硬盒烟	
			1021	进口烟	10210	进口普通烟	
					10211	进口特醇烟	
					10212	雪茄	
			1022	烟具	10220	打火机	
					10221	烟嘴	
					10222	戒烟用品	

4）货源组织方法是否得当？渠道是否充分？这主要涉及对供方市场调查状况的审查。

2. 商品结构优化方法

适应供需变化，要不断提出商品结构优化的更新要求。今天适宜不等于明天也适宜，因此，必须考虑商品组织结构的优化，其方法有以下几种：

1）制定管理制度。设立专门的人员或部门进行商品类别研究；引入专业化的分析方法；考察营业额变化；进行市场衍生；进行新市场研究。

2）建立合适的系统使分析工作更为深入。

3）召开专家会议，研究确认公司的商品组织结构是否合理。其中，基础性问题通过内部专家会议解决，如商场的领导、采购经理和商场基层人员的合作会议；趋势性问题需要有外部专家参与研讨，有助于企业分析认识的进一步深入，若能将消费者进行合理组织，共同参与讨论，将更有效地帮助零售商合理审视自己的商品组织结构的合理化程度。

三、制订自有品牌开发计划

1. 把握自有品牌开发要点

由于经营自有品牌商品既有利于零售商获得价格优势，形成经营特色，提高顾客忠诚度，还能提高零售商与制造商之间的博弈能力，因此，越来越多的大中型零售商都经营自有品牌商品。总结各知名企业自有品牌开发的经验，其计划的要点是能选择适当的时机，选择适当的商品，选择适当的品牌，制定适当的价格，选择适当的促销方式，并注重采购与质检人员的培训与遴选。

(1) 自身条件评估和时机选择

经营自有品牌虽然能给零售商带来很多好处，但并不是所有的零售商都可以经营，零售商经营自有品牌必须具备两个基本条件。

1) 具备相当的规模和经营实力。所谓相当规模是指零售商的经营面积、经营项目和销售量要达到一定的规模，只有具备相当的规模，才能体现出规模经济意义。作为零售商不仅要负责品牌的开发设计与管理，进行市场调研和产品项目的选定，还要自行组织生产或委托厂家定牌加工生产，确定商品价格和商品的市场促销策略，没有足够实力的中小型零售商是无力承担所有这些工作的。所以，自有品牌战略一般不适用于所有商业企业，而主要适用于大型商业企业，尤其是大型零售企业。如采用单一自有品牌战略的英国马狮百货公司，仅在英国就拥有 260 家连锁分店，总营业面积达 60 万平方米，在加拿大还拥有控股书店 200 余家，另有 7 家分布于其他国家。而沃尔玛在全球有 3 000 多家连锁店，年销售额达 2 300 多亿美元。

2) 具有良好的商誉和品牌优势。企业在实施自有品牌战略前，一定要先分析是否具备了相应的条件，这是制订自有品牌开发计划的首要环节。

(2) 商品选择

显然，并非所有商品都可成功实施自有品牌开发。一般来说，具有以下属性的商品比较适合自有品牌战略。

1) 技术含量不高的商品。技术含量不高的大众商品，不需要特别的专业知识，消费者容易识别其真假好坏，如服装、食品、饮料以及家用品和文具等。反之如电视机，消费者需要更多地依赖商标和生产企业的知名度、技术实力等间接地对商品进行判断。零售业自有品牌的发展本身也证明了这一点。在瑞士，食杂品占自有品牌商品的 41.2%，在英国这一比例为 37.1%，与家用电器等耐用消费品相比，这些商品实施自有品牌战略更容易获得成功。

2) 品牌意识不强的商品。如洗衣粉、洗衣皂、卷纸等日常用品或食品，零售商采取的一些促销手段很容易影响消费者的购买行为。而对品牌意识很强的商品，如胶卷、化妆品等，消费者往往购买指定商品，零售商开发的自有品牌商品很难得到消费者的认可。

3）单价较低的商品。对单价较低的商品，消费者可在第一次购买后通过使用来决定是否再次购买，其风险较小；而对于单价较高的商品，消费者的购买决策是比较慎重的，不可能在购买后如感觉满意就简单地再购买一个。

4）购买频率较高的商品。商品的购买频率高，对大型零售商而言，可以实行大量的开发订货，从而降低生产成本，保证自有品牌低价的实现；对消费者而言，对此类商品的忠诚度相对较低，容易背叛原有品牌而选择接受新的品牌。

（3）品牌选择

从零售商自有品牌战略的选择来看，主要有以下几种类型：

1）硬品牌与软品牌。硬品牌就是零售商用自有品牌取代原制造商品牌，如家乐福的“harmonie”系列。软品牌是指保留原制造商的品牌，但辅以零售商的自有品牌，如家乐福的“棒”系列。还有更软性的，如“家乐福监制”等。软品牌的应用比较灵活，可以随时根据产品情况和促销情况进行调整；而且，同一种商品，既采用制造商品牌，也采用零售商品牌，这样既能宣传商家形象，也能提高厂家的知名度，很好地兼顾产销双方的利益。

2）原有品牌和新创品牌。有些品牌，一眼就能看出是零售商的自有品牌，如山姆精选、华联生鲜等；有些品牌则不那么容易识别，不留心的消费者根本不知道购买的是零售商的自有品牌，如沃尔玛的乔治服饰。使用原有品牌的好处是可以借助原有零售商的品牌知名度，品牌导入期短，缺点是如果自有品牌经营不成功会对零售商品牌造成伤害。

与品牌选择相联系，还要注意品牌保护。只有注册了的品牌才是受法律保护的品牌。实施自有品牌战略的商家应在品牌的创建之初，就着手进行品牌的申请注册工作，以维护本公司品牌的合法权益。

（4）制定价格与促销策略

自有品牌的定价策略比较简单，价位一般处于该品类的中下游水平，但也不是绝对的。在一些没有制造商知名品牌的品类，零售商自有品牌就是强势品牌时，则自有品牌的定价较高。如家乐福的 harmony 拖鞋即属于这个品类中价格最高的产品之一。在有强势品牌存在的品类里，自有品牌就要依靠明显低于领导品牌的定价来吸引消费者，其价格差异程度往往与领导品牌的强势程度成正比。有时也要考虑零售商开发自有品牌的目的。如果开发某自有品牌商品是为了形成经营特色，提高顾客忠诚度，并借该商品吸引大量消费者的光顾，则可以把价格定得更低些。

基于定价策略，要选择适当的促销方式。自有品牌的促销不同于一般商品，主要是通过人员推销和营业推广来鼓励顾客尝试，进而建立品牌忠诚度。许多超市经常通过系统陈列和联动促销来鼓励人们对自有品牌的试用。在陈列方式上，往往将自有品牌贴近相同品类的领导品牌，甚至使自有品牌与领导品牌的外观设计极为相似，消费者一不小心就会拿错。如沃尔玛就喜欢把自有品牌 equator 的洗发水和宝洁的飘柔摆放在一起，很容易使自己的 equator 洗发水得到试用，取得了很好的促销效果。所谓联动促销，举例来说，就是做个买高露洁牙刷送自有品牌牙膏，或者买汰渍洗衣粉送自有品牌毛巾的促销活动。所以，零售商完全可以选择类似这些既省钱效果又好的促销方式。

(5) 采购与质检人员的培训与遴选

买手素质是决定世界零售巨头开发自有品牌的成功因素之一。在谈判桌上，沃尔玛的采购师显得非常专业，他们会由袜子需要多少纱线、纱线的成本而推算出供应商的袜子成本，从而把价格压得非常低。所以供应商常常报怨："我们被压榨得一点利润也没有。"要开发自有品牌商品，没有高素质的超级买手恐怕是不行的，必须加强采购人员的培训与遴选。

质检人员素质对自有品牌商品开发和营销至关重要。自有品牌商品质优价廉，必然在消费者心中树立良好的企业形象，形成良性循环。开发自有品牌时，必须具有一批高素质的质检人员。英国马狮百货公司在所属 250 家连锁店中经营自有品牌"圣米高"商品时，就拥有 350 名技术人员负责"圣米高"商品的质量检测工作。在家乐福，除了对制造商生产的各个环节进行严格监控外，在产品上市前，还要通过第三方实验室对产品质量实施检测。

2. 自有品牌开发方式选择

自有品牌的开发方式概括起来有以下几种：

(1) 贴牌生产

贴牌生产即 OEM，是利用现有生产厂家的生产条件定点定牌定样监制生产。例如，马狮公司是名副其实的"没有工厂的制造商"。为马狮公司加工生产"圣米高"牌商品的工厂有 800 多家，马狮只向这些生产厂家提出原材料、生产工艺、品质等方面要求，同时提供技术支援、管理咨询等，不进行直接投资。

(2) 投资、并购生产企业

采用参股合营、控股兼并等方式同有关生产厂家合作。例如上海开开实业股份有限公司的“开开”品牌。10 年之前，“开开”以资本经营为纽带，先后运用参股、控股、兼并等多种方式，巩固和发展生产基地，组建全国乃至国外的市场销售网络。如今，“开开”已是一家年产 400 多万件衬衫、100 多万件羊毛衫的企业集团。

(3) 自产自销

实力雄厚的商业零售企业独资创建自己的生产加工基地，走工商一体化之路。上海市食品集团的“上食”品牌，从一开始就实施了以市场为导向，以科技为依托的品牌发展战略，不断投入巨资，引进国外先进的生产流水线，改造企业原有设备，开发出猪肉升级换代产品“冷却肉”。美国克罗格公司走的也是这样一条路子，目前已拥有 37 家自有品牌的生产厂。

四、制订贴牌生产计划（OEM）

1. 制定 OEM 合作标准流程

一般的 OEM 合作大体程序是：确定 OEM 合作产品并认可合作方案——签订合作协议——产品定制和设计导航——产品验收——后期服务。就具体企业而言，由于产品性质的不同、制造工艺和技术复杂程度的差异，其 OEM 合作流程也有所不同，图 2—5 是 OEM 合作的一般流程：

2. 选择委托加工制造商

(1) 选择最合适的委托加工制造商

选择最合适的委托加工制造商是 OEM 成功的关键，有以下几种合作方式：

1) 生产基地合作。合作方要具备多年的产品制造、品保经验，有现成的生产设备、厂房、熟练员工资源，作为产品或配套产品的生产制造基地，或根据需要，利用合作方的生产能力制造符合自己品牌要求的优质产品。

2) 产品研发合作。合作方要具备工程研发设备仪器硬件、技术人力

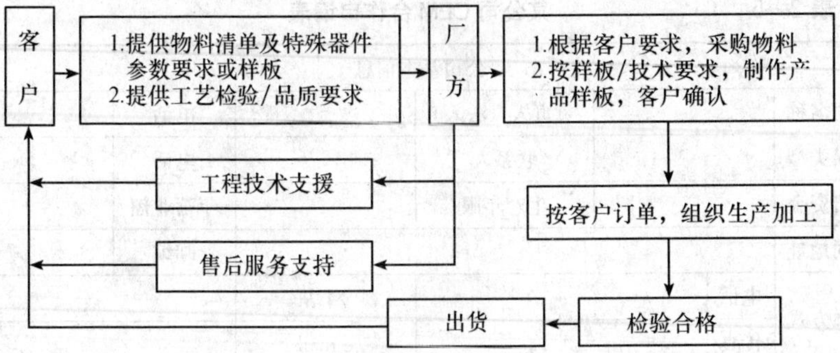

图 2—5 OEM 合作的一般流程

软件等资源条件，以加快开发速度、研发水平，提升、满足市场对产品的需求，可以联合双方的互补优势资源，提高及增强双方各自的核心竞争力。

3）信息资源共享。合作双方要能够定期或不定期地通报各自企业所掌握的产品、技术信息和市场信息。

4）新产品、领域拓展合作。合作双方要能够在新产品、新项目或新的领域，发挥各自的优势进行合作，可以采取互设办事处，生产制造/市场开发分工合作，产品投资开发、持股等多种形式。

5）战略推进交流。双方经营决策层要能够不定期地就战略合作项目的进一步推进以及合作的一系列项目与安排进行交流与磋商，以保证合作步步落实。虽然这是一个多样性的合作模式，但从实际进程或是从现实来看，先从生产基地合作起步，即分工协作的形式，整合生产能力资源，使双方已有的互补性剩余资源得到有效开发利用，是最为有效的。

（2）选择途径

1）利用现有材料。对于管理比较正规的厂商，企业可以建立合格厂商的档案或名册，分析或了解其是否符合要求，即是否满足适当的品质、准时交货、合理的价格及必要的服务要求。

2）公开征求方式。公开向社会征求委托加工制造商。企业可通过网络、专业杂志等各种媒体发布其 OEM 合作申请表，参见表 2—5。

3）通过同业介绍。

4）阅读专业刊物。企业可以从专业的杂志或刊物中，获悉许多产品的委托加工制造商。

表 2—5　　　　　　　　　某公司 OEM 合作申请表

公司基本信息

公司名称		负责人（法人）		电话	
产品类型		联系人		电话	
注册资金		生产年限		年营业额	
公司地址				邮编	
联系方式	电话		网站		
	传真		e-mail		

产品基本信息

序号	产品名称	产品型号	市场价格	代理价格	OEM 价格	产品描述
1						
2						
3						
4						

相关检测报告及认证

序号	检测报告/认证名称	证书号	颁证部门
1			
2			
3			
4			

合作意向简述

公司盖章：

填表人签字：

日期：

请完成之后传真至××公司总部：×××-×××××××××，非常感谢您的合作。

5）参加产品展示会。企业应参加有关行业的产品展示会，派人收集符合条件的委托加工制造商资料或当面洽谈。

6）行会或采购专业顾问公司。

3. 签订 OEM 合作协议

OEM 合作不同于一般的采购活动，它涉及复杂的产品制造问题，是一种特殊的生产合作。因此，OEM 合作协议的签订，既要考虑基本供应商责任问题，如供货价格、交货时间、可靠性等，更要考虑质量控制标准、技术参数标准和质量管理体系，以及售后服务和违约及解决纠纷等问题。下面是一份微型计算机 OEM 合作协议书。

某公司OEM合作协议书

乙方：某公司（品牌拥有者，委托方）

甲方：某公司（制造商，受托方）

经甲方和乙方友好协商，就乙方与甲方合作以OEM方式生产“××”牌微型计算机这一项目，现达成协议如下：

一、乙方授权委托甲方生产“××”牌微型计算机，甲方应负责“××”牌微型计算机生产、销售的合法性，即“××”牌微型计算机可使用甲方代为申办的生产许可证号。

二、乙方授权“××”牌微型计算机商标予甲方进行生产，详细条款参见附件《商标授权委托书》。

三、在本协议有效期内乙方只允许委托甲方生产“××”牌商标微型计算机，甲方对“××”牌商标微型计算机只具有生产制造权，无经营销售权。

四、甲方根据乙方每次订单提出的具体规格说明书进行生产，甲方有责任严格按照有关标准进行质量控制。

五、技术参数标准、质量管理体系以甲方与乙方商议和质量文件为标准，甲方对质量负责，整机保修三年，其中第一年内保换，第二、第三年免费维修，只收取配件成本费。

六、保修期限由乙方提货当日开始计算。

七、甲方不负责对最终用户（即乙方的客户）提供售后服务；甲方仅向乙方提供非人为因素损坏的配件的保换、保修服务。

八、由于自然灾害、雷电、事故等不可抗拒的，以及由于供电线路、犯罪等因素对系统造成的损害或软硬件故障，甲方有义务提供咨询服务，但不属甲方的免费保修范围。

九、运输及费用

1. 交（提）货地点在×××，由甲方代乙方进行货物运输。

2. 运输方式根据具体的每次订货合同要求进行。

3. 运输费用负担方式由双方根据具体订货合同制定。

十、结算方式及期限

1. 当双方签订本协议后，双方将以此协议作为基础，每次订货都由乙方向甲方下订单，由甲方负责人确认后才视为合格的订货合同，不合格的订货合同不受本协议条款约束。

2. 乙方向甲方订货的同时，首先向甲方提交该次合同总额30%以上的预付款。

3. 每次订单的余款在乙方提货验收完成之日，立即向甲方一次性付清。

4. 甲方对乙方所订货物的交货期限，从乙方向甲方交付预付款到账之日起计算，十五个工作日内完成。

十一、验货的标准及方法

1. 乙方对货物的验收方法以甲方和乙方商议认可的质量文件为依据。

2. 乙方对货物的验收期限为收到货物之日起算三天内完成。

3. 乙方认为货物有不良现象时，可向甲方提出异议。

4. 提出异议期限为验收货物即日起算的一周内书面向甲方提出，甲方在一周内给予处理答复，超过期限视为保修处理。

十二、违约及解决纠纷的方式

1. 当发生纠纷时，双方应本着互让互谅的原则协商解决。

2. 未尽事宜双方协商后增加补充协议，补充协议经双方认可后与本协议具有同等法律效力。

3. 实在协商解决不了则向甲方所在地法院提出诉讼。

十三、本协议有效期为一年。

十四、本协议一式三份，乙方一份，甲方二份。

甲方：	乙方：
法定代表人：	法定代表人：
委托代理人：	委托代理人：
地址：	地址：
电话：	电话：
传真：	传真：
邮编：	邮编：
开户银行：	开户银行：
账号：	账号：
税号：	税号：
日期：	日期：

◎相关知识

一、采购计划的审核

1. 采购计划执行的监控

一般要做到以下几点：

（1）建立合同档案，做好合同管理

通过合同的审查、登记、执行、变更和清理，对各种物资的到货情况、合同执行情况及对生产的保证程度，进行检查分析。检查项目不单是到货数量，而且还要重视到货的及时性和齐备性，配套使用的物资要检查其配套性，发现问题，及时解决。此项工作一般设专人负责，通过统计图表明确反映。

（2）密切与需用部门联系，掌握生产和建设任务的安排与进度

这是掌握执行采购计划最基本的原则。因为物资工作毕竟是为生产建设服务的，只有做到这一点，在企业生产建设任务发生增减和在时间上发生提前或拖后的变动时，才能不失时机地对采购计划做出相应的修订和调整。

（3）调查市场动态及供货单位履行合同的情况

这是市场经济条件下，掌握执行采购计划工作中十分重要的原则。因为市场信息瞬息万变，特别在当前我国市场经济尚不规范的情况下，一切经济合同的履行、采购计划的实施，无不受其直接影响。

（4）了解库存储备动态

根据变化了的实际需要，对采购计划进行相应的修订和调整。因为物资储备和预计库存，在制订计划时可能受客观条件的制约，不一定完全切合实际需要。

（5）了解企业内部可利用资源及材料消耗定额变动情况

这是为了便于发现问题，及时提出改进措施，并对采购计划中有关指标进行相应的修订和调整，使其更符合实际。此外，在掌握执行采购计划中，还应根据各种物资的消耗、使用性质、批量大小、市场供求和经济合理的原则，选择相应的采购决策和方式方法。

2. 采购计划的检查分析

采购计划的检查分析是指对采购计划的执行情况，根据采购计划的

目的和任务，采取相应的科学方法，进行综合整理和推理分析。它是采购计划管理工作的重要阶段。做好采购计划的检查分析，对于企业正确制定采购决策和提高计划管理水平有着十分重要的意义。

（1）采购计划检查分析的方式

主要有两种：一是经常性的检查分析。即在采购计划执行全过程的每一阶段，按旬、按月对各项计划指标的执行情况，进行逐项的检查分析。目的是查明计划执行中的问题及影响计划完成的因素，从而及时采取有效措施，克服工作中的薄弱环节，予以解决。二是总结性的检查分析。即在计划结束后，根据物资统计资料，对计划的各项指标进行全面检查对比分析，找出计划指标与实际情况的差距和原因，并为企业制订和调整采购计划提供依据。

（2）采购计划检查分析的重点是计划数量完成情况的分析

主要通过以下指标进行考核：

1）物资采购总额（或总量）。即将本期实际采购总额与计划采购总额进行比较，确定二者的增减额，以评价计划数量总的完成情况。

2）各类物资购进额。即将各类物资的实际购进额与其计划采购额进行比较，以评价各类物资计划数量的完成情况。一般只选择影响生产较大的几个主要物资品类，对计划中有关指标进行相应的修订和调整，使其更符合实际。根据计划数量完成情况的分析，找出计划执行过程的经验和问题，为改进采购计划提供依据和参考。

二、企业信息化建设中的采购计划系统应用

采购计划是整个企业供应链系统的重要组成部分。采购计划是供应链系统的入口、采购活动的基本依据，及时准确的采购计划，对降低库存、避免出现物料短缺、保证生产的正常进行具有重要意义。企业根据自身的管理制度，都建立有采购计划管理程序，通常是采购计划通过工作流方式传递到本级公司主管做初步审核，并汇总采购计划报上级公司平衡，然后根据上级公司确定的总量指标调整、确定采购计划。

目前，大型企业采购计划都实行了信息化管理，在应用集团模式采购计划管理系统的情况下，有些采购计划的生成、审核工作可以通过计算机完成。经理人员的审核变成了实质性而非技术性审核，大大提高了采购管理工作的科学性和严密性。

1. 采购计划管理系统的基本流程

基于特定软件的采购计划管理系统，使采购计划的提报、审核、传递、综合平衡、分配、考核等过程脱离了手工操作，促进了数据共享和传递。其一般流程是：

将采购计划按时间划分为年度或月度计划和临时计划，在特定日期提报，先由各部门把采购计划提供给指定部门，该部门根据公司的实际情况进行审批，然后汇总提供给分公司仓库，仓库管理人员进行现有库存情况的统计整理，并录入计算机。有的分公司有库存管理系统，可以结合起来使用。

在计划的录入过程中，系统根据公司名称和时间自动生成计划编号和序号，不用人工录入。根据公司对物品给定的代码，在输入采购物品名称时，只要输入几个字母就可以自动生成汉字的物品名称，省去了录入汉字的烦琐操作。每一种物品都有一个助记码，可以根据个人情况定义。临时计划的提报步骤与月计划的提报相同，如果有大型的设备需要提报计划，则需要专门的提报单。计划经过审核无误后，发送至指定部门，这一操作只需按一下“发送”按钮，即可完成，准确快捷。数据先进行压缩然后自动复制，数据库文件以分公司的名字命名。

主管部门对收到的采购计划进行审核，选择分公司后，所有未审核的计划全部列出。审核的目的是根据公司目前的资金情况和各公司的物资库存情况进行综合平衡。如果能够进行调剂的就不把计划下发到采购部门，另外由于资金或项目建设所限，应对一些不需要购买的物资进行控制。对需要购买的物资进行 A、B、C 分类（主要依据物资对生产的重要程度和紧急程度），方便对采购部门的考核。在这个过程中，主管部门可以更改计划，但修改后的计划必须反馈回分公司。

采购计划传递到采购部门后，采购计划就生效了，同时财务中心可以看到采购计划的分布情况。采购资金的汇总情况可以自动生成，报表主要按分公司、按物资 A、B、C 分类进行汇总，这样财务中心就可完全掌握采购资金的整体情况。采购部门对接收到的采购计划进行分配，把计划落实到每一个业务员，操作过程比较简单，因为计划在录入过程中包含了物资的种类，这样在分配计划时可以按物资种类进行排序，例如把五金类的交付给业务员甲，办公类的交付给业务员乙。

采购完成以后，在物资入库时根据采购计划编号和序号进行登记，详细记录入库日期，以便对供应采购计划的完成情况进行统计。然后采购部门根据采购计划的完成情况对业务员进行考核，主管部门根据采购物资的使用情况对分公司进行考核。

2. 采购计划管理系统提高了采购计划管理的科学性

采购计划管理系统是一种信息系统，它要求数据的准确性。规范化是准确性的前提，没有规范就谈不上准确。数据的及时性、准确性和完整性是计算机管理系统的基本要求。这里，“及时”指必须在规定的时间完成数据的采集和处理，“准确”指必须去伪存真、符合实际，“完整”是指要满足系统对数据项规定的要求，没有疏忽遗漏。软件的功能再强，也难以分辨数据的真伪，最多只能进行逻辑判断，如日期的先后，字段或数字的位数是否大于或小于某个值等。在系统开发过程中，要采取必要的措施，保证各项数据的准确与完整。

为了保证数据的准确，必须强调认真操作，特别是注重核对工作。

采购计划系统是库存管理的继续，是采购管理的前提，应用好采购计划系统对于其他系统具有促进作用。采购计划管理系统的实施，使工作效率大大提高，特别是利用计算机网络传输，在上报时录入一次即可，避免了重复书写和复印。企业可以利用更多的时间进行分析和预测，而不是把大量的时间用在计划的抄写和审核上。以前在采购计划的传输过程中经常出现错误，必须打电话联系核对。现在采用了计算机管理，避免了错误的出现，节约了大量的费用。利用系统进行统计分析，例如统计各分公司计划提报的项目、分类明细、资金统计，分析临时计划的比例和项目，控制了临时计划的数量，促进了采购工作的进行。另外利用计算机进行采购计划的管理，工作流程和各部门的责任更加明确，出现问题易于查找分析。

总之采购计划系统的应用使采购计划的制订更加科学简单，又提高了企业管理水平，减少库存积压，降低资金占用，对于保证生产正常进行具有非常重要的意义。

三、自有品牌开发及委托生产（OEM）

1. 自有品牌（PB）开发在商业企业发展中的战略意义

实行自有品牌即PB战略，对于零售业企业尤其是连锁超市具有重要的战略意义，它可以给该类企业带来以下三大优势：

1）流通环节减少，流通成本降低。据分析，一般PB商品的定价要比生产厂商的同类产品低20%～30%。

2）构造了零售业中流通企业主导下的生产体制，拉近了消费者和厂商的距离，能适时、适量、适需地提供消费者需要的商品。

3）有助于提高企业的知名度，增加无形资产，提高竞争力，包括与供应商竞争的能力。

有业内人士甚至认为，PB战略是零售业企业确保赢利的王牌。未来的商业竞争将越来越多地表现为品牌的竞争。一个著名的品牌将成为企业巨大的无形资产，成为企业参与市场竞争的有力武器。因而品牌战略被越来越多的企业所采用，越来越成为企业营销战略的重点和经营的指导思想。不仅生产企业纷纷创立和强化产品品牌，零售商业企业亦是如此。自有品牌的兴起与发展正是品牌竞争的产物。

其实，和著名品牌商品比起来，自有品牌商品可以节约大量的前期市场调研和后期市场推广的费用，这才是它根本竞争力所在。由于不需要负担大量的市场推广费用，零售商可以用大大低于品牌制造商所需的生产规模推出自己的特色商品。如果某个细分市场的潜在销售规模低于1亿美元，品牌制造商们也许根本不考虑介入这个市场，因为其市场规模远远不足以支持全国性电视广告的开销。但对于零售企业来说，也许5000万美元潜在销售规模的细分市场就已经具有足够的吸引力了。零售大卖场所具有的另一个优势是，即使这个细分市场本身并没有很大的利润空间，但如果它能帮助超市形成自身的特色，带来人流量，对超市来说也仍然是有吸引力的。而品牌制造商是无法利用这种连带效应的。更为重要的是，自有品牌可以为零售商创造独特的竞争优势，回避大卖场之间过度的价格竞争。

不仅如此，零售企业实施自有品牌战略，除价格优势外还具有其他诸多优势，如信誉优势、特色优势、领先优势等，这些优势使得其开发出来的商品较易被消费者接受而成为企业的“摇钱树”。作为零售商，只要获得顾客的认可，就可以为公司带来销售额的增加，带来很好的利润，并且赢得较高的市场份额。因为专有商品顾客只有在专门的商场里才可以购买到。所以相对来说也可以提高顾客的忠诚度，从而为企业带来良好的信誉。

2. 委托生产（OEM）与企业采购模式的变革

人们对OEM有多种不同的翻译，如原始设备生产商、代工、贴牌生产等。一般地，可以将OEM定义为：品牌生产者不直接生产产品，而是利用自己掌握的“关键核心技术”，负责设计和开发新产品，控制销售渠道，而把具体的生产加工业务委托给其他企业承担的企业间合作生产方式。通俗地讲，OEM就是一厂商按另一厂商的要求为其生产最终产品。

在业务外包过程中，OEM是发包方、委托方，CEM（contract equipment manufacture）即“合同设备制造商”，是承包方、受托方。承接加工任务的制造商就被称为CEM厂商（专业研究中的准确名称为CEM），其生产的产品就是OEM产品。

在不具备制造能力的零售业企业介入OEM合作的情况下，这一过程便表现为：某一制造商设计出一款产品之后，在特定的情况下可能会被一些品牌的制造商所青睐，那么后者会要求把产品贴上它的品牌进行生产，或者只是把产品进行少许修改使其更符合自己的要求。这样，品牌厂商可大大减少自己的研发时间和成本，而制造商也能够加大产品的出货量，这就是OEM。

OEM是专为某个品牌厂商量身定做产品，生产后一般只可以使用该品牌名称，绝对不可能标上自己名称再生产。因此，更直接的表述是，OEM就是某个厂家设计好了产品生产出了样本，其他品牌用户满意的话都可广为采用，再在生产中让制造厂家印制上或自己在后期分别贴上自己的品牌，当然这个过程中要求贴牌的厂家仍会根据自己的需要对产品进行一些元器件或功能的增减，以节省成本。

OEM最早起源于服装行业，后来风靡全球，受到几乎所有全球性大公司的青睐，成为许多厂家生产所采取的重要方式。目前市场上80%的PC品牌机都是通过OEM方式生产的。专业CEM通过大笔收购OEM的制造工厂以期快速扩大规模，形成规模效益。以电子制造业为例，目前CEM的产能已达全球整个电子行业的25%左右；其他IT产品，大到服务器、笔记本电脑，小到打印机、显示器、扫描仪、键盘、音响等，90%以上都是OEM产品。微软、IBM、HP（康柏）等跨国公司纷纷抢滩中国大陆，同联想、实达、长城等国内大小企业展开OEM合作。许多国际知名企业都曾经是OEM的实践者，例如，松下、SONY的显示器生产线上一度有60%～70%的产品贴的是优派的“三只鸟”。

国内90%以上的家电厂商都开展了不同程度的OEM合作。从GE到LG、从松下到东芝、从西门子到伊莱克斯、从飞利浦到惠而浦，越来越多的世界家电著名厂商将生产转移到中国，中国正在成为全球家电生产的“大车间”。全球最大的微波炉制造商格兰仕，六成产品贴的是国外品牌微波炉的商标；美国通用电器向四川长虹下达10万台空调订单；全球最大的零售商沃尔玛的一个著名冰箱品牌Magi Chef（神奇的厨师），实际就是由中国广东科龙电器公司设计和生产的；TCL原来的出口产品结构以OEM为主，没有自己的品牌和销售网络；海尔从1995年开始以OEM方式向美国出口冰箱。

四、多事业部集团公司管控模式与采购计划

集团公司管控模式直接决定了其采购模式和采购计划的制订与实施，高级采购人员需要对公司的管控模式非常了解。

集团公司管控模式的确定是一个复杂的体系，它要涉及三个层面的问题：一是狭义的管理模式的确定，即总部对下属企业的管控模式；二是广义的管控模式，它不仅包括狭义的具体管控模式，而且包括公司治理结构的确定、总部及各下属公司的角色定位和职责划分、公司组织架构的具体形式选择（直线职能制、事业部制、矩阵制、子公司制、及多中心网络式）、对集团重要资源的管控方式（如对人、财、物的管控体系）以及绩效管理体系的建立；三是对与管控模式相关的一些重要外界因素的考虑，涉及业务战略目标、人力资源管理、工作流程体系以及管理信息系统。

1. 三种具体管控模式

总部对下属企业的管控模式，按总部的集、分权程度不同划分成操作管控型、战略管控型和财务管控型三种管控模式。这三种模式各具特点。

（1）操作管控型

总部从战略规划的制定到实施统控到底。为了保证战略的实施和目标的达成，集团的各种职能管理非常深入。如采购管理不仅负责全集团的采购制度政策的制定，而且负责管理各下属公司采购计划的制订和审查。在实行这种管控模式的集团中，各下属企业业务的相关性要求很高。

为了保证总部能够正确决策并能应付解决各种问题，总部职能人员的人数会很多，规模会很庞大。如GE公司在1984年以前采用的就是这种管控模式，导致总部机构臃肿。直到杰克·韦尔奇任CEO后才转变为战略管控模式，大大减少了总部参谋人员。这种模式可以形象地表述为“上是头脑，下是手脚”。IBM公司可以说是这方面的典型，为了保证其全球“随需应变式”战略的实施，各事业部都由总部进行集权管理，计划由总部制订，下属单位则负责保障实施。

（2）战略管控型

集团总部负责集团的财务、资产运营和集团整体的战略规划，各下属企业（或事业部）同时也要制定自己的业务战略规划，并提出达成规划目标所需投入的资源预算。总部负责审批下属企业的计划并给予有附加价值的建议，批准其预算，再交由下属企业执行。在实行这种管控模式的集团中，各下属企业业务的相关性也要求很高。为了保证下属企业目标的实现以及集团整体利益的最大化，集团总部的规模并不大，但主要精力集中在进行综合平衡、提高集团综合效益上。如平衡各企业间的资源需求、协调各下属企业之间的矛盾、推行“无边界企业文化”，高级主管的培育、品牌管理、最佳典范经验的分享等。这种模式可以形象地表述为“上有头脑，下也有头脑”。运用这种管控模式的典型公司有英国石油、壳牌石油、飞利浦等。目前世界上大多数集团公司都采用或正在转向这种管控模式。

（3）财务管控型

集团总部只负责集团的财务和资产运营、集团的财务规划、投资决策和实施监控，以及对外部企业的收购、兼并工作。下属企业每年会有各自给定的财务目标，它们只要达成财务目标就可以。在实行这种管控模式的集团中，各下属企业业务的相关性可以很小。典型的财务管理型集团公司有和记黄浦。和记黄浦集团在全球45个国家经营多项业务，雇员超过18万人，它既有港口及相关服务、地产及酒店、零售及制造、能源及基建业务，也有因特网、电讯服务等业务。总部主要负责资产运作，因此，总部的职能人员并不多，主要是财务管理人员。GE公司也是采用这种管控模式。这种模式可以形象地表述为“有头脑，没有手脚”。

可见，操作管控型和财务管控型是集权和分权的两个极端，战略管控型则处于中间状态。但是，有的公司从自己的实际情况出发，为了便于管控，将处于中间状态的战略管控型进一步细划为战略实施型和战略指导型，前者偏重于集权而后者偏重于分权。

（4）集团公司管控模式运行的基础因素

1）管控模式的选择应该以什么为标准？管控模式的制定需要从何入手？要解决这些问题，都不可避免地涉及公司战略目标。因为管控体系的建立是以完成集团特定的战略目标为目的的，它是为实现集团的业务目标服务的。所以，集团公司管控体系建立的基准是集团的业务战略。要实现集团公司的有效管控，首先应该把本集团的业务发展战略理清楚，给整个集团一个发展的方向和目标。让所有的员工都知道路向何处走，劲往何处使。否则，集团公司的管控体系就失去了确立的依据，盲目建立起来的管控体系往往是无效的。

2）管控模式如何具体落实到每个岗位、每个员工，并使之真正有效？管控模式的问题不是仅仅停留在管控模式本身就能解决的，它需要有具体的途径来落实。例如，一个公司的战略目标很清晰，治理结构和组织架构也很匹配，部门职责划分也很清楚。但是不是工作就可以自动有效地进行？目标就一定能顺利实现呢？答案显然是否定的，因为它们还缺乏落实的保障条件。试想如果一个企业的岗位职责不清晰、薪酬福利不合理、绩效管理不健全、员工培训跟不上、员工发展没前景，员工们会有工作积极性吗？企业的目标最终能实现吗？因此，集团公司管控模式的落实，还应有人力资源管理体系的完善和配合。

3）工作流程也是使集团公司管控体系有效运作的一个重要支持体系。工作流程即做事的过程，是一组将输入转化为输出的相互关联或相互作用、与企业工作相关的活动。这些活动存在的价值：一是能增加工作的价值、提高工作的效率；二是能减少错误、降低风险。绝大多数企业都有自己的规章制度和工作标准，但却无法保证员工都能严格遵守。而优化的工作流程，可以将这些制度、标准要素有效地衔接起来，形成规范的工作程序，保证各种制度标准的实现和工作的有效进行。特别是在集团公司的管控随着集团规模的不断扩展而日益复杂时，如果没有优化的工作流程体系，集团公司将难以避免效率的损失和风险的产生，有效的管控也难以实现。

4）管理信息系统也是支持集团公司管控模式实施的一个重要方面。企业管理信息系统的发展和应用对企业尤其是大型集团公司管理效率的提高具有巨大、甚至是革命性的影响。企业规模的大小必然造成组织结构的变化——规模大的企业很容易形成多层次的管理结构，而每多一个层级，不仅会造成管理上的低效率，而且势必对信息的传递产生干扰，使最终到达企业领导层的信息失真。为了提高管理效率、准确了解下情，过去企业里经常采用的方法是减少管理层次，或决策权力下放。但这样都会有新的风险产生，如管理幅度过宽而导致对市场的反应速度慢，或是由于权力下放过大而导致管理失控等。因此，企业在业务规模扩大的同时，经常处于权力"放收两难"的境地。

2. 总部功能定位

集团公司管控模式确定的关键在于总部的功能定位。据美国 Conference Board 公司的调查结果显示，44%的公司总部不知道自己的角色和职责是什么，可见总部的存在价值是一个普遍的问题。中国的集团公司历史不长，集团公司总部的功能定位更是一个新的问题。集团公司总部的基本职能是什么？集团公司总部应该如何定位？这是集团公司实现有效管控的一个关键问题。

不同管控模式下集团总部扮演的角色是不同的。如采用财务管控型的集团公司，其总部集权程度低；而采用操作管控型的集团公司，其总部的集权程度就高。但不论总部集权程度如何，其目标都应该是为集团整体创造合理的附加价值，为集团整体目标的实现发挥积极的作用。因此，总部职能定位是应为集团整体提供附加价值。如果总部定位不合理，不仅不会带来附加价值，而且会带来毁损价值。例如，集团公司的治理结构不健全，对总经理的监管缺位而导致总经理决策严重失误；集团公司组织结构不合理，总部各部门之间以及与下属企业之间相互扯皮；管理层次多，经营决策官僚化，贻误商机；总部不能对下属业务单位提供必要的技术支持及专业指导；绩效考核指标片面，误导业务单位经营活动等，这些都是常见的问题。

集团总部提供附加价值的功能主要通过以下五大职能来实现：

（1）领导——包括制定集团战略方向，管理集团业务组合，建设集团企业文化，建立集团共同的愿景和价值观，确定并实施重要的投资并购活动，创建集团共同的运作政策、标准和流程，培育集团核心竞争力。

（2）绩效获取——包括审核批准下属企业的战略目标，管理考核下属企业的绩效，监督和管理下属公司的财务状况，管理集团品牌，监控集团的运营风险。

（3）资源调配与整合——包括制定和实施下属企业间的资源共享机制，整合资金管理、市场营销渠道和供应链，核心人才和能力的培养。

（4）关键的公司活动——包括股东关系管理，对顾客、供应商、中介机构、协会、政府等公共关系管理，集团危机管理。

（5）为集团公司运营提供服务和专家支持——包括提供各种共享服务、信息技术支持、质量标准、保险、养老金管理、人事财务处理、政策咨询、教育与培训、国外服务。

明确了总部的职能定位之后，总部与下属公司间的相互关系和职责分工就比较容易理顺了。随之而来的集团公司的具体管控模式的选择、组织形式的确定、组织内各部门职能的定位和职责划分等工作就都有了明确的依据。与此同时，相应的支持体系的建立和完善也就顺理成章了。比如，在人力资源管理体系中，最基础的工作——岗位设置及其职责描述、价值评估等工作也就有了依据，从而就能够在此基础上搭建起薪酬、绩效、能力、招聘、培训等一系列的管理体系。又如，管控模式的明晰也使得在此基础上进行的工作流程的设计和优化有了科学的依据，从而保证了公司整体工作流程的高效运行。再如，在明晰、合理的集团管控体系基础上构建起来的管理信息系统可以帮助组织进一步提高工作效率、防范经营风险，提高决策的科学性。因此，总部的功能定位是确定集团公司管控模式的“纲”，它在管控模式确定中起到纲举目张的关键作用。

但是，总部功能定位并非是一成不变的。依据 Conference Board 公司的调查，公司总部的功能未来将有以下的变化：一是总部的服务功能将大量外包，以提高总部的成本效率；二是部分总部的功能将更加强化，如高管人员的选拔和培养、经验交流和战略规划；三是弱化研发、质量、营销等方面的功能，使之更加贴近市场；四是通过整合内、外部资源，为下属企业提供更多的服务；五是强化总部的影响力，即总部在提高整体管理水平的同时，应给下属公司带来更多的附加价值。简言之，集团总部的功能定位越来越从原来的以“管控”为导向的角色向以“提供附加价值”为导向的角色转变。

总部的上述五大职能并非在任何时候都同等重要。在不同时期，总部具体功能的侧重点也不一样。比如，对于处于市场垄断地位和产品成熟期的公司，其领导职能将显得更为重要，因为整个公司需要维持现有市场地位的稳定并谨慎地寻找新的发展方向。对于快速扩张的公司，其下属公司对总部的领导、资源调配和内部服务等职能的需要更加迫切。而对于用行政划拨方式组建起来的集团公司和“先有子公司，后有总公司”式的集团公司，首先需要的总部职能是提高服务，这样才能够使下属公司更加明确地感受到总部存在的价值，增强整个集团的凝聚力和下属公司的归属感。

3. 多事业部集团公司采购体制

(1) 集中采购

集中采购是相对于分散采购而言的，它是指企业在核心管理层建立专门的采购机构，统一组织企业所需物品的采购进货业务。跨国公司的全球采购部门的建设是集中采购的典型应用。它以组建内部采购部门的方式，来统一管理其分布于世界各地分支机构的采购业务，减少采购渠道，通过批量采购获得价格优惠。

随着连锁经营、特许经营和OEM模式的增加，集中采购更是体现了经营主体的权力、利益、意志、品质和制度，是经营主体赢得市场，保护产权、技术和商业秘密，提高效率，取得最大利益的战略和制度安排。因此，集中采购将成为未来企业采购的主要方式，具有很好的发展前景。如IBM、恒荣伟业、麦当劳等企业都在这一层面上通过集中采购实现了自身的利益。

实施集中采购有以下优势：

1）有利于获得采购规模效益，降低进货成本和物流成本，争取主动权。

2）易于稳定本企业与供应商之间的关系，得到供应商在技术开发、货款结算、售后服务等诸多方面的支持与合作。

3）集中采购责任重大，采取公开招标、集体决策的方式，可以有效地制止腐败。

4）有利于采购决策中专业化分工和专业技能的发展，同时也有利于提高工作效率。

5）采购决策集中控制，所购物料容易实现标准化。

6）减少了管理上的重复劳动。这样就不必让每一个部门的负责人都去填写采购订单，只需采购部门针对公司的全部需求填写一张订单即可。

7）可以节省运费和获得供应商折扣。由于合并了多个部门的需求，采购部门找到供应商时，其手上的订单数量就足以引起供应商的兴趣，采购部门可以说服供应商尽快发送或给予数量折扣。此外由于集中了所有的需求后货物可以整车地进行装运，因此可以节省运费。

8）对于供应商而言，集中采购也可以推动其有效管理。他们不必同时与公司内的许多人打交道，而只需和采购经理联系。

（2）集中采购所适用的采购主体和采购客体

1）所适用的采购主体。集团范围实施的采购活动；跨国公司的采购；连锁经营、OEM 厂商、特许经营企业的采购。

2）所适用的采购客体。大宗或批量物品，价值高或总价多的物品；关键零部件、原材料或其他战略资源，保密程度高、产权约束多的物品；容易出质量等问题的物品；最好是定期采购的物品，以免影响决策者的正常工作。

（3）集中采购的实施步骤

1）根据企业所处的国内外政治、经济、社会、文化等环境及竞争状况，制定本企业采购战略。

2）根据本企业产品销售状况、市场开发情况、生产能力，确定采购计划。

3）定期或根据大宗物品采购要求做出集中采购决策，决策时要考虑市场反馈意见，同时需要结合生产过程中工艺情况和质量情况。

4）当决策做出后，由采购管理部门实施信息分析、市场调查及询价，并根据库存情况进行战术安排。

5）由采购部门根据资源供给状况、自身采购规模和采购进度安排，结合最有利的采购方式实施采购，并办理检验送货手续，及时保障生产需要。

（4）选择集中采购或分散采购的标准

集中采购的优势就是分散采购的劣势，分散采购的优点也正是集中采购的不足。在实际采购中要趋利避害、扬长避短，根据企业的自身条件、资源状况、市场需要，灵活地做出制度安排，并积极创新采购方式和内容，使企业在市场竞争中处于有利的地位。

在决定采购是集中或分散进行时，应该考虑下面的因素或标准：

1）采购需求的通用性。经营单位对购买产品所要求的通用性越高，从集中或协作的方法中得到的好处就越多。这就是为什么大型公司的原材料和包装材料的购买通常集中在一个地点的原因。

2）地理位置。当经营单位位于不同的国家或地区时，就可能会极大地阻碍集中采购。例如，在欧洲和美国之间的贸易和管理实践就存在较大的差异，甚至在欧洲范围内也存在着重大的文化差异。一些大型公司已经将全球的协作战略转为地区的协作战略。

3）供应市场结构。有时，公司会在它的一些供应市场上选择一个或数量有限的几个大型供应商组织。在这种情况下，力量的分散必定对供应商有利，而采用协同的采购方法则可以处在一个更好的谈判地位。

4）潜在的节约。一些类型的原材料的价格对采购数量非常敏感。在这种情况下，购买更多的数量会立刻带来成本的节约。对于标准商品和高技术部件都是如此。

5）所需的专门技术。有时，有效的采购需要非常高的专业技术，例如对高技术半导体和芯片的采购。因此，大多数电子产品制造商已经将这些产品的购买集中化。在购买软件和硬件时也是如此。

6）价格波动。如果物资（如果汁、小麦、咖啡）价格对政治和经济气候的敏感程度很高，集中的采购方法就会受到偏爱。

7）客户需求。有时，客户会向制造商指定所需产品应具备的条件。这种现象在飞机制造工业中非常普遍。这些条件是与负责产品制造的经营单位商定的，这种情况下不适于采取集中采购模式。

除了以上需要考虑的因素外，选择集中采购时，还应该有利于资源的合理配置。要以减少交易环节、加速周转、简化手续、满足要求、节约物品、提高综合利用率、保证和促进生产的发展、调动各方的积极性、促进企业整体目标的实现等为原则。

当然，集中采购和分散采购并不是完全对立的，仅靠一种采购方式不能满足生产需要。大多数公司在两个极端之间进行平衡：在某个时候采用集中采购模式，而在几年以后也许会选择分散的采购形式。混合采购即集中采购和分散采购两者的混合，根据实际选择合适的方式。凡属公共性物料，采购金额比较大或进口品等，均集中由企业总采购部门办理；小额、因地制宜、临时性的采购，则授权分企业或个别工厂执行。

第三章

采购过程控制

第一节　采购流程规划

◎鉴定要点

通过学习，了解采购流程改造的方法，掌握不同类型企业的采购流程规划和准时制（JIT）采购流程规划的程序。

◎工作内容

一、不同类型企业的采购流程规划

1. 企业采购流程规划概述

(1) 企业采购流程规划三个战略要点

企业采购流程规划首先要考虑三个战略要点：一是采购战略，战略决定业务流程及决策规则；二是信息管理工具，企业信息化程度制约流程改造；三是根据使用管理工具的特性，制定采购业务流程，组织岗位职能和考评机制等。如图 3—1 所示。

(2) 企业采购流程规划的基本步骤

企业采购流程，因采购模式、采购标的物及其规模、作业细节差异、企业组织特性和管理风格等的不同而互有差异，但是基本的流程则大同

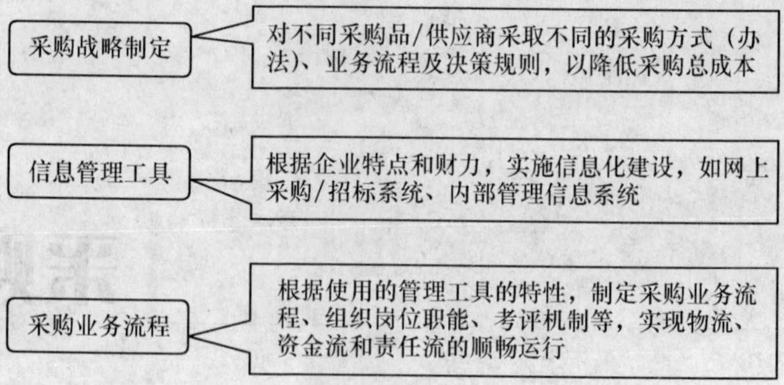

图 3—1　采购流程规划三个战略要点

小异，特别是，凡企业规模越大，采购金额偏高者，对流程规划及其程序设计越加重视。一般采购规划的基本步骤和关键点如下：

1）明确功能设置、作业环节及其先后顺序与时效控制。作业环节是流程设计的核心，但它取决于采购体制和采购功能的宽窄，这是流程规划首先要考虑的。在此基础上，要注意流程的流畅性和一致性，以及作业流程所需时限。例如，避免同一主管对同一宗采购做数次签核；避免同一宗采购在不同的部门有不同的作业方式；避免同一宗采购会签部门太多，影响作业时效。

2）设置采购作业关键点。为了便于控制，使各项采购作业在各阶段均能被追踪管制，需要在流程规划中突出作业关键点。例如，在国外采购中，洽商、许可证申请、开立信用证、装船、报关、提货等均有关键控制点和办理时限。

3）明确权责和任务划分。各项作业手续、权责规定及查核责任和办法，应在流程中明确。例如，请购、采购、验收、付款等权责均应予以区分，并指定主办单位。尤其应避免因流程设计不当出现作业过程中部门间摩擦、重复与混乱；同时，还要注意变化性或弹性范围，以及偶发事件的因应规则，例如，“紧急采购”及“外部授权”，要作为特殊处理事项在流程规划中做特别处理。此外，小额采购也可采用特殊流程，以简化手续。

4）程序繁简或被重视程度，应与所处理业务或采购项目的重要性（价值）相适应。凡涉及数量较大、价值较高的采购，或已发生舞弊行为的情况下，应在流程上加以较为严密的处理和监督。反之，则可略予放宽，以提高工作效率。

5）处理程序因地、因时制宜，与时俱进，体现便利化的要求。企业规模和条件不同，处理程序及其现代化的水平也就不同。同时，应注意程序的及时改进，早期设计的处理程序或流程，经过一段时期的应用后，应加以检讨，不断改进，以适应组织变更或作业上的实际需要。在 IT 技术特别是网络技术普遍应用于企业运营的环境下，需要引入采购和物流软件，实现流程再造和作业方式的改善，流程与表单需要一定调整或重新设计。

2. 企业常规采购的流程规划

一般企业都设置专门的采购部门，其采购的流程大体类似，其规划中主要涉及采购的标准程序，以及采购业务人员、采购部门、接口部门和财务部门的权责划分等（见图 3—2）。

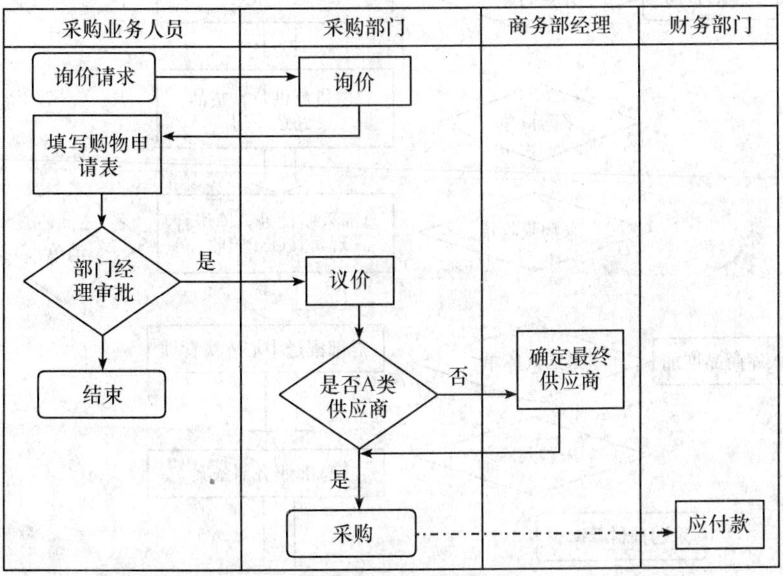

图 3—2　常规采购流程

3. 零售（连锁）企业采购流程规划

零售（连锁）企业采购业务是其经营活动的核心，其采购也较为普遍地采取集中采购方式，流程规划具有共性，而且普遍性问题也比较集中，诸如总部经营计划与分店采购计划的衔接、总部采购中心与分店和配送中心的关系、质检部门作业规程、采购回扣与贿赂行为的监督等。

在零售（连锁）企业中，药品经营企业的采购流程规划比较具有代表性。因为，第一，该类企业普遍采取连锁经营；第二，国家对药品经营企业存在法定的监督管理形式，即 GSP 认证（药品经营质量管理规范）。作为一种国际通用程序，GSP 要求药品经营企业必须保证药品质量，从药品管理、人员、设备、购进、入库、储存、出库、销售等环节建立一套完整质量保证体系，通过层层把关，有效杜绝假劣药品的进入和质量事故的发生。如图 3—3 所示，以该类企业为例，显示了连锁企业的基本采购流程。

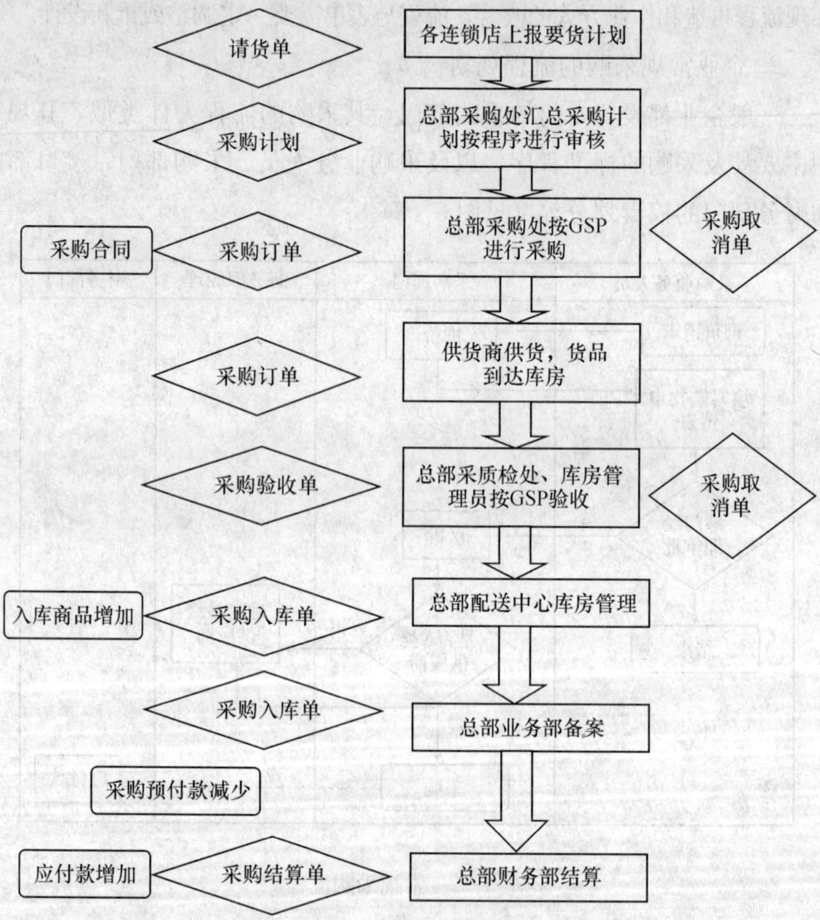

图 3—3　某医药连锁企业采购流程规划

需要强调的是，采购回扣和贿赂问题是零售业的一个痼疾，影响到零售业的健康发展。因此，采购流程设计中有必要对价格监控体系、质量监控体系和人员考核体系给予关注，通过制度建设和程序控制有效防范采购腐败，实现零售采购前期、中期、后期的完备监控体系。

4. 制造业企业采购流程规划

制造业企业采购流程规划的独特性，在于其与生产制造、营销和其他职能部门紧密衔接，而且采购物品是以原材料和零部件为主，同时还要涉及设备、工程项目和 MRO 物品的采购。因此，采购流程规划要与生产工艺流程高度一致，要以可靠、及时供应为基本目标。如图 3—4 所示以某纺织公司为例，显示了制造业常见的采购业务流程。

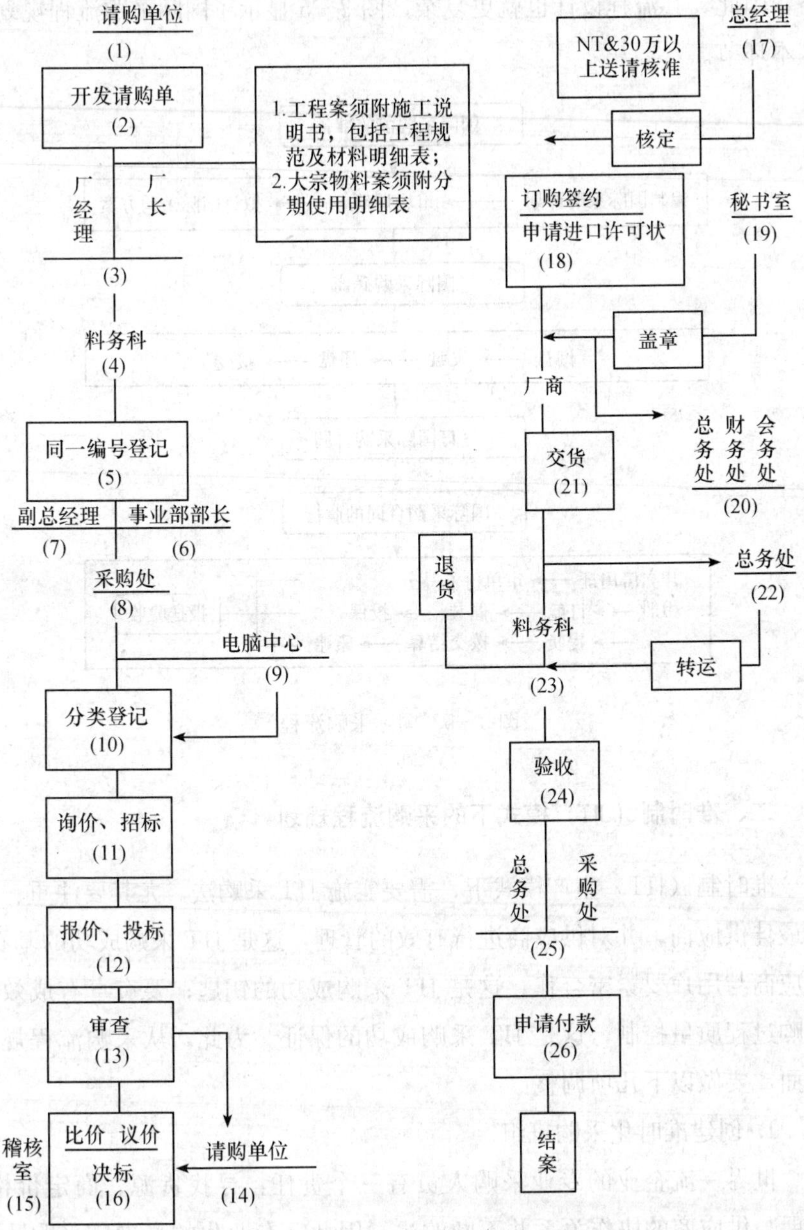

图 3—4　某纺织公司采购业务流程

5. 企业国际采购流程规划

较之国内采购，国际采购受国际贸易规则、惯例和海关监管措施等的约束，其操作过程比较规范化和程序化。由于国际贸易的复杂性和风险性，国际采购在企业内部的管理程序和政府监管的手续等方面要更严格，因此，其流程设计也就更复杂。图 3—5 显示了国际采购流程规划的基本环节。

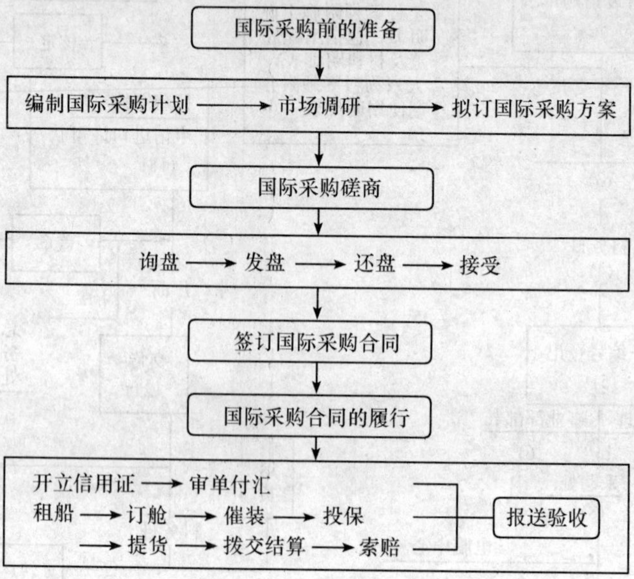

图 3—5　国际采购流程

二、准时制（JIT）模式下的采购流程规划

准时制（JIT）生产模式下，需要实施 JIT 采购法。尤其要注重：选择最佳供应商，并对供应商进行有效的管理，这是 JIT 采购成功的基石；供应商与用户要紧密合作，这是 JIT 采购成功的钥匙；要有卓有成效的采购过程质量控制，这是 JIT 采购成功的保证。为此，从采购流程规划方面，要做以下几项调整：

1. 创建准时化采购班组

世界一流企业的专业采购人员有三个责任：寻找货源、商定价格、发展与供应商的协作关系并不断改进。因此，专业化的高素质采购队伍对实施准时化采购至关重要。为此，首先应成立两个班组，一个是专门处理供应商事务的班组，该班组的任务是认定和评估供应商的信誉、能力，或与供应商谈判签订准时化订货合同，向供应商发放免检签证等，同时要负责供应商的培训与教育。另外一个班组是专门从事消除采购过程中浪费的班组。这些班组人员对准时化采购的方法应有充分的了解和认识，必要时需进行培训，如果这些人员自身对准时化采购的认识和了解都不彻底，就无法和供应商进行合作。

2. 制订计划，确保采购流程规划有计划、有步骤地实施

要制定采购策略，改进当前的采购方式，减少供应商的数量、正确评价供应商、向供应商发放签证等内容。在这个过程中，要与供应商一起商定准时化采购的目标和有关措施，保持经常性的信息沟通。

计划和实施中，要在流程和操作环节上进行必要的调整。尤其要注意进行配合准时化生产的交货方式的调整。JIT 采购的最终目标是实现企业的生产准时化，为此，要实现从预测的交货方式向准时化适时交货方式转变。

3. 精选少数供应商，建立伙伴关系

选择供应商应从产品质量、供货情况、应变能力、地理位置、企业规模、财务状况、技术能力、价格、与其他供应商的可替代性等方面考虑。在产品质量方面，可以采取向供应商颁发产品免检合格证书的方法，减少采购产品时过多的检验手续。要做到这一点，需要供应商做到提供百分之百的合格产品，当其做到这一要求时，即颁发免检证书。

4. 做好供应商的培训，确定共同目标

准时化采购是供需双方共同的业务活动，单靠采购部门的努力是不够的，需要供应商的配合。只有供应商也对准时化采购的策略和运作方法有了认识和理解，才能获得供应商的支持和配合，因此，需要对供应商进行教育培训。通过培训，双方达成一致的目标，相互之间就能够很好地协调，做好采购的准时化工作。

5. 进行试点工作

先从某种产品或某条生产线开始，进行零部件或原材料的准时化供应试点。在试点过程中，取得企业各个部门的支持是很重要的，特别是生产部门的支持。通过试点，总结经验，为正式实施准时化采购打好基础。

在试点工作的基础上，继续改进，扩大成果。准时化采购是一个不断完善和改进的过程，需要在实施过程中不断总结经验教训，从降低运

输成本、提高交货的准确性和产品的质量、降低供应商库存等各个方面进行改进，不断提高准时化采购的运作绩效。

◎相关知识

一、准时制生产与 JIT 采购

准时制（just-in-time，JIT）生产系统是近四十年来由日本企业首创的一种新的生产管理系统，最早使用这一系统的公司是全球知名的丰田汽车公司。所谓准时制（JIT）生产，是指通过合理规划和简化采购、生产及销售过程，实现零部件、原材料恰好在所需要的时间到达需要它的工作地点的一种精益生产体制。因而，也被称为无仓储生产、零库存管理和短周期制造，显然，它是一种有计划地消除所有浪费、不断改进生产力的制造哲学。通过零缺陷的质量改进，减少调试设置时间、工位间等待时间，缩小生产批量，从而缩短生产周期，能够大大减少在制品库存，将库存降低到最低水平，从而达到降低产品成本、全面提高产品质量、提高劳动生产率以及综合经济效益的目标。JIT 系统是在生产自动化、电算化的条件下产生的，并在 IT 技术的推动下不断发展。

JIT 作为一种管理哲学，其核心是消除一切无效的劳动与浪费，在市场竞争中永无休止地追求完美。JIT 十分重视客户的个性化需求，重视全面质量管理，重视人的作用，重视对物流的控制，主张在生产活动中有效地降低采购、物流成本。任何类型的企业都可以而且应当采用 JIT 哲学。

JIT 方式的主要特点是拉动作业，只有在下道工序有需求时才开始按需用量生产，采取平准化计划，按日产批量采购和投产，把库存降到最低限度。在库存记录上采取反冲的方法，以减少记录库存的事务处理工作量。其目的是实现在原材料、在制品及产成品保持最小库存的情况下进行大批量生产。“准时化”是基于“任何工序只有在需要的时候，按需要量生产所需的产品或提供所需服务”的逻辑，生产需要产生于产品的实际需要。理论上讲，当有一件产品卖出时，市场就从系统的终端（如总装线）拉动一个产品，于是形成对生产线的订货、采购。JIT 是一种执行策略，它需要 MRP（材料需要计划）的计划功能、BOM（材料清单）、库存记录等基础文件。如果说 MRP 计划的执行采用订单形式，

JIT则采用均衡生产的日产计划及看板形式。实施JIT必须用到工业工程的许多技术与方法。JIT与MRP对待需求的不同之处可以表示为："仅仅"在需要的时间和地点，"恰好"按需要的数量，"及时"生产需要的合格产品。也就是说，JIT的批量规则为"不多不少不早不晚地满足需求"，同时，在质量、设备、人员等多方面保证条件的前提下（即避免返工、避免停工、应付缺勤），最大限度地降低或取消安全库存。

JIT方式应用到采购活动中，便形成了准时化（JIT）采购模式，即一种基于准时制（JIT）生产和供应链管理思想的先进的采购管理模式。按照JIT管理原理，一个企业中的所有活动只有当需要进行的时候才进行，即只有在需要的时候，按照所需要的数量、质量，提供所需要的产品和服务。因此，企业JIT采购就是只在需要的时候（既不提前，也不延迟），按需要的数量，将企业生产所需要的合格的原材料和外购件采购回来。这种做法使JIT采购成为一种节省而有效率的采购模式。

JIT采购包括供应商的支持与合作以及制造过程、货物运输系统等一系列的内容。准时化采购不但可以减少库存，还可以加快库存周转、缩短提前期、提高购物的质量、获得满意交货等效果。

供应链环境下的采购模式和传统采购模式的不同之处，在于前者采用订单驱动的方式。订单驱动使供需双方都围绕订单运作，也就实现了准时化、同步化运作。要实现同步化运作，采购方式必须是并行的，当采购部门产生一个订单时，供应商即开始着手物品的准备工作。与此同时，采购部门编制详细采购计划，制造部门也进行生产的准备，当采购部门把详细的采购单提供给供应商时，供应商就能很快地将物资在较短的时间内交给用户。当用户需求发生改变时，制造订单又驱动采购订单发生改变，这样一种快速的改变过程如果没有准时的采购方法，供应链企业很难适应这种多变的市场需求，因此，准时化采购增加了供应链的柔性和敏捷性。

可见，JIT采购体现了供应链管理的协调性、同步性和集成性，供应链管理需要JIT采购来保证供应链的整体同步化运作。

二、JIT采购的特点与意义

JIT采购是JIT系统的重要组成部分，是JIT系统循环的起点，对JIT系统顺利运行起着重要的作用，推行JIT采购是实施JIT生产经营的必然要求和前提条件。

1. JIT采购的特点

JIT采购具备7个特点：采购方与供应商形成战略合作伙伴关系，供应商甚至进入制造商的生产过程；小批量采购；实现零库存或少库存；交货准时，包装标准；信息共享；重视教育与培训；严格的质量控制，产品国际认证。归纳起来，其中四点至关重要：

(1) 供应商选择上的特殊性

首先，与传统的采购模式不同，一般不采取多头采购，而是选择较少的供应商，甚至单源供应。从理论上讲，采用单供应源比多供应源好，一方面，管理供应商比较方便，也有利于降低采购成本；另一方面，有利于供需之间建立长期稳定的合作关系，保证货品质量。但是，采用单一的供应源也有风险，比如供应商可能因意外原因中断交货，以及供应商缺乏竞争意识等。JIT采购所采用的较少供应商原则，有利于与供应商建立长期合作关系，有利于供应商进行有效的管理，有利于降低成本和选择高服务质量的供应商。

其次，JIT采购对供应商的选择标准比较高。在选择供应商时，需要对供应商进行综合评估，在评价供应商时价格不是主要的因素，质量是最重要的标准，这种质量不仅指产品的质量，还包括工作质量、交货质量、技术质量等多方面内容。卓有成效的采购过程质量控制是JIT采购成功的保证，JIT采购通常要求产品国际认证。选择高质量的供应商有利于建立长期的合作关系。

(2) 对交货准时性的要求高

JIT采购的一个重要特点是要求准时交货，这是实施精细生产的前提条件。交货准时取决于供应商的生产与运输条件。对供应商来说，要使交货准时，可从以下几方面着手改进：一是不断改进企业的生产条件，提高生产的可靠性和稳定性，减少延迟交货或误点现象。作为准时化供应链管理的一部分，供应商同样应该采用准时化的生产管理模式，以提高生产过程的准时性。二是为了提高交货准时性，重视运输问题。在物流管理中，运输问题是很重要，它决定准时交货的可能性。特别是全球的供应链系统，运输过程长，而且可能要先后经过不同的运输工具，需要中转运输等，因此，要进行有效的运输计划与管理，使运输过程准确无误。

（3）信息共享

JIT 采购要求供需双方信息高度共享，保证供应与需求信息的准确性和实时性。

由于双方的战略合作关系，企业在生产计划、库存、质量等各方面的信息都可以及时交流，以便出现问题时能够及时处理。

（4）小批量采购

与传统采购模式的一个重要区别在于，准时化生产需要减少生产批量，直至实现“一个流生产”，因此，采购的物资也应采用小批量办法。当然，小批量采购自然增加运输次数和成本，对供应商来说，这是很为难的事情，特别是供应商在国外等远距离的情形下，实施准时化采购的难度就更大。解决的办法可以通过混合运输、代理运输等方式，或尽量使供应商靠近用户等。

2. JIT 采购的意义

第一，可以大幅度减少原材料等物资的库存。美国的惠普公司在实施 JIT 采购模式 1 年后其库存降低了 40%，而据国外专业机构测算，40%的降幅只是一般水平，有些企业的降幅甚至达到 85%；生产企业库存的降低有利于减少流动资金的占用，加速流动资金的周转，同时也有利于节省原材料等库存物资占用的空间，从而降低库存成本。

第二，提高采购物品的质量。推行 JIT 采购策略可使质量成本减少 26%～63%。

第三，降低原材料等物资的采购价格。例如生产复印机的美国施乐公司通过实施 JIT 采购策略使该公司采购物资的价格下降了 40%～50%。

第四，推行 JIT 采购策略不仅节约了采购过程所需的资源（包括人力、资金、设备等），而且提高了企业的劳动生产率，增强了企业的适应能力，例如惠普公司实施 JIT 采购后劳动生产率较实施前提高了 2%。

第二节　采购洽商管理

◎鉴定要点

通过学习，了解采购洽商过程控制方法、全球采购环境下的国际订货会知识以及现代期货交易知识，熟悉制定供应商选择标准的依据、程序与方法，掌握采购洽商过程评估方法，能够制定国际订货会和期货交易的组织方案，并进行过程控制。

◎工作内容

一、确定供应商选择标准

在确定供应商选择标准前，采购经理人员必须与企业高层决策者，以采购战略为指导，就以下供应商选择的战略性问题达成共识并作出决策：

1. 自制与外包采购的选择

这是企业生产体系构造和供应战略形成中关系到企业整体战略的重大问题。显然，外包比率与选择供应商的机会成反比，外包比率越高，选择供应商的机会越少。因此，仅从这个角度，采购经理级人员就需要进入企业整体战略的制定与实施过程。

2. 单一供应商与多家供应商的选择

这受多种技术经济条件、采购规模、管理和人为因素等的影响。通常，单一供应商有利于密切合作关系和供应质量的稳定性与可靠性，但在技术经济水平既定和合格供应商并不唯一的情况下，选择多家供应商则有利于引入竞争机制，获得更为有利的供应条件。

3. 国内供应商与国际供应商的选择

这由比较优势与国内外价格差、企业国际化程度、零售业企业定位和目标客户群、采购商品品质要求、交易成本和物流成本等多种因素决定。在全球化背景下，越来越多的企业致力于国际化和跨国化经营，消费者的需求层次和选择也日益多样化，国际采购的比重正在提高，国际供应商选择变得越加重要。

4. 直接采购与间接采购的选择

直接采购即在没有中间商介入的情况下完成采购，这取决于供应商的渠道策略和本企业的采购规模和能力。间接采购是通过中间商来完成的采购，这主要取决于企业的需求特点和采购策略。

二、进行采购洽商过程控制与评估

1. 采购洽商程序评估

（1）评估谈判计划和方案是否完整、可行

不同类型的谈判对谈判计划有不同的要求。由于商务谈判涉及面广，因而其计划一般有十大内容，并且随谈判的进行不断地修正、完善。内容包括谈判的目标，即各项交易条件；信息收集、对象探询；对手分析；自我评估；遵循的原则；策略与技巧；内容、程序、进度；场所安排；气氛的营造；人员组织。其中，自身评估与对手分析至关重要。

（2）审查谈判班子的组成是否合理

其中，关键要看谈判组长（或主谈）是否胜任。谈判组长是谈判小组的灵魂，是谈判中全面、冷静的思考者，其主要职责是贯彻落实谈判计划的实施，对谈判组长素质要求有理解能力、统御能力、分析能力、说服能力。主要谈判手是谈判小组的喉舌，是具体某项谈判任务的实施者，主要任务是表述已方的意图、说服对方，相应的，主谈应具备的素质有专业特长、应变能力、说服技巧。再有，要考察谈判人员的选择是否根据项目的实际需要和谈判性质来决定的。

（3）评估洽商谈判议程的安排是否妥当

商务谈判议程的安排是谈判开局阶段的重要部分，它决定谈判效率。商务谈判议程即谈判的程序，包括所谈事项的次序和主要方法。原则上是把有利于我方的事务在程序中凸显出来，把不利于我方的事务在程序中尽量避免提及。实践中，第一，常常把双方比较容易达成一致意见的问题先列出来，再列出难度大的议题，即本着先易后难的原则确定谈判的程序；第二，在这个过程中，一定要多听，能很客观地了解到对方参与这个谈判的目的、需要等，事先设计出相应的策略。

典型的谈判议程一般包括五项内容：商务谈判的时间，包括总的期限，开始时间，轮次时间，每次时间的长短，休会时间等；商务谈判的场地，包括具体的谈判场所，对场所的具体要求等；商务谈判的主题，包括谈判的中心议题，解决中心议题的大原则等；商务谈判的日程，包括洽谈事项的先后顺序，系列谈判的各个轮次的划分，各方谈判人员在每一轮次中的大致分工等；其他事项，包括成交签约的要求与准备，仲裁人的确定与邀请，谈判人员食宿、交通、游览等。

（4）评估采购决策程序是否合理

这主要涉及决策过程是否符合采购规范、决策方式是否正确（如即席决策与场外决策的选择）、决策依据是否充分、决策的责任范围和监督手段是否恰当等。

2. 采购洽商的技巧和策略评估

主要是评估采购洽商中所运用的技巧与策略是否妥当和有效。谈判技巧、方法与策略的运用取决于双方的谈判地位和谈判风格等多种因素。表3—1根据谈判地位和谈判风格将谈判方法分为三类，并进行了比较，可以以此作为采购洽商技巧和策略评估的参考。

3. 采购洽商结果的评估

1）评估采购洽商内容的全面性、确定性和合理性。例如，关于商品名称、规格、包装、单价、装运港和目的港、交货期、付款方式、运输标志及商品检验、异议索赔、仲裁及不可抗力等条件，在洽商中是否完全达成一致、条件是否合理。

2）评估采购洽商结果与预期目标的一致性，即洽商是否达到了预期的理想目标，如果未达到预期目标，说明原因。

3）评估谈判的安全保密工作。谈判中的企业商业机密保护非常重要，企业需要通过制度约束和保密意识的培养做好谈判中的保密工作。评估谈判的安全保密工作主要涉及以下几项：

①评估谈判人员遵守所签订的保密协议情况，有无违约行为。

②合作伙伴之间是否共同遵守保密协议，对方有无窃密行为。

③对谈判过程中泄密事件的处理是否及时、妥当。

三、组织全球采购和国际订货会

1. 组织全球采购

企业通过全球采购网络从其他国家的供应商进口商品，是一种需要

表 3—1　　　　三种类型谈判方法的比较表

序号＼类别	温和型	强硬型	原则型
1	目标是达成协议	目标是赢得胜利	目标是有效、圆满地获得明智的谈判结果
2	谋求一致	以战取胜	皆大欢喜
3	视对方为朋友	视对方为敌人	视对方为问题的共同解决者
4	对人对事都温和	对人对事都强硬	对人温和、对事强硬
5	信任对方	怀疑对方	信任与否同谈判无关
6	适度调整自己的立场	坚持自己的立场	重点对准利益而非立场
7	提出建议	威胁对方	探究利益
8	为改善关系而让步	要求对方让步用以维持关系	将人与问题分别处理
9	会做出最大让步	设法隐藏让步的界限	避免最大的让步
10	为达成协议而接受损失	要有收获才肯达成协议	讨论对双方有利的各种方法
11	找出对方能接受的解决方案	寻求自己愿意接受的条件	准备多种可能选择的方案，详细研究再做决定
12	坚持要达成协议	坚持自己的立场	坚持客观的标准
13	尽量避免意气之争	设法赢得意志竞赛的胜利	根据客观标准达成协议
14	屈服于对方压力之下	施加压力使对方屈服	开诚布公地讲道理，迁就原则而不屈服于压力

总体规划和精心组织的高级采购活动。例如，沃尔玛在其他国家的店铺从中国供应商处采购货品，就要通过沃尔玛的全球采购网络进行，这样的全球采购要求在组织形式上做出与之相适应的安排。

（1）企业采购活动的全球布局

企业活动的全球布局，当今比较成熟的组织形式有两种：一是按地理布局，二是按业务类别布局。区域事业部制有助于公司充分利用该区域的经济、文化、法制、市场等外部环境和机会，不利之处在于各业务在同一区域要实现深耕细作需要付出很大的成本。而业务事业部的利弊则刚好相反。从世界制造业和全球采购的总体变化趋势出发，一些大的零售业巨头，在自办全球采购的组织中通常采用以地理布局为主的形式。

沃尔玛的全球采购网络首先由大中华及北亚区、东南亚及印度次大陆区、美洲区、欧洲中东及非洲区等四个区域组成。其次在每个区域内按照不同国家设立国别分公司，其下再设立卫星分公司。国别分公司是具体进行采购操作的中坚单位，拥有工厂认证、质量检验、商品采集、运输以及人事、行政管理等关系采购业务的全面功能。卫星分公司则根据商品采集量的多少来决定拥有其中哪一项或几项功能。

沃尔玛的全球采购网络不仅为沃尔玛美国的店铺采集货品，而且为其他国家的沃尔玛店铺采集货品。而不同国家之间的贸易政策往往不同，这些差别随时都需要进行跟踪，并在采购政策上做出相应的调整。

(2) 全球采购流程

在零售业巨头的全球采购流程中，全球采购网络就像是一个独立的公司，在企业全球店铺买家和全球供应商之间架起买卖的桥梁。

全球采购网络相当于一个内部服务公司，为企业在各个零售市场上的店铺买家服务。只要买家提出对商品的需求，全球采购网络就尽可能在全球范围搜索到最好的供应商和最适当的商品。全球采购网络为店铺买家服务还体现在主动向买家推荐新商品。沃尔玛的全球采购流程分为重复采购和新产品采购两种。所谓新产品，就是买家没有进口过的产品。对于这类产品，沃尔玛没有现成的供应商，就需要全球采购网络的业务人员通过参加展会、介绍等途径找到新的供应商和产品。由于沃尔玛的知名度很高，许多厂商也会毛遂自荐，将其新产品提供给全球采购网络。然后，全球采购网络就会把这些信息提供给买家。

(3) 建立供应商伙伴关系

在全球采购中，全球采购网络不仅要服务好国外的买家，还要在供应商的选择和建立伙伴关系上投入。无论是哪个国家的厂商，企业选择供应商的标准都是一样的，品质、价格、准时交货是最基本的标准。随着全球社会责任运动的兴起，致力于全球经营的大公司越来越受到社会责任的约束，因此，通常要求供应商进行 SA8000 认证。同时，还要通过与供应商的充分沟通，促使供应商转变观念，积极适应企业全球采购系统。在此基础上，与供应商建立战略伙伴关系。

2. 制订和实施国际订货会组织方案

在全球采购环境下，企业可以选择国际订货会进行国际采购。方式有三种：一是自办国际订货会；二是参加世界各地组织的国际订货会、展销会和博览会等；三是纳入基于电子商务的虚拟全球采购网络。

自办国际订货会通常是那些大的零售业跨国公司的选择，而具体的组织和操作也往往交由专门的会展经营企业承办。就国际订货会的组织与实施程序来说，除了规模较大、涉及与国外供应商的联系以外，其他的操作性环节与国内订货会并无区别。

在参与国际采购洽谈会的方式下，由于利用了虚拟全球采购网络，因此，实现了国际采购模式的变革，即出现了“逆向采购”模式，企业需要积极适应这一变化。传统的展会由供货商搭台亮相，采购商各取所需，而“逆向采购”模式下，在展馆内需要开辟专门区域，把国内外知名采购商“请进去”，跨国采购商设摊，让供货商有机会主动上门“推销”自己，形成“定点采购”下的逆向操作，即形成了“逆向采购”、网上配对、现场洽谈的模式。

通过参与有政府和行业协会背景的地区性的跨国采购中心，企业可以享受“一站式”服务的好处。这些跨国采购中心汇集外经贸、海关、货运代理、纺织品检测和银行等部门，为参加跨采会的采购商、供应商提供综合服务，大大提高了国际采购的效率。

四、制订期货交易方案

1. 进行期货市场分析

制订期货交易方案的第一步，是要在了解期货合约、掌握市场行情的基础上，对期货市场行情进行缜密分析。其中，主要解决三个问题，即品种市场价格运动的方向、幅度与速度。

（1）期货市场行情分析方法

主要有基本分析法与技术分析法两种。

1）基本分析法，又称基本面分析，它是根据商品的预期产量、库存量、预期需求量和替代品状况（即供求关系以及影响供求关系的各种因素）来分析商品价格趋势的方法。其特点是：分析价格变动的长期趋势，即所谓大势；研究价格变动的本质性、宏观性因素。

2）技术分析法，又称图表分析法，是通过对市场行为本身（即交易状态、成交量、持仓量的变化等）的分析，预测价格走势的方法。用于技术分析的资料，一般都按时间顺序绘制成图形和图表。其特点是：量化指标特性（能够准确显示行情波动与转折）；趋势追逐（非创造、引导趋势)；直观现实（历史轨迹的真实记录）。

期货市场的价格波动是有规律的，可以在理论上、技术上做出许多归纳和总结。价格运动形式是长期上的周期性（就像一年四季的更替，就像太阳每天从东方升起一样）与短期上的随机漫步性（由市场信息注入的偶然性所决定）的辩证统一。

(2) 期货商品供给分析

期货商品供给分析主要考察本期商品供给量的构成及其变化。本期商品供给量主要由期初存量、本期产量和进口量三部分组成。

1）期初存量，即上年或上季积存下来可供社会继续消费的商品实物量。根据存货所有者身份的不同，可以分为生产供应者存货、经营商存货和政府储备。前两种存货可根据价格变化随时上市供给，可视为市场商品可供量的实际组成部分。而政府储备的目的在于为全社会整体利益而储备，不会因一般的价格变动而轻易投放市场。但当市场供给出现严重短缺、价格猛涨时，政府可能动用它来平抑物价，则将对市场供给产生重要影响。

2）本期产量，即本年或本季的商品生产量。它是市场商品供给量的主体，其影响因素也很复杂。从短期看，它主要受生产能力制约，资源和自然条件、生产成本及政府政策的影响。不同商品生产量的影响因素可能相差很大，必须对具体商品生产量的影响因素进行具体分析。

3）本期进口量是对国内生产量的补充，通常会随着国内市场供求平衡状况的变化而变化。同时，进口量还会受到国际国内市场价格差、汇率、国家进出口政策以及国际政治因素的影响而变化。进口数据可以从每月海关的统计数据中获得。

(3) 期货商品需求分析

商品市场的需求量是指在一定时间、地点和价格条件下买方愿意购买并有能力购买的某种商品数量。它通常由国内消费量、出口量和期末结存量三部分组成。

1）国内消费量。它主要受消费者的收入水平或购买能力、消费者人数、消费结构变化、商品新用途发现、替代品的价格及获取的方便程度等因素的影响，这些因素变化对期货商品需求及价格的影响往往大于对现货市场的影响。

2）国际市场需求和出口量。出口量是本国生产和加工的商品销往国外市场的数量，它是影响国内需求总量的重要因素之一。分析其变化应综合考虑影响出口的各种因素的变化情况，如国际、国内市场供求状况，内销和外销价格比，本国出口政策和进口国进口政策变化，关税和汇率变化等。

3）期末结存量。它具有双重作用，一方面，它是商品需求的组成部分；另一方面，它又在一定程度上起着平衡短期供求的作用。当本期商品供不应求时，期末结存将会减少；反之就会增加。因此，分析本期期末存量的实际变动情况，即可从商品实物运动的角度看出本期商品的供求状况及其对下期商品供求状况和价格的影响。

基本因素分析法认为，计算机的应用使基本因素分析中的定量分析变得更加全面和精确。利用计量经济模型来分析各经济要素之间的制约关系，已成为基本因素分析法的重要预测手段之一。

（4）期货市场行情分析的关键点

1）基本分析与技术分析综合运用，定性分析与定量分析相结合。应先基本分析，后技术分析。基本分析主要解决市场的方向和中长期趋势问题。然而，为了更好地把握期货交易的有利时机，交易者在利用上述各项因素对商品期货价格走势进行定性分析的同时，还应利用统计技术进行定量分析，提高预测的准确度，甚至还可以通过建立经济模型，系统地描述影响价格变动的各种供求因素之间相互制约、相互作用的关系。这种技术分析主要侧重解决市场价格运动的幅度、速度（周期）问题，以及黄金分割率等。技术分析的理论依据是：市场行为反映一切，价格呈趋势变动；历史会重演（但不会简单重演）。

2）长短结合、层次分明。先分析中长期趋势，后分析短期走势。中长期趋势分析应抓住主要矛盾，短期走势分析应关注主要因素的出现与转化。市场价格运动呈波浪式运行，价格运动大多不是直线的，而是涨中有跌、跌中有涨。

3）应对基本面各因素进行综合、比较、归纳分析。基本分析应考虑的因素有供给与需求关系，经济波动周期，金融和汇率因素，政治政策因素，自然因素（如气候、自然灾害等），投机、大户操纵与市场心理因素等。

4）技术分析也要关注各种图形、图表分析的共振与背离关系。技术分析法的种类包括图形分析、量价分析（成交量、持仓量与价格的关系）、移动平均线分析等。

5）应更多地了解市场信息，接受专业分析师的建议与指导。总之，应在全面综合技术分析的基础上强调“共振”的必要性，科学构建价格运动的“时空统一系统”，综合技术指标、盘面结构、市场状态，制订投资交易计划（选择入市和出场时机），解决好行情在什么时候涨、跌到哪里的问题。

2. 制订交易策略和方案

制订商品期货交易策略及相关方案需要考虑交易动机、交易风格（策略倾向）和具体交易技术与技巧。目前，对商品交易策略的划分，通常是按时间尺度和交易依据进行。按时间尺度，交易策略可以分为日内交易、短线交易和中长线交易；按交易依据，可以分为基本面分析和技术面分析，技术分析又可以划分为趋势性交易和反趋势性交易。此外，还有套利交易策略，包括跨市套利、跨期套利和跨商品套利等。

（1）基于不同交易动机的交易策略

交易策略首先受不同交易动机的影响，避险动机和投机导向的交易在策略上显然是有所差异的，表 3—2 对此作了粗略归纳。

表 3—2　　基于不同交易动机的期货交易策略

动　机	策　略
降低现货多头部位的风险	1. 放空期货 2. 买进选择权卖权（buy put） 3. 卖出选择权买权（sell call）
降低现货空头部位的风险	1. 做多期货 2. 买进选择权买权（buy call） 3. 卖出选择权卖权（sell put）
锁定短期内现货投资组合的净值	放空期货
在买进现货股票之前锁定投资组合所希望买进的价格水平	买进期货
在某些特定的指数水平以下保护投资组合的价值	当行情下跌而触及预定指数水平时，放空期货

（2）主动型策略、被动型策略与混合型策略的选择

1）主动型策略包括价格预期、远期曲线交易、价差交易和波动性交易。管理期货（managed futures）和商品交易顾问（CTA）通常采用主动型交易策略。

价格预期是依据基本面或技术面，对商品价格走势涨跌做出判断。价格预期包含趋势性策略和反趋势性策略。在商品市场活跃的CTA基金，大部分采用的是趋势性策略（trend following）。趋势型策略的理念是“让赢利充分增长、及早止损（let profit run，cut loss quickly)”。

远期曲线交易即所谓的跨期套利。其实质在于对商品远期曲线形态（或期限结构）进行交易，在远期曲线形态的变动中寻找套利机会。影响商品远期曲线形态的因素有库存、利率、持有成本、季节性等。

价差交易即所谓的跨品种套利和跨市套利。由于不同商品之间，或者同一商品不同地域之间，价差会发生变化，可根据价差变化寻找交易机会。可以分为三类：裂解价差（crack spreads)，如汽油裂解、取暖油裂解、大豆压榨等；跨市套利（location trades)，如NYMEX与Brent原油套利、伦敦与上海铜套利等；跨品种套利，如铜铝套利、大豆玉米套利等。

波动性交易，是对商品价格波动率进行交易，即对商品价格波动率方向做出预测。基本的波动性交易策略可分为两类，做多波动率（long volatility）和做空波动率（short volatility)。常使用的工具是期权，也可以通过“期货＋止损”来构造类似策略。

一般情况下，商品交易顾问（CTA）都会综合采用不同的交易策略。以Global Advisors为例，综合考虑基本面和技术面因素，通常采用10种左右的交易策略。

2）被动型策略。大型机构通过把商品指数化，进而购买商品指数基金，买入并持有一揽子商品。西方的许多大型机构，商品市场是其战略性资产配置的组成部分。根据1991年Brinson，Hood & Beebower研究报告，在养老基金回报中，92%归功于资产配置因素，而证券选择仅为4.6%，市场时机仅为1.8%。20世纪80年代后，这些大型机构开始在股票、债券和现金等传统资产类外寻求替代型投资（alternative investments)，商品则是其中一种。但这些大型机构并不一定直接参与到商品期货市场的交易中。例如，在2004年原油上涨行情中，有大量宏观基金、共同基金和养老基金购买原油合约并长期持有。它们参与市场的方式，主要是购买场外交易的远期合约，或者银行和能源交易商提供的商品指数基金。

3）混合型策略。即有限使用主动型策略，对被动型策略进行优化。

通常是采用“核心—卫星”资产配置模式，将组合中的核心资产采用指数化、被动型策略，而将其他部分资产采用主动型策略。由于商品价格具有均值回归的属性，在被动型策略基础上，减持处于高价位的商品，增持处于低价位的商品，可以增强组合的绩效。

3. 选择经纪公司，开立账户

期货经纪公司的水平和服务质量直接关系到客户利益。在我国，合法的期货经纪公司必须领取中国证监会颁发的《期货经纪业务许可证》并施行年检制度，否则即为非法。选择应从以下几方面考虑：

1）资本雄厚，运作规范，信誉好。

2）能稳定、准确地接受期货行情，迅速执行交易指令。

3）履约保证金收取合理，佣金优惠，且能保证资金安全。

4）能主动提供市场信息、投资决策和交易机会，诚实可信、稳健谨慎，有良好的商业形象。

选定经纪公司后，便需要开立交易账户。开户者需提交该机构的营业执照复印件、税务登记证复印件、法定代表人身份证及法定代表人授权文件等，并由经纪公司出示《期货经纪合同》。该合同主要包括：《期货交易风险说明书》，强调期货交易的风险性；开户申请表；《期货经纪合同》，确定经纪公司与委托方之间的委托代理关系及相关的权利与义务；《期货经纪电子化交易合同》，据此开通期货交易账号，申请交易编码。交易编码是独一无二的（即一户一码），申请者在领取交易编码后，整个开户环节即告结束。下一步就是将资金转入自己的期货交易账号。资金到账后，就可以进行期货交易了。

4. 下达指令

客户在按规定足额缴纳开户保证金后，即可开始交易，进行委托下单。所谓下单，就是客户在每笔交易前向期货经纪公司业务人员下达交易指令，说明拟买卖合约的种类、数量、价格等的行为。通常，客户应先熟悉和掌握有关的交易指令，然后选择不同的期货合约进行具体交易。

（1）常用交易指令

国际上常用的交易指令有市价指令、限价指令、止损指令和取消指令等。我国期货交易所规定的交易指令有限价指令和取消指令两种。

1）市价指令，即按当时市场价格即刻成交的指令。客户在下达这种指令时不须指明具体的价位，而是要求期货经纪公司出市代表以当时市场上可执行的最好价格达成交易。这种指令的特点是成交速度快，一旦指令下达后不可更改和撤销。

2）限价指令，即执行时必须按限定价格或更好的价格成交的指令。下达限价指令时，客户必须指明具体的价位。它的特点是可以按客户的预期价格成交，成交速度相对较慢，有时无法成交。

3）止损指令，即当市场价格达到客户预计的价格水平时即变为市价指令予以执行的一种指令。客户利用止损指令，既可以有效地锁定利润，又可以将可能的损失降低至最低限度，还可以以相对较小的风险建立新的头寸。

4）取消指令，即客户要求将某一指令取消的指令。客户通过执行该指令，将以前下达的指令完全取消，并且没有新的指令取代原指令。

（2）下单方式

客户在正式交易前，应制订详细周密的交易计划，并据此下单交易。具体下单方式有以下几种：

1）书面下单。客户亲自填写交易单，填好后签字交由期货经纪公司交易部，再由期货经纪公司交易部通过电话报单至该公司在期货交易所场内的出市代表，输入指令进入交易所主机撮合成交。

2）电话下单。客户通过电话直接将指令下达到期货经纪公司交易部，再由交易部通知出市代表下单。期货经纪公司须将客户的指令予以录音，以备查证。事后，客户应在交易单上补签字。

期货经纪公司在接受客户指令后，应及时通知出市代表。出市代表应及时将客户的指令输入交易席位上的计算机终端进行竞价交易。

（3）竞价

期货合约价格的形成方式有公开喊价和计算机撮合成交两种。

计算机撮合成交是根据公开喊价的原理设计而成的一种计算机自动化交易方式，是期货交易所的计算机系统对交易双方的交易指令进行配对的过程。一般是将买卖申报单以价格优先、时间优先的原则进行排序。开盘价和收盘价均由集合竞价产生。开盘价集合竞价在某品种某月份合约每一日开市前5分钟内进行，其中前4分钟为期货合约买、卖价格指令申报时间，后1分钟为集合竞价撮合时间，开市时产生开盘价。收盘价集合竞价在某品种某月份合约每一交易日收市前5分钟内进行，其中前4分钟为期货合约买、卖价格指令申报时间，后1分钟为集合竞价撮合时间，收市时产生收盘价。

交易系统自动控制集合竞价申报的开始和结束并在计算机终端上显示。集合竞价采用最大成交量原则，即以此价格成交能够得到最大成交量。高于集合竞价产生价格的买入申报全部成交；低于集合竞价产生价格的卖出申报全部成交；等于集合竞价产生的价格的买入或卖出申报，根据买入申报量和卖出申报量的多少，按少的一方的申报量成交。

5. 及时确认成交、结算、补充保证金

撮合成交后，出市代表随即将成交结果反馈回经纪公司交易部，记录成交结果，并报告给客户。成交回报记录单应包括以下几个项目：成交价格、成交手数、成交回报时间等。客户据此加以确认，对于客户有异议的，期货经纪公司应当根据原始指令记录和交易记录予以核实。

然后，进入结算程序，即指根据交易结果和交易所有关规定对会员交易保证金、盈亏、手续费、交割货款和其他有关款项进行的计算、划拨。期货交易所结算实行保证金制度、每日无负债制度和风险准备金制度等。与期货市场的层次结构相适应，期货交易的结算也是分级、分层的。交易所只对会员结算，非会员单位和个人通过期货经纪公司会员结算。交易所对会员存入交易所专用结算账户的保证金实行分账管理，为每一会员设立明细账户，按日序时登记核算每一会员出入金、盈亏、交易保证金、手续费等。

交易所实行保证金制度。交易保证金是会员在交易所专用结算账户中确保合约履行的资金，是已被合约占用的保证金。当买卖双方成交后，交易所按持仓合约价值的一定比率向双方收取交易保证金。

交易所实行每日无负债结算制度，即每日交易结束后，交易所按当日结算价结算所有合约的盈亏、交易保证金及手续费、税金等费用，对应收应付的款项实行净额一次划转，相应增加或减少会员的结算准备金。

同时，作为促使期货价格和现货价格趋向一致的制度保证，商品期货合约交易一般采用实物交割制度。即在期货合约到期时，交易双方通过期货合约所指定商品所有权按规定进行转移，以了结未平仓合约的制度。

我国期货合约的交割结算价通常为该合约交割配对日的结算价或该期货合约最后交易日的结算价。

表 3—3 为在大连商品交易所进行大豆期货交易的期货合约。

表 3—3　　大豆期货合约

交易品种	黄大豆
交易单位	10 吨/手
报价单位	人民币
最小变动价位	1 元/吨
涨跌停板幅度	上一交易日结算价的 3%
合约交割月份	1，3，5，7，9，11
交易时间	每周一至周五上午 9：00—11：30，下午 13：3—15：00
最后交易日	合约月份第十个交易日
最后交割日	最后交易日后七日（遇法定节假日顺延）
交割等级	具体内容见附件
交割地点	大连商品交易所指定交割仓库
交易保证金	合约价值的 5%
交易手续费	4 元/手
交割方式	集中交割
交易代码	S
上市交易所	大连商品交易所

◎相关知识

一、商务洽商过程控制方法

一般来说，商务洽商分为三大步骤——谈判布局、谈判发展和谈判缔结。采购洽商是一个有计划、有准备的与供应商博弈的过程，不可随意而为。采购经理人员需要对商务洽商过程进行有效控制。

1. 谈判布局

谈判布局，即进行谈判前的筹划与安排，以达到整合议题、明确目标、获得主动和化解僵局（分歧）的目的。

（1）主导和整合议题

布局首先要争取主动性，为此要将谈判的范围、议题和策略方向等加以确定。在对方限定议题的情况下，需设法冲破限制另定议题，以把谈判引入可控制的路径并顺利发展。商业谈判是一个正和博弈过程，因而，从布局上就要设法将谈判变成一个合作和解决冲突的过程，而善于主导和整合议题是关键之一。

（2）设定利益目标或谈判底线

谈判就要有目标、有底线。经理人员要提前设定利益目标，其中包括理想目标、弹性目标和底线目标。设定和把握目标可以使谈判变得富有条理性和方向性，会使谈判者胸有成竹。

(3) 选择有利时机与地点

谈判时机的选择十分重要。一般来说，应尽量将时间压力转移到对方。同时，地点也是谈判的一个重要筹码，通过选定一个适合企业的谈判地点，会提高商务谈判成功率，并达到借地生利的效果。

(4) 选准主攻对象和可靠的主谈人选

主攻对象的选择可依性别差异或个性相克（如一刚一柔、一急一缓、一阴一阳）的标准来定。例如，对方如果是非常强硬的谈判者，我方就可以根据时机选择以柔克刚的谈判者前去应对。同时，针对对手谈判人员的场能特征，选定对他们具有抑制作用的谈判人员，会从根本上加强本方的谈判能力。而通过对谈判人员的选拔和训练，将为企业谈判成功提供有力保障。

(5) 在适宜的策略下展开谈判

展开谈判也需要一定的策略。比如以高姿态展开可以占据优势、吓敌在先、乱中取胜；以低姿态开始则能和气生财、增值双赢；先攻后守可以以逸待劳、乘虚而入；先守后攻能够抢占先机、制敌在先；还可以采取先礼后兵或先兵后礼、诉诸感性或以法论述、长期策略或短期策略、全线开战或单线攻击等策略。

2. 合理安排谈判步骤，有效把握谈判发展

谈判步骤的确定不仅需要顺序的合理安排，更重要的是建立从谈判初始就抑制对手场能发挥的谈判流程，可以促使谈判发展按本方要求持续下去。通过选择不同的谈判主题并进行排序，会将谈判对手引入本方设定的状态。

一般说来，谈判发展分为以下几个阶段：

1) 程序性发展，即先彼此寒暄，互相肯定，然后宣告谈判主题和目的，明确双方立场与利益需求，进而陈述要求及其具体理由，最后谈判正式开始。

2) 策略性发展，即根据谈判情形，适时采纳不同的策略，也就是一招不行，换下一招，一招接一招。

3) 技术性发展，即在采用特定策略的情况下，审时度势，适时推

进，达到预期谈判效果。如采用抛出目标法，先抛出有利议题与筹码，抢占高点；如不奏效，再采用施压方法，提出困扰对方的议题，以此使对方陷入困境，比如可以申明：若贵公司不顾交情，我公司将不得不向你的同行采购；最后，在占据主动的情况下，促使对方按我方建议执行，缔结契约。

在谈判发展过程中，谈判者还要积极应变，见招拆招，机智应对对方的攻势；如果谈判超出沙盘推演所预测的情况，谈判者就要观察情势、机智反应，不断调整策略。

3. 因势利导，实现谈判的缔结

缔结要因势利导，如果时机对我方有利，一定要马上缔结，以免贻误时机；此外，谈判离不开妥协和让步，如果没有妥协让步，谈判就会进入零和状态。要学会通过妥协和让步来交换利益；如果协议成功地达成了，就要马上将协议转化为行动，否则，协议就会成为一纸空文；如果协议不成功，不仅要表示惋惜，更要表示继续合作的意愿，因为生意是长期的，不能因为一次失败而放弃以后的合作机会。

要想取得谈判的成功，平时的公关与危机管理是必不可少的。平时就要设法给对方留下良好的印象，并且建立多元的沟通渠道、关键时刻的互动机制，做好长期交易谈判的记录管理；而良好的危机管理则来源于策略小组的成立，它可以有效地避免危机恶化并及时地化解冲突。

二、国际订货会方案设计

1. 充分认识全球采购的优势

相对于国内采购而言，全球采购需要额外的付出，但可以得到更大的收益。尤其是企业大批量连续性的采购更是获利巨大。一项物料的购买，必须考虑到生产国在文化上的各种变数。例如，品质、服务的可靠性。概括起来全球采购有以下几种优势：

(1) 优良的品质

全球采购最主要的理由就是取得合乎要求的高品质物料。虽然这项因素的重要性已减少，但企业在多变的产业中仍然希望能在全球采购中满足品质上的需求，因为从事国际贸易的供货商通常具备较高的技术能力。

(2) 即时交货的能力

购买全球物料的第二个主要理由通常是供应商即时交货的可靠性。必须努力克服建立供需关系之初的困难，许多国际供应来源的可靠性是试验得来的。做国际贸易的企业，尤其是供应商应尽可能地改善并持续提供更合适、更符合要求的服务，使用弹性生产系统并更多地使用严格管制生产计划系统，以保持与国外竞争者相同的竞争力甚至超越。

（3）较低的成本

使用国际供应来源的费用会超过使用国内的供应来源。例如，额外的通信与运输费用、进口税及评选合格供应商的成本等，都会加到买方企业的总成本中。国外原料的价格必须比国内原料价格低20%以上才可能弥补其额外费用。

（4）扩大供应基础

专业的采购者都想为所需的原料开发与维持供应基础。为了拥有竞争力的供应基础，开发国际供应商是必需的，但某些情况下是因为没有合适的国内供应商。

（5）互惠贸易

许多国家会要求国外供应商必须在国内购买原料，此种方式通常又称为以货易货、冲销或互惠贸易。这种为销售至某一国而先购买此国物料的方式，可以使买卖国家比纯粹的货币交易获得更多的利益，某些企业为了在某些国家销售及竞争，必须向这些国家购入所要求采购的项目。

2. 把握国际订货会的特殊性

国际订货会与国内订货会有相似之处，但前者的交易环境、交易条件、贸易做法及所涉及的问题都远比后者复杂，其特点可概括为以下几点：

（1）国际订货比国内订货困难更多

1）语言不同。与外国商人做生意，必须克服语言障碍，从事外贸的人员一定要掌握外语。国际上最通行的商业语言是英语。

2）风俗习惯不同。世界各国的风俗习惯不同，宗教、信仰也有差别，这些都会导致消费习惯的差异。因此，营销策略也会因地而异。

3）商业法律不同。世界各国的法律不同，一旦出现贸易纠纷，不易顺利解决。

4）贸易障碍多于国内贸易。各国往往采取关税壁垒与非关税壁垒来限制外国商品的进口，对贸易造成了许多障碍。

（2）交易的复杂程度不同

1）各国的货币与度量衡差异，增加了交易的复杂性。在国际贸易中，贷款的清偿多以外汇支付。由于汇率波动大，计价货币的选择会影响交易者的利益，给交易定价带来复杂性。各国度量衡不一致时，商品的计量单位需要换算，也使交易数量和交易价格的确定比国内贸易复杂得多。

2）商业习惯不同，导致了交易和履约的复杂性。各国各地市场商业习惯不同，对国际贸易中的规则与条例理解也可能不一致，这些都需要交易双方进行沟通，求得一致。否则会影响贸易的进行，而且还容易在履行贸易合同时产生贸易纠纷。

3）海关制度及其他贸易法规不同，增加了履约的难度。世界各国都设有海关，对于货物进出口都有许多规定。货物的出口，不但要在输出国输出口岸履行报关手续，而且出口货物的种类、品质、规格、包装和商标也要符合输入国的各种相关规定。如果交易者不了解对方国家的相关制度和法规，将会给合同的履行带来困难。

4）贸易结算比较复杂。国际贸易的交易结算涉及多国的银行，比国内贸易的交易结算复杂得多。交易结算还与各国外汇管理制度、汇率制度有关，更增加了国际汇兑的复杂性。

5）跨国货物运输和保险，增加了签约和履约的复杂性。国际贸易运输，一要考虑运输工具；二要考虑运输合同的条款、运费、承运人与托运人的责任；还要办理装卸、提货手续。为避免国际贸易货物运输中的损失，还要对运输货物投保。

（3）国际贸易比国内贸易风险大

1）信用风险。在国际贸易中，买卖双方分处不同国家，不容易了解对方的经营和资信状况；另外，整个签约履约周期比国内贸易时间长，在此期间，买卖双方的财务状况可能发生变化，因此，对双方都存在信用风险。

2）商业风险。在国际贸易中，因货样不符、交货期晚、单证不符等，进口商往往拒收货物，从而给出口商造成了商业风险。另外，国际市场的价格波动，也会造成其中一方的商业损失。

3）汇兑风险。在国际贸易中，交易双方至少有一方要以外币计价。从签约到结算时间较长，期间如果外汇汇率出现较大的变化，就会出现汇兑风险。

4）运输风险。国际贸易货物运输里程一般超过国内贸易，有时需要经过两种以上的运输方式，货物在运输过程中遭受损失的可能性比较大。虽然可以通过保险来规避损失，但根据保险的惯例，很多情况下，货物受损后货主不能得到全部补偿。

5）政治风险。一些国家由于政治变动，导致贸易政策法令的不断修改，常常使从事贸易的厂商承担很多由政治变动带来的风险。

3. 企业参加国际订货会方案设计应考虑的因素

（1）明确参展商期望达到的效果

明确参展商期望达到的效果是非常重要的，这包括展前、展中和展后三个不同阶段要达到的效果。

1）展前效果。明确参展目标、准备充分的展前宣传、适当的参展方案、预约目标客户前往参观。其中，参展目标是企业根据自身发展的需要和市场环境，通过参加展览会预期达到的经营或销售目标，是为企业总体经营目标服务的。企业参加展览会的主要目的可以归纳为产品和行业的市场调研、宣传企业的新产品和新技术、联系客户和销售网络、技术和业务交流、建立或增强企业商业形象、扩大贸易机会等。

2）展中效果。多种形式充分曝光、展示企业的独特优势。国际订货会上，供应商的专业现场服务，会给买家留下良好印象，展示企业形象，传达经营理念，这对于促进采购和供应商之间的合作关系是非常重要的。

3）展后效果。延续参展效果，获取供应商的持续关注，促成生意，提升企业知名度。

（2）参展方案的操作因素

企业参展方案的操作因素一般包括以下几项：

1）选择展会。根据展出目标确定要参加的一个或数个展览会。对于供应商（卖家）来说，选择展会环节非常重要。选择好某个展览，要与主办单位取得联系，对方会传真或邮寄给参展企业报展文件。这些文件应包括展览会介绍资料、参展申请表格、参展费用、相关服务、展馆展位图、参展人员手册等。

2）展出重点。确定所参加的展览会要宣传或展览的重点项目。

3）相关活动。确定在展会期间开展的各种活动。

4）时限要求。按展览会的时间确定各项工作的起止时间。

5）人员安排。指定参展项目的管理人员、工作人员以及各自的责任分工。

6）资金预算。安排全年度用于展览会的资金使用计划。

7）筹备工作。确定与所参加展览会配套的资料准备、展品制作、运输和通关手续等其他工作。

三、商品期货交易知识

1. 期货交易与现货交易的异同

期货交易（futures trading）是指在期货交易所内，按照一定规章制度买卖标准期货合约的行为。在一般商品买卖活动中，无论是近期交货还是远期交货，买卖双方达成的交易均属现货交易，即实物交易。期货交易虽然脱胎于这种现货交易，但作为一种转嫁风险或投机牟利的特殊交易方式，两者之间存在着很大的区别，主要表现在以下几方面：

（1）合同形式不同

期货交易的标的是标准化的期货合约，其品名、规格、质量评级、交割地点、结算方式都已由期货交易所事先规定，期货合约的唯一变量只有价格。而现货合同的具体条款则是由买卖双方在不违反法律法规的前提下自由议定，形式多样，内容也没有格式化。

（2）交易方式不同

期货交易双方并不见面，而是通过经纪人或中间商在期货交易所内经过竞价敲定价格。期货以公开、公平的方式进行交易，一对一的谈判交易（或称私下对冲）被视为违法。双方达成交易的信息，包括价格都是对外公开的。现货交易一般分散进行，并无特定市场，只有一些生鲜和个别农副产品是以批发市场的形式进行集中交易。现货交易一般无须经纪人参与，双方多以面谈的方式议定合同条款，通常合同内容并不公开。此外，期货交易可做空头或多头（买空或卖空），多数交易可以通过对冲解除履约责任；而现货交易则不允许如此，否则将构成欺诈。

（3）买卖双方的合同责任关系不同

期货合约的交易双方并无直接合同责任关系，而是各自与清算所建立合同关系，而现货交易的双方必须承担直接的合同责任关系。

（4）交割地点不同

期货合约必须在交易所内转让交易才能生效，现货交易并不限定交割地点。

（5）涉及商品不同

期货涉及的商品范围比较狭窄，一般具有标准化、易储存、可分级等特点，以初级产品为主。主要包括农副产品、金属产品、能源产品等几大类。具体而言，农副产品约 20 种，金属产品 9 种，化工产品 5 种，林业产品 2 种。

各国交易的商品期货的品种也不完全相同，这与各国的市场情况直接相关。例如，美国市场进行火鸡的期货交易，日本市场则开发了茧丝、生丝、干茧等品种。除了美国、日本等主要发达国家以外，欧洲、美洲、亚洲的一些国家也先后设立了商品期货交易所。这些国家的期货商品，主要是本国生产并在世界市场上占重要地位的商品。例如，新加坡和马来西亚主要交易橡胶期货；菲律宾交易椰干期货；巴基斯坦、印度交易棉花期货；加拿大主要交易大麦、玉米期货；澳大利亚主要交易生牛、羊毛期货；巴西主要交易咖啡、可可、棉花期货。

（6）交易目的不同

期货合约的参与者以套期保值或投机为目的，因此，一般不进行实物交割，而是于到期前进行对冲取得交易差价；现货交易的双方以买卖商品为目的，除非出现不可抗力或其他原因，双方必须进行实物交割。

（7）交易保障机制不同

期货清算所凭借保证金制度实行无负债运营，确保合约双方到期履约。期货交易的高信用特征也集中体现为保证金制度——交易双方必须为每笔交易缴纳保证金，但这笔 5%～15%的履约保证金却可以使他们完成数倍乃至数十倍的合约交易。

（8）交易主体不同

期货交易的主体多为套期保值者、经纪人、投机商；现货交易的主体则多是生产商、经销商和消费者。

（9）结算方式不同

期货交易由于实行保证金制度和逐日定市制度，必须每日结算盈亏。现货交易是货到款清，无论时间多久，都是一次或数次结清。

2. 商品期货交易的功能

商品期货交易的基本功能是发现价格、规避市场风险和投机功能。

（1）发现价格

市场的价格由供需的关系决定。参与期货交易者众多，都按照各自认为最合适的价格成交，因此，期货价格可以综合反映出供求双方对未来某个时间的供求关系和价格走势的预期。这种价格信息增加了市场的透明度，有助于提高资源配置的效率。

（2）规避市场风险

期货交易最初的目的在于提供标的商品拥有者转移其可能遇到的价格变动风险，在实际的生产经营过程中，为避免商品价格的变化导致成本上升或利润下降，可利用期货交易进行套期保值，即在期货市场上买进或卖出与现货市场上数量相等但交易方向相反的商品，使两个市场交易的损益相互抵补。

（3）投机功能

期货也是一种投资工具，由于期货合约的价格波动起伏，交易者可以利用价差赚取风险利润。实际上，期货市场主要由避险者与投机者组成，避险者有现货部位但不愿意承担价格变动的风险，投机者无现货部位却有能力承担风险，故避险者与投机者的最大差异在于其是否持有现货部位。若无投机者参与，避险交易则不能顺利进行，也就无法产生具有经济功能的期货市场。

3. 商品期货市场构成

（1）期货交易所

期货交易所（futures exchange）是经政府部门批准认可的具体买卖期货合约的场所。交易所的最高权力机构是会员大会。会员大会下设董事会或理事会，一般由会员大会选举产生，董事会聘任交易所总裁，负责交易所的日常行政和管理工作。

期货合约必须在交易所上市与交易，这是期货合约有效的前提。期货交易或者通过公开喊价系统在交易所的交易池中进行；或者采用电子交易系统，在交易所大厅中进行。无论采用哪种方式，交易所都有责任保证买卖双方履行合约。

（2）期货佣金商

期货佣金商（futures commission merchant，FCM），又称经纪行或佣金行，是依法成立的以期货代理业务为主业的公司或个人（我国不存在个体经纪人）。他们以自己的名义代理客户买卖期货，收取佣金。期货佣金商是独立核算的经济实体。它以最大诚信对交易所、清算所和客户负责。

期货佣金商大多是交易所会员，包括证券投资公司、专业期货公司、某些从事套期保值并取得交易所会员资格的现货商人，他们有资格指令场内经纪人进行期货交易。佣金商的职能主要是在期货市场上充当交易终结角色。具体地讲，期货佣金商的代理业务主要包括：执行客户交易指令，代理实物交割；保管并处理客户保证金；记录客户盈亏；运用先进的设施和技术，为客户提供商品行情、市场分析、交易决策信息及相关的咨询服务。

期货佣金商代理客户进行交易的风险由客户承担。简言之，只要期货佣金商是在客户确定的买进或卖出的最低限价或最高限价范围内或规定的期限内进行交割结算，或完全根据客户的实际委托事项进行交易，佣金商就算尽到了自己的义务。因此，当期货价格发生不利变化，而客户的保证金不能弥补亏损时，期货佣金商会向客户发出追加保证金通知，如果客户不予理睬，期货佣金商有权代位平仓。选择期货佣金商是期货交易必不可少的中间环节，为了约束期货佣金商的行为，世界各国都制定了相应的行业规范或法律、法规。比如，要求佣金商有雄厚的资金基础或较高的资信评级；不得违反期货交易法的登记要件；不得擅自处置其收受的属于客户的用于担保交易的保证金及其他资产；交易量不得超过交易所规定的限额等。所有这些规定都是为了防止串谋勾结、内幕交易、价格垄断、过度投机等不法行为，更好地维护期货交易程序。

（3）清算所

清算所（clearing house）是负责所有期货合约对冲、结算和交割的机构，是期货市场运行的核心机构。1891 年，世界上第一个真正意义上的清算所在明尼阿波利斯谷物交易所成立，它建立了严格的结算制度。美国的清算所通常是期货交易所的附属机构，但其组织形式、财务运行却是独立的；英国及英联邦国家的期货结算则大多通过完全独立于交易所的清算机构进行，后者也被称为清算公司，如伦敦金属交易所的结算就是通过国际商品清算公司负责的。具有附属性质的清算所接受交易所的领导、监督，它们共同承担一定的风险；而完全独立的清算所则不必受交易所的支配和干预，实现了交易与结算的分离，这种利益制衡对于避免串谋与舞弊更加有效。

从组织形式上看，附属于交易所的清算所也实行会员制。清算所会员通常也是交易所会员，但后者要取得清算所会员资格还要申购清算所的部分股份，因而清算所会员一般是那些资金雄厚、商誉良好的大公司、大证券公司。清算所会员取得资格后，还要在清算所储存一定数量的保证金，作为履约抵押和信誉担保。只有会员才能在清算所开户结算，非会员必须通过会员进行结算。清算所对每笔结算收取结算费，作为机构收入的主要来源。

所有的期货合约交易必须通过清算所进行。清算所的功能有：负责处理期货合约交易的一切账目往来；担保期货合约的履行，在不能履行时，对受损方予以补救；负责监督实物交割。清算所的存在使期货合约真正从远期合同中分离出来，并具备了金融市场的某些特征。

（4）期货交易参与者

期货交易所一般不限制期货交易参加者，只要是愿意按交易规则进行期货交易的任何人或公司，期货交易所都平等对待，实行无歧视的政策。按参加期货交易的目的，交易者可分为套期保值者和投机者两大类。

1）套期保值者（hedger）。套期保值者一般为实际商品的经营者、加工者和生产者。他们的主要目的是在现货市场中进行实际货物的买卖。为了保障现货交易的正常合理利润，他们往往在期货市场采取适当的套期保值策略来避免或减少价格波动风险带来的现货交易损失。其中，套期保值，即海琴（hedging），是期货市场交易者将期货交易与现货交易结合起来进行的一种市场行为，是交易者在运用期货交易临时替代正常商业活动中，转移一定数量商品所有权的现货交易的做法。其目的就是要通过期货交易转移现货交易的价格风险，并获得这两种交易相配合的最大利润。套期保值之所以能起到转移现货价格波动风险的作用，是因为同一种商品的实际货物市场价格和期货市场价格的变化趋势基本上是一致的，涨时俱涨，跌时俱跌。因此，套期保值者经常在购入现货的同时在期货市场上出售期货，或在出售现货的同时买入期货。这样，由于在期货市场和现货市场出现相反的交易，所以通常会出现一亏一盈的情况。套期保值者就是希望以现货市场的盈利来弥补实际货物交易中可能遭到的损失。

2）投机者（speculator）指在期货市场上通过“买空卖空”或“卖空买空”，希望以较小的资金来博取利润的人。与套期保值者相反，投机者愿意承担期货价格变动的风险，一旦预测期货价格将上涨，投机者就会买进期货合同；一旦预测期货价格将下跌，就会卖出期货合同，待价格与自己预料的方向变化一致时，再抓住机会进行对冲。通常投机者在期货市场上要冒很大的风险。

4. 期权交易

所谓期权是指对某一标的物的买卖权，即具有在特定时期内、按特定价格买进或卖出特定商品或合约的权利。期权的价格称为权利金（premium），是期权的买方向卖方支付的费用，也就是获得权利所必须支付的费用。对卖方而言，它是卖出期权的报酬。权利金的高低取决于期权到期月份及所选择的履约价格等，是由买卖双方竞价产生的。在期权交易中，权利金是很重要的，期权的买方可以把可能会遭受到的损失控制在权利金额限度之内。而期权的卖方，卖出了一份期权立即可以获得一笔权利金的收入，而不需要马上进行标的物的交割。但同时卖方有必须履行期权合约的义务，无论这个时候期货市场的价格变动对自己有利还是不利。

第三节　采购合同管理

◎鉴定要点

通过学习，能够编写采购合同文本，进行采购合同履行监控和合同风险管理。

◎工作内容

采购合同管理是企业对采购合同履行过程中的节点控制及风险管理。它是采购过程控制的关键环节，也是采购经理人员应具备的一种重要管理能力。

一、编写采购合同文本

企业根据不同的需要可以选择不同的采购模式，其采购合同也相应地有所区别。应能够根据不同的采购模式需要，确定和编写适宜的采购合同文本框架。

1. 采购合同文本框架

企业采购模式多种多样，现以集中采购与分散采购、联合采购、招标采购等常见采购模式为例，说明采购合同文本框架编写的要点。

(1) 集中采购与分散采购的合同文本框架

集中采购体现了经营主体的权利、利益、意志、品质和制度，是采购经营主体赢得市场，保护产权、技术和商业秘密，提高效率，取得最大利益的战略和制度安排。在集团采购、跨国公司及连锁经营采购中广泛采用。对大宗或批量、价值高或总价多的物料，关键零部件、原材料或其他战略资源，保密程度高、产权约束多的物料，定期采购的物料等皆适用于集中采购。

分散采购是集中采购的完善和补充，有利于采购环节与存货、材料等环节的协调配合，有利于增强工作责任心，使基层工作富有弹性和成效。分散采购适用于小批量、单件、价值低、供应成本低于集中采购成本的物料。其文本框架的选择与一般采购合同文本相同。

此采购模式的合同文本框架应采用涵盖面广、通用性强的格式合同文本。将主要内容条款进行描述，涉及产权、技术和商业秘密的条款以附则形式约束。较容易达到标准化，提高工作效率。

(2) 联合采购的合同文本框架

作为多个企业之间的采购联盟行为，联合采购是集中采购在外延上的进一步拓展，是企业间的一种长期联合与合作的采购方式。

联合采购中的联合是自发的、非强制性的，联合的各方仍保持各个公司采购的独立性和自主性，相互间以达成的协议以及经济利益的考虑结成松散的整体。在合同关系上，参与联合采购的各方应首先达成一个共同进行采购的契约，规定各方的权利和义务，明确各企业的采购数量、品种及交货期和相关费用的分担等；在此基础上，联合采购各方再同供应商签订采购合同，合同文本上应进一步体现各方的独立性和自主性。

(3) 招标采购的合同文本框架

招标采购具有程序规范、透明度高、公平竞争、一次成交等特点，因此，在工程和项目采购中常被采用。作为一种程序较为复杂的采购方式，招标文件的编写和合同文本框架的设计需要进行认真周密的策划。

尤其要做好以下工作：编写和提交投标文件的规定；投标文件的评审标准和方法，这是为了提高招标过程的透明度和公平性；合同的主要框架。

合同的主要框架涉及商务性条款，它有利于投标人了解中标后签订的合同的主要内容，应体现整个招标投标过程中的共同概念和规划，并把它们明确地体现在合同文本中，并且声明未尽事项的解释权归谁所有，以免以后引起争议。如资金来源，任务明细组成，描述方式，支付方式，运输方式，运费、税费处理，货物原产地要求，招标文件及其澄清程序，投标语言，投标价格和货币规定，修改和撤销投标的规定，投标程序及开标的时间、地点等。

2. 采购合同文本实例

虽然企业采购模式不同，合同文本框架互有差异，但企业采购合同文本的实际内容并无大的区别。下面以原材料/零部件采购合同（集中采购模式）和招标采购合同文本格式举例说明。

（1）材料/零部件采购合同（集中采购）

原材料和零部件采购是制造业企业采购的主要活动，其采购合同涉及生产经营部门和协作配套企业的主体活动安排。因此，其采购合同以企业的协作配套件采购控制程序和原材料采购控制程序相适应。以汽车制造企业为例，整个采购合同一般由《协作配套件采购通则》《产品开发合同》《协配产品直送协议》《载重车公司协作配套产品采购合同》《协作配套产品变更通知单》等合同组成。《协作配套件采购通则》是针对所有供应商制定的通行合同文本，所有进入公司采购体系的供应商第一步就是接受通则上所有条款，通则对协配产品的供货要求、产品质量、检测与试验、货款支付条件、技术管理与生产准备、产品技术资料、双方责任、知识产权、保密、产品包装、索赔与保用、纠纷解决等共性内容都作了详细的规定。《产品开发合同》《协配产品直送协议》《协作配套产品采购合同》《协作配套产品变更通知单》等合同文本的内容针对不同的供应商进行不同的表述，其中采购合同分开口合同和闭口合同两种。开口合同是针对公司采购体系中的供应商制定的，又有通则等合同文本的支撑，内容非常简单，仅对具体的供货品种、供货的有效期限及供货价格进行了规定；闭口合同主要针对未纳入公司采购体系的供应商制定，内容比较详细，双方一般只发生一次性业务往来，不打算长期合作。在信息传递渠道上，对供货信息、计划的修改、质量问题的处理、不可抗力采取的措施、纠纷的解决以及在什么时间、以什么方式传递，在各合同文本、程序文件中都需进行详细规定。

常见的原材料/零部件采购合同如下例：

原材料/零部件（集中采购）采购合同实例

合同号：________

兹由买方__________企业和卖方____企业于____年____月____日签订合同，各方同意买卖有关商品并遵守各项条件如下：

1. 商品

商品代码：

说明：____

____

备注：____

____

2. 原产地

原产地：____

生产厂商：____

3. 质量

3.1　卖方应按照买方认可的产品供货。未经买方事先书面同意，不得对产品本身或生产场地有任何改变。

3.2　卖方应严格按照经买方认可的，体现于相应的图样、菲林、样本、CAD软件及品质协议等当中的质量和技术规格要求生产或供应货品。如有任何改变，买方负责告知卖方更新有关图样或菲林等，卖方严格跟进相关的变化。

3.3　卖方应不断改进其品质，愿意配合买方不断提高各自的品质体系，达到品质目标。

3.4　买方提出的任何质量投诉，卖方应立即采取更正行动予以改进并在24小时内反馈给买方。

3.5　卖方应主动、积极地参与买方发起的质量改进活动，如质量免检等，以利于共同进步。

3.6　卖方应保持所有生产或供应的货品均符合有关环保法规要求。

4. 订单安排

4.1 买方向卖方发出订单（PO）采购货品，卖方应严格按其时间和数量交货。实际购销的货品数量由买卖双方定期依据实际收货数量核对确定。

4.2 卖方对采购商提供的订单应在24小时内予以确认，并通过传真或电子邮件反馈给买方。

4.3 卖方不断改进其企划表现，确保100%的供应可靠性，缩短供应时间，提高供货或订单变化的灵活性，愿意配合买方一起通过引入计算机系统等不断提高其企划系统。

4.4 卖方应主动、积极地参加买方发起的有关企划改进活动，如JIT（即时供应）等，以利于共同进步。

5. 价格及条款

5.1 买卖双方应不断改进，通过提高质量与效率等来降低成本及价格，并让利给用户。双方确认努力保持这种降低成本的趋势，每年至少重新审视一次价格。

5.2 买卖双方同意在5.4条款利8.2条款所明确的交货与付款条件下遵循：

代码说明	单价	币种	数量范围	总计

以上单据含税______%

5.3 任何价格变化必须经双方同意，确定生效日期。有关的订单或销售通知（如有的话），应与最新的双方同意价格一致。

5.4 付款条件：在收到卖方开具的正本发票后____天内用电汇或信汇方式付款。此条件等同于____天结算。

6. 支持与合作

6.1 买卖双方确认依据采购商的采购方针，通过共同努力，向合作伙伴的方向发展目前的______型关系。

6.2 卖方确认配合买方发起的供应商考核、供应商质量体系审核及供应商改进会议等不断保持进步，达到有关质量、企划及价格等目标。

6.3 买方将每季度评估一次供应商的表现，更新其认可供应商名册及供应商关系（商业型、优先型、合作伙伴型），如卖方表现不符合要求，买方将会反馈给卖方督促其改进。

6.4　为发展新业务，买方鼓励合作伙伴型供应商早期介入买方的产品开发过程，卖方不得因此合作而收取费用。

6.5　如买方提供了有关的设备、工具、测试仪器、模具等给卖方，卖方应妥善保管，正确使用及维护，如有任何严重损坏应在24小时以内用传真或电子邮件正式知会买方，并经买方同意立即采取正确措施予以修复。

7. 包装

7.1　所有货品应按标准或买方认可的包装规格，用强度足够的卡通箍、塑料袋或桶、瓶等容器包装，适应长途海运、邮寄、空运或汽车运输以及气候变化的要求，防潮、防震。

7.2　包装说明

代码说明　　每件数量　　包装方法

7.3　交运货品时应同时随货提供一份完整的装箱单或发货票，标明订单号、商品代码、数量及货品说明等。

7.4　货品说明、代码及数量应清楚地标注在每件外包装及必须的内包装外面。

8. 发运及交货

8.1　所有货品发运应严格符合买方发出的订单中明确的要求。

8.2　交货条款：卖方必须在装船/运完毕后24小时以内，以电报或传真向买方通知货物名称、数量、毛重、船名航班号及起运日期、预计到达目的港时间等。

对于工厂交货的情况，买方应通过订单提前知会卖方提货时间等，卖方按要求做好发货准备。

8.3　对于买方提供的需循环使用的包装、运输材料、工具或设备等，卖方应予以妥善保管，正确使用与维修。

9. 保险

9.1　在FOB条件下，货品装运后由买方投保。

9.2　在CIF条件下，由卖方出资按110%发票金额投保。

10. 检验

10.1　卖方应随货或提前将有关的出货检验报告或证明提供给买方以备检查。

10.2　买方按上面所述各方同意的质量、技术规格、订货及包装要求等进行收货并做来货检验。

10.3　若来料不符合要求并确定退货，退货需按要求由卖方拉走或买方退出，本地货一周内、国外货品一个月内退订。

10.4　若来料不符合要求，使用紧急而被确定挑选，则卖方应立即组织挑选或由买方直接组织挑选，因此发生的费用由卖方承担。

11. 索赔

11.1　除应由保险企业或货运企业承担的赔偿外。对任何涉及质量、技术规格或数量等不符合双方同意的有关条款要求的情况，买方有权索取赔偿。因此发生的费用如检验、退货运输、补货费用、保险、仓储、装卸等应由卖方负担。

11.2　有不符合的情况发生，买方将书面通知卖方，卖方有责任立即采取改进行动，防止问题再次发生。

12. 不可抗力

12.1　若卖方因不可抗力，包括罢工、火灾、水灾、政府行动或禁令或其他任何不可合理控制的理由，不能按商定要求按时供货，卖方应在事发 14 天内邮寄由当地政府签发的事发证明给买方。

12.2　即使不可抗力事件发生，卖方仍有责任采取一切可能措施恢复供货。若卖方在事发后两周内仍不能履行合同责任，买方有权按合同弃权处理。

13. 违约或取消会员

13.1　若卖方未能履行合同所规定的任何重要条款，如无合理解释，买方有权终止合同或拒收货品。

13.2　若买方要取消或终止合同或订单，而其理由超出卖方所能接受的范围，卖方有权要求买方赔偿因此造成的损失。

14. 纷争解决

14.1　本合同双方当事人履行合同时发生的一切争议均应通过友好协商解决，如友好协商不能解决，双方当事人可选择仲裁或法院诉讼方式解决。

14.2　双方选择仲裁时，应另行达成仲裁协议，并确定仲裁机构。

14.3　如果选择诉讼，应按中国的法律规定确定受理案件的诉讼法院。

15. 其他

15.1　未经允许，任何一方不得将对方的商业秘密或其他情报以口头、书面、出示或借用、转让、泄漏给第三方。对于OEM及分包产品，如有必要，双方可另立知识产权协议。

本合同中英文一式两份，由双方在原件上签字，各执一份。

授权签字：

（买方）＿＿＿＿＿＿　　（卖方）＿＿＿＿＿＿

日期：＿＿＿＿＿＿

（2）设备招标采购合同

设备采购具有专业性强、以零星采购为主、一票金额较大、与其他设备（技术或服务）打包进行的特征，并且一般采取公开招标的方式。因此，除一般合同条款外，采购合同更突出技术服务与联络、质量监督与检验和设备的安装、调试、试运行和验收，以及保证与索赔、配套与外购等条款。详见下例。

电子设备招标采购合同实例

一、投标须知

（一）定义

1. 项目法人：招标设备工程项目法人名称。

2. 招标人：在招标过程中，项目法人称为招标人，即招标设备工程项目法人名称。

3. 招标代理机构：具有相应的招标资质，受项目法人委托，在招标过程中负有相应责任的单位，即招标代理机构名称。

4. 潜在投标人：指有意参加投标的企事业单位和其他社会经济组织。

5. 投标人：经过审查符合本次招标所规定的相应资质要求，参加投标竞争的潜在投标人。

6. 预中标人：经过评标而选定的进行合同谈判的投标人。

7. 中标人：最终被授予合同的投标人。

8. 项目招标领导小组：由招标人、招标代理机构及有关单位按一定的程序和要求组建的机构，负责领导招标工作。

9. 评标委员会：在项目招标领导小组的领导下，由聘请专家和有关单位人员组成，负责具体评标工作。

10. 需方：招标设备工程项目法人名称，即项目法人。在招标阶段成为招标人，在签订和经济合同阶段称为需方。为便于招标文件及附件直接转化为经济合同，在招标文件第二、三卷中称招标人为需方。

11. 供方：在招、投标阶段称为投标人，在中标以后签订和执行合同阶段称为供方。为便于招标文件及附件直接转化为经济合同，在招标文件第二、三卷中称投标人为供方。

12. 工程设计单位：负责本招标设备工程项目设计的单位，即工程设计单位名称。

（二）工程概况及招标范围

1. 工程概况（略）

2. 招标文件由第一卷《投标须知》、第二卷《合同条款》、第三卷《技术规范》组成，招标设备的技术要求详见第三卷《技术规范》。

（三）交货期

合同生效后×个月。

（四）投标与开标

1. 投标时间

2. 投标地点

3. 开标时间

4. 开标地点

投标文件保管无失密后拆封，验证投标法人委托书、投标保证金等投标文件是否齐全。投标文件正本保存备查，评标使用副本。采用分段开标：第一步，开技术标，经过澄清后，投标人在规定的时间内可进行必要修改补充；第二步，开商务报价标。

（五）投标人资质

合格的投标应具有圆满履行合同的能力，具体应符合下列条件：

1. 具有独立订立合同的权利。

2. 在专业技术、设备设施、人员组织、业绩经验等方面具有设计、制造、质量控制、经营管理的相应资格和能力。

3. 具有完善的质量保证体系。

4. 具有设计、制造与招标设备相同/相近设备1～2台/套，2年以上良好的运行经验，在安装调试运行中未发现重大的设备质量问题或已有有效的改进措施；或主机设备有相应业绩厂商的技术合作或技术支持。

5. 具有良好的银行资信和商业信誉，没有处于被责令停业或财产被接管、冻结、破产状态。

（六）投标文件内容要求

1. 投标资格文件。

2. 投标人承诺函。

3. 投标人法定代表人授权书。

4. 投标人资格、资信证明文件。

5. 关于投标人资格的声明函。

6. 企业法人营业执照。

7. 生产许可证、有关鉴定材料。

8. 工厂简介（包括组织结构、生产能力、设备、厂房、人员等）。

9. 质量保证体系及其质量认证证明。

10. 近三年资产负债表、损益表及经营状况（包括销售额）。

11. 银行资信证明。

12. 业绩及目前正在执行合同情况（包括完成情况和出现的重要质量问题及改进措施）。

13. 近三年经济行为受到起诉情况。

14. 其他文件和资料。

二、合同条款

1. 定义。

2. 合同标的。

3. 供货范围。

4. 合同价格。

5. 付款。

6. 交货与付款。

7. 包装与标记。

8. 技术服务与联络。

9. 质量监造与检验。

10. 安装、调试、试运行和验收。

11. 保证与索赔。

12. 税费。

13. 配套与外购。

14. 合同的变更、修改、中止和终止。

15. 不可抗力。

16. 合同。

17. 合同的生效。

18. 其他。

19. 附件。

(1) 附件一：供货范围。

(2) 附件二：价格表。

(3) 附件三：差异表。

(4) 附件四：履约保函。

(5) 附件五：分包与外购。

三、技术规范

(一) 投标人所作的一切有效补充、修改文件

(二) 投标文件的编制 (略)

(三) 投标保证金 (略)

(四) 投标文件的份数和签署 (略)

(五) 投标 (商务) 报价

1. 投标人应该严格按照报价表的格式认真填写价格表和各种分项价格表。

2. 投标人的报价为闭口价，即中标后在合同有效期内价格固定不变。

3. 若单价和总价有差异，则以单价为准，并对总价进行修正；若数字和文字表示的金额有差异，以文字为准，并对数字作相应的修正。

4. 投标报价应注明有效期，有效期应与投标有效期相一致。

(六) 投标文件的递交

1. 投标文件的密封与标记 (略)

2. 投标截止日期

3. 投标文件的补充、修改和撤回

(1) 投标截止日期前，投标人可以以书面形式向招标代理机构对业

已递交的投标文件提出补充或修改，相应部分以最后的补充和修改为准。该书面材料应密封，由投标人代表签字并加盖公章。

(2) 投标人不得在投标截止日期至投标有效期满前撤回投标文件，否则其投标保证金将予以没收。

(七) 开标

1. 从投标截止日期到授予合同时为止，有关投标文件的审查、澄清、评议以及有关授予合同的意向等一切情况都不得透露给投标人或与上述工作无关的单位与个人。

2. 参与评标的人员应严格遵守国家有关保密的法律、法规和规定，严格自律，并接受上级主管部门和有关部门的审计和监督。

3. 投标人申报的关于资质、业绩等的文件和材料必须真实准确，不得弄虚作假。

4. 投标人不得串通作弊，哄抬标价，致使定标困难或无法定标。

5. 不得采用不正当手段妨碍、排挤其他投标人，破坏公平竞争。

6. 投标人不得以任何形式打听和搜集评标机密，不得以任何形式干扰评标或授标工作。

7. 投标人若违反上述要求，其投标将被废除。

四、附件（略）

二、采购合同履行监控

采购合同履行监控的目的是促进合同正常执行，满足企业物料需求，保持合理的库存水平。它贯穿合同的计划审查、合同审批及合同跟踪的采购业务全过程。

1. 建立、健全采购管理制度

制度建设是采购管理的基础性环节，是有效实施采购合同履行监控的关键。无论何类企业，其采购管理制度都要涉及以下基本内容：授权批准制度；请购与审批的内部控制制度，具体涉及订购方式控制、订购数量控制、选择供应商控制、订购时间控制、采购价格控制、订货单控制、合同控制等；采购与付款业务的岗位分工制度；付款程序内部控制制度，涉及应付账款控制、付款方式和支付款项控制、退货与折让控制等；验收内部控制制度，涉及凭证控制、数量控制、质量控制和交货时间控制等。

2. 实物与信息的同步入库

采购合同履行涉及诸多环节，是企业经营管理中最薄弱的一环，容易滋生暗箱操作、以权谋私、舍贱求贵、以次充好、收受回扣等，同时采购物料多且杂，最有效的途径是建立完善的信息控制系统，实现实物与信息的同步入库。所谓实物即企业所采购的原材料和设备等，信息就是有关账款和动态的库存数据。

完善的采购控制系统要能够为采购人员提供快速而准确的信息，以便采购人员向供应商适时、适量地开立采购单，使商品能在出货前准时入库，并且杜绝库存不足或积压过多等情况的发生。

3. 建立控制关键点

采购是实体转移和价值转移的统一过程，其目标是实现采购业务合法、有效，保证采购材料物美价廉，保证采购成本核算准确及采购记录的真实完整。

企业为了实现上述控制目标应当建立以请购制度、经济合同、结算凭证和入库单据为载体的控制系统，并在该系统中设置下列控制点和关键控制点：审批、签约、登记、承付、验收、审核、记账。其中，承付、验收和审核为关键控制点。采购控制系统流程说明见表3—4。

表3—4　　　　采购控制系统流程说明

控制点	控制目标	控制措施
审批	保证经济业务在授权下进行	供应部门提出采购计划，主管计划的负责人批准采购计划并签章
签约	保证供货在约定的条件下执行	采购人员根据授权按计划签订合同，大额、大宗材料采购的重要合同要经内部审计部门审核
登记	保证及时正确地处理托收承付事项	财务部门收到供应商从银行转来的托收凭证后，立即进行登记，并及时转送采购部门，以备承付时核实
承付	保证货款支付正确、适当	供应部门检查托收凭证及有关合同是否承付
验收	保证材料的品种、数量、质量等符合约定的要求	仓储部门检验收到材料的品种、数量，填写入库单；质检部门检查材料质量，并在入库单上签署意见
审核	保证材料采购的有效性、合理性和完整性	财务部门审核托收凭证，承付意见书及入库单等凭证，如果无误即可作为结算、记账的依据
记账	保证会计核算资料真实完整	会计人员根据原始凭证，编制记账凭证，及时登记有关账簿

4. 实行职务分离

采购业务环节中所需处理的业务多种多样，如确定需求，寻求能满足供应商的适宜价格，向供应商发出订单，检验收到的货物，确定是否接受货物，向供应商退回货物，储存或使用货物，会计记录，核准付款等。在这些业务中，需要进行职务分离的有以下几项：

1）需求与采购分离，即生产和销售对原料、物品和商品的需求必须由生产或销售部门提出，采购部门负责采购。

2）付款审批人和付款执行人不能同时办理寻求供应商和索价业务。

3）检验与采购分离，即货物的采购员不能同时担任货物的验收工作。

4）记录和采购分离，即货物的采购、储存和使用人员不能担任账务的记录工作。

5）接受各种劳务的部门或主管应适当地同账务记录人分离。

6）审核与付款分离，即审核付款人应同付款人职务分离。

5. 采购合同履行监控效果的评估

从管理角度讲，任何工作都应遵循 PDCA（计划——实施——检查——总结）的过程，采购也不例外。作为企业，制订了采购方针、战略、目标及实现相应目标的行动计划后，在计划实施时还需有相应的绩效指标，用于对采购过程进行检查控制，并在一定的阶段对工作进行总结，在此基础上再提出下一阶段的行动目标与计划，如此循环往复、不断改进。采购绩效评估如图 3—6 所示。

（1）价格与成本指标

采购的价格与成本指标包括参考性指标和控制性指标。参考性指标主要有年采购总额、各采购人员年采购额、年人均采购额、各供应商年采购额、供应商年平均采购额、各采购物品年度采购基价及年平均采购基价等。它们一般是计算采购相关指标的基础，同时也是展示采购规模、了解采购人员及供应商负荷的参考数据，是进行采购过程控制的依据和出发点，常提供给公司管理层参考。而控制性指标则是指展示采购改进过程及其成果的指标，如平均付款周期、采购降价、本地化比率等。现列举如下：

1）年采购额。包括生产性原材料与零部件采购总额、非生产性采购总额（包括设备、备件、生产辅料、软件、服务等）、原材料采购总额占

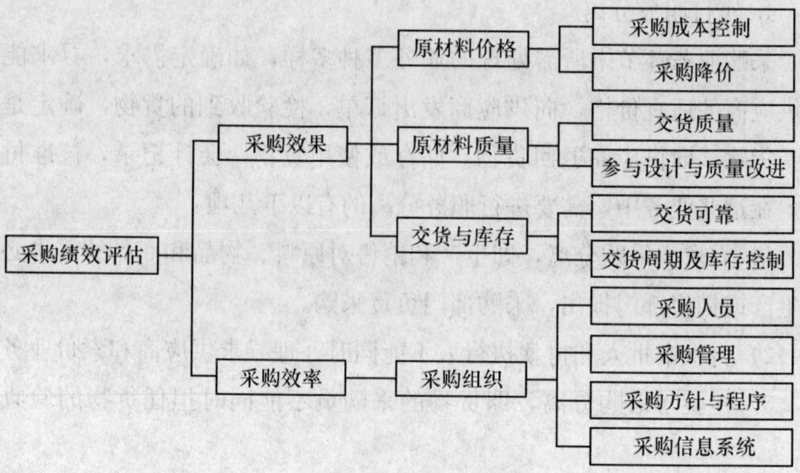

图 3—6　采购绩效评估

产品总成本的比例等。其中最重要的是原材料采购总额，它还可以按不同的材料进一步细分为包装材料、电子类零部件、塑胶件、五金件等，也可按采购付款的币种分为人民币采购额及其比例、不同外币采购额及其比例。原材料采购总额按采购成本结构又可划分为基本价值额、运输费用及保险额、税额等。此外年采购额还可分解到各个采购员及供应商，计算出每个采购人员的年采购额、年人均采购额、各供应商年采购额、供应商年平均采购额等。

2）采购价格。包括各类原材料的年度基价、所有原材料的年平均采购基价、各原材料的目标价格、所有原材料的年平均目标价格、各原材料的降价幅度及平均降价幅度、降价总金额、各供应商的降价目标、本地化目标、与伙伴工厂联合采购额及比例、联合采购的降价幅度等。

3）付款。付款方式、平均付款周期、目标付款期等。

（2）质量指标

质量指标主要是指供应商的质量水平以及供应商所提供的产品或服务的质量表现，它包括供应商质量体系、来料质量水平等方面。

1）来料质量。包括批次质量合格率、来料抽检缺陷率、来料在线报废率、来料免检率、来料返工率、退货率、对供应投诉率及处理时间等。

2）质量体系。包括通过 ISO9000 的供应商比例、实行来料质量免检的物料比例、来料免检的供应商比例、来料免检的价值比例、实施 SPC 的供应商比例、SPC 控制的物料数比例、开展专项质量改进（围绕本公司的产品或服务）的供应商数目及比例、参与本公司质量改进小组的供应商人数及供应商比例等。

（3）企划指标

企划指标反映了供应商在实现接收订单过程、交货过程中的表现及其运作水平。包括交货周期、交货可靠性以及采购运作的表现，如原材料库存等。

1）订单与交货。包括各个供应商以及所有供应商平均的准时交货率、首次交样周期、正常供货的交货周期、交货频率、交货数量的准确率、订单变化接受率、订单确认时间、交货运输时间、平均报关时间、平均收货时间、平均退货时间、退货后补货时间等。

2）企划系统。供应商采用 MRP 或 ERP 等企划系统的程度、实行 JIT 的供应商数目与比例、原材料库存量（或库存周期）、使用周转包装材料的程度与供应商数量、订单数量、平均订货量、最小订购数量等。

（4）其他采购效果指标

其他采购效果指标是指其他与供应商表现相关的指标，如供应商总体水平、综合考核以及参与产品或业务开发、支持与服务等方面的指标，具体内容包括以下几项：

1）技术与支持。采用计算机系统处理行政事务以及采用电子邮件处理业务的供应商数量、采用电子商务的供应商数量、参与本公司产品开发的供应商数量及参与程度、与本公司合作进行工艺开发的供应商数量及程度、具有工装模具制作能力的供应商数量、能用英文进行直接沟通的供应商数量等。

2）综合。供应商总数、采购的物料种数及项目数、供应商平均供应的物料项目数、通过 ISO14001 的供应商数目、独家供应的供应商数目及比例、合作伙伴型供应商及优先型供应商的数目及比例等。

三、采购风险管理

1. 采购风险诱因分析

采购是很多企业供应链的源头，采购过程中的任何一个环节出现偏差，都会使采购的实际结果与预期目标发生偏离，这种偏离的程度和可能性就是采购风险。采购风险产生的因素多种多样，但主要来自以下两方面：

(1) 供应商交货时间的波动

如果供应商不能按时交货，就会导致制造业企业的停工待料，甚至造成生产周期的延误，而对于零售业企业来说，则是销售目标难以实现。供应商交货时间的波动往往与市场由买方市场变为卖方市场、货源紧俏、物料价格有直接关系。因此，供应商准确的交货时间对于保证企业的正常生产是十分重要的。一般说来，采用供应链管理，同供应商建立牢固的合作关系，可以降低由供应商交货时间引起的风险。

(2) 原材料价格的波动

原材料价格的波动是常见的采购风险。尤其在开放经济的条件下，国际市场上原材料的价格受政治、金融等诸多因素的影响，价格波动十分剧烈，从而使采购风险加大。

2. 对采购风险进行分类

采购风险主要分为六类。

(1) 增大开支的风险

由于在采购过程中各种增加支出因素的存在，譬如采购和保管部门费用的增加、库存太多引起的仓储费用增加等，使完成一项采购活动所需的最终采购支出比预期的采购支出有所增加，所以采购面临着增支风险。

(2) 供应商延迟交货的风险

由于供应商在生产要素的组织管理等方面存在不足或决策失误，使交货日期迟于采购合同所要求的日期，从而使采购机构不能及时采购到委托单位所需的货物，给采购工作带来延期交货的风险。

(3) 采购质量不符合要求的风险

企业购到的物资质量差，将直接影响生产和工程质量。供应商由于自身生产能力的局限或是为了追求自身利益最大化而不择手段，偷工减料、以次充好，所提供的物资达不到采购合同的要求给采购带来风险。

(4) 采购中的道德风险

采购人员（或采购实体）和供应商之间可能存在舞弊行为。采购人员为了个人私利，可能会与某一供应商合谋，利用自己手中的权力，使该供应商在竞标过程中处于优势地位，破坏采购所奉行的“公开、公正和公平”准则，给采购带来极大的道德风险。

(5) 合同风险

合同风险是指企业采购人员在签订、履行合同过程中，由于对合同条款考虑不当，或供应商违反合同条款，给企业造成的经济损失。签订合同是企业采购活动中的重要环节。如果采购人员不了解合同法的有关条款，就有可能签订不完善的合同，被对方钻空子，使企业蒙受损失。

（6）预付款风险

企业根据购货合同的规定预先付给供货方的款项，这种方式潜在风险较大，容易出现不交货或交货不及时、质量问题较多等情况。

四、采购风险防范

采购风险的存在直接影响采购预期目标的实现，因此，要求采购部门做到以下几点：

1. 明确采购目的

物资采购部门在认识上必须明确采购的物资是企业所需要的，是生产市场所要求的产品。这就要求采购机构在采购过程中不应一味地追求采购价格最低化，不应把节约资金作为采购的首要和唯一目标，而应对所要采购的物资的质量和效用进行通盘考虑，在为企业节约采购资金的同时，保证采购质量。

2. 建立供应商资格审查制度

在订立采购合同之前，须对参加投标的所有供应商进行资格审查，包括资格预审、资格复审和资格后审，以便在采购活动的初期把由供应商方面的不确定所带来的采购风险控制在最低水平。

3. 建立保证金制度

采购中主要使用的保证金类型有以下几种：

1）投标保证金，可使采购机构防止投标方在开标后撤标。

2）支付保证金，经常在建筑工程中被采用，并要求承包商保证向供应商及时支付。

3）履约保证金，其目的是保护采购机构，防止供应商不能履行合同而给企业带来损失。

4. 建立采购监督管理制度

其中，建立和完善采购信息公开制度和程序公开制度至关重要。有关采购的制度要公之于众，以便供应商及时了解；采购合同的条件要提前公布给有意向的供应商，便于供应商根据自己的情况及时做出是否参与的商业判断，或为参与竞争做好充分准备；采购活动要做好记录，以备公司管理层审查。

五、采购回扣管控

1. 回扣产生原因分析

采购中的回扣问题一直是一个不容易杜绝的现象。回扣有两方面的定义，一是指卖方企业非法支付给买方企业或买方企业员工的贿赂金；二是买方企业向卖方企业或卖方企业员工支付回扣以期取得卖方企业员工的欺诈性合作，借以提高利润，而这一切是以买方企业的损失为代价的。

2. 采购回扣的管控方法

采购回扣是采购活动中的一种滋生腐败、需要严格管控的现象。管控采购回扣的方法一般有以下几种：

(1) 严格绩效考核

供应商给采购人员回扣必然影响采购绩效和供应商质量。为此，加强绩效考核便可以成为采购回扣管控的紧箍咒。所以，绩效考核是减少采购腐败主观因素的法宝。

在考核中，可以交替运用两套指标体系，即业务指标体系和个人素质指标体系。业务指标体系主要包括采购成本是否降低，卖方市场的条件下是否维持了原有的成本水平，采购质量是否提高，质量事故造成的损失是否得到有效控制，供应商的服务是否增值。这些指标还可以进一步细化、量化，并同上年同期对比得到综合评价。

对个人素质的评价相对要灵活一些，因为它不仅包括现有的能力评价，还要包括进步的幅度和潜力。

(2) 强化采购制度建设

控制采购人员拿回扣的现象主要应从建立一套严格完善的管理监控奖惩机制入手，使采购人员拿回扣更加困难，更加容易被发现，受到的惩罚更大，从而大大增加采购人员拿回扣的风险成本。

规模较小的公司由总经理本人定期抽查采购价格，与来自其他非供应商的价格相比较，从中可分析出是否存在问题。

规模较大的公司则建立正式的监督系统，对一些大宗物资或价值较大物资的采购进行监视。监督系统的职能是全面监控采购工作，包括对采购产品价格资讯的收集，对采购合同的签订和执行的监督，对采购物品入库和出库的监督及对采购结果的评价。

（3）在完善制度建设的前提下让回扣合法化

让回扣合法化是一种面对现实的做法，需要谨慎处理。允许采购人员要回扣，但同时必须规定一定的份额。在目前环境下，对要不要回扣这个问题不能作机械的规定。当然，不加限制地允许拿回扣，必然会给企业带来巨大的损失，该压的价格不压，采购的成本就会涨高。因此，企业可以成立价格管理委员会，拥有对所有合同的定价权和审定权。在此基础上，根据定价、采购、质检、财务四权分开的原则，制定一系列规章制度，使有定价权的不管采购不管钱，有采购权的不管定价不能付款，采购的商品又要受到质检部门的严格检查，从而形成了人人都有权人人都无权的相互制约机制；同时还要规定在定价时，对大宗物资等根据市场行情实施最高限价策略；购置大型设备、建筑材料以及广告宣传，采用招标竞价或询价对比的办法，对日常需求量大的备件等实行核价与定点采购相结合的办法，以确保所购商品质优价廉。这样既在宏观上把握了对价格的控制，又能促使采购人员尽职尽责地压低价格，这是减少采购环节浪费的一个成功的做法。

（4）提高采购人员的工资

许多企业认为采购工作比推销工作容易得多，因而往往会派一些资质平平的人从事采购工作，显然其工资待遇也会比较低。而实际上采购工作对降低公司运营成本的作用十分重要。因而，应选派最优秀的人才承担采购任务，并从利益分配上对其予以激励。提高采购人员的工资待遇可以使采购工作的吸引力增加，进而增进采购人员对企业的忠诚度。

（5）轮换采购人员

一般来说，公司每年都要进行一次机构调整，可借机构调整之机，对采购员进行调整，避免“轻车熟路”，“老朋友好办事”的现象出现。常言道“常在河边走哪能不湿鞋”，对于企业的敏感性岗位应当经常进行轮换才能避免出现大的问题。经常对采购人员进行轮换，有以下几点好处：

1）推销员知道采购人员要经常轮换从而无法建立长期的关系将使其大大减少付出回扣的积极性。

2）采购员经常轮换使其不容易与供应商建立密切的关系。

3）对采购员进行轮换的同时必然要对其前一段工作情况进行总结考核，也使得采购员拿回扣风险更大。

3. 卖方企业欺诈的促成因素

1）买方企业自身存在欺诈行为或不道德行为是促成卖方企业欺诈发生的重要原因。企业的自身风纪很重要。

2）企业灵敏度低。企业对卖方企业欺诈事件的先兆一无所知。

第四节　采购物流管理

◎鉴定要点

通过学习、了解采购物流业务流程及采购流程控制要点，掌握库存控制原理及库存水平的控制方法。

◎工作内容

一、规划、控制采购物流系统

1. 采购物流系统

企业采购物流系统包括两方面含义，一是采购业务全流程，二是采购因流程而带给消费者的四种效用。

（1）采购业务流程

采购业务流程是指企业购买生产、经营所需各种原材料、零部件和配件、设备的全过程。第一，企业根据内部供应所需，拟订物料采购计划（或提报订单）；第二，根据计划对物料的需求，寻找供应厂商，确认供应商在产品质量、规格型号、数量、价格、交货以及信誉服务等方面，能够满足需求；第三，以订单方式向供应商传递购买计划并商洽进货地点、发货到站以及结款方式；第四，库存及验收人员验收供应商的进货；最后对进料作评价和总结。如用流程图示说明，采购业务流程可示意为图 3—7。

（2）采购物流带给消费者的四种效用

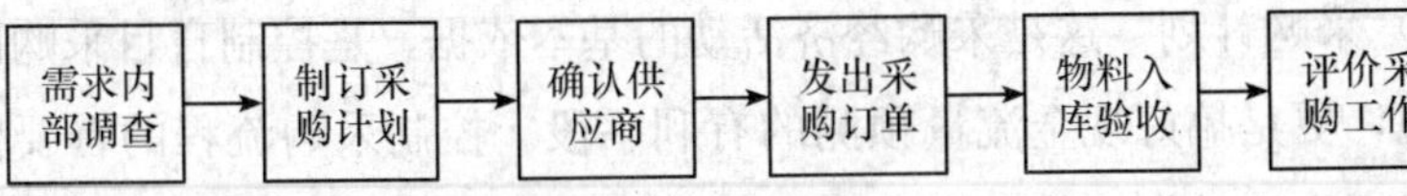

图 3—7　采购业务流程

采购活动是物流活动之首，更是供应链之先。对企业来讲，确保不间断质量优良的物料供应是生产经营的基本保证。因此，采购物流服务一经到位并取得市场认同，就必然带给消费者四种效用。

1）空间效用。采购物流的作用之一是将所需物料从供应商手里领来（实现商流）运送到消费者或另一产品生产者手中，这种由于地域移动对物料和服务的增值作用就是空间效用。

2）时间效用。物料不仅要送到消费所需的地点，还应在需求的时间送到。在规定的时间（合同注明）送不到就会贻误生产，提前送货也无必要。准时送货就是时间效用。它通过库存管理和选址服务来实现。

3）形态效用。采购过程中，凡在仓储、运输作业中对所购物料进行切割、组装使物料形态改变、增值的均产生形态效用。例如，采购人员所购卷钢板，经过配送中心切割成一定规格的方钢板。

4）占有效用。该效用只有通过市场营销活动才能创造。物流只有伴随商流存在才有意义。采购人员把物料购到手，商品实现了所有权转移（商流），又通过营销或供应部门转到消费者手中，这就实现了客户对商品的实物占有和对服务欲望的渴求。这种占有效用也就是供应链的末端，商品交换的终结。

采购活动给消费者带来的四种效用不是哪个业务部门或个人所能实现的，而是采购流程中各部门所形成的，是采购物流系统联合劳动形成的。采购物流各子系统的协调、配合造就了采购物流带给消费者的四种效用。

采购流程的六个子系统和各系统的整合组成了采购物流系统，该系统的宗旨即带给消费者的四个效用。

2. 采购流程的控制和管理

（1）采购流程控制的关键

采购流程的控制是采购管理的核心。控制的目的在于提高采购效率，降低采购成本。在通常的业务流程中，要特别关注四个环节性控制点，即采购计划、供应商选择、采购合同、付款。

1）采购计划。这是采购经济活动的基本依据，是控制盲目采购的有效措施，更是搞好现金流量预测的有利手段。控制采购流程的首要任务就是根据生产计划、物料需求计划、资金条件、采购手段等信息，严肃编制计划，严格执行计划，一定做到无采购计划不采购。

2）供应商选择。这对于稳定料源，确保进料质量和交货十分重要。对评估供应商的条件和指标，万万不能放松、低就。对老供应商不能降标准，对新供应商必须严格把关。

3）采购合同。采购合同是企业生产用料的法律保证文件，丝毫不能马虎。采购人员辛苦劳动的成果就是购销双方签订的合同条款。供应商是否按合同所规定的质量、时间、数量等条款供货对企业生产有重要影响，也是对企业寻找合格供应商的考验。要严格管理订单，对经预测可能推迟交货的供应商要及时催货，以免交货太迟贻误生产。

4）付款。付款是采购业务的最后一个环节。它的前提是确认采购验收业务确实完结，即物料经验收确认无差错后才能付款，一定要把供应商错发、误发、少发等事故杜绝在入库之前。采购员持采购发票去财务报销时，必须对进货逐笔核对，确认无误并在发票上签字再经领导审批后，方可报销。

（2）采购流程管理

采购流程管理是个动态连续过程，完全可以纳入微机管理信息系统。采购管理子系统方式实现包括计划、订单、合同、进货、验收、付款、评估等项目的控制功能。具体来说必须完成编制、追踪、采购、计划与订单，填制入出库单，录入合同条款、采购发票、付款单及采购分析的各种单据等原始资料。

1）库存管理分类法。即ABC分类法，内容前已述及，此法有利于企业进行市场预测和现场控制。对库存物料分类不局限于三类，但最多不超过五类。分类目的在于控制。对关键少数A类应重点管理，对B类应次重点管理，对次要多数C类则只做一般掌握。

2）CVA管理法。即关键性因素分析法，是将库存物料管理措施按关键性分成四类：最高优先级、较为优先级、中等优先级、较低优先级。要求分别为不许缺货，可偶尔缺货，合理范围内缺货，允许缺货。

二、制订库存管理方案

1. 库存的作用

自有生产以来，存储物料的仓库就出现了，现代采购物流的流程中均离不开库存职能，其作用主要有以下几项：

1）销售预测型企业对最终销售的产品必须保有一定量库存，这就是库存稳定销售产品的作用。

2）企业按销售订单安排生产计划，制订采购计划，下达采购订单并采购，这与到货有一定时间差，须有库存存在，这就是库存稳定生产持续的作用。

3）库存可以在企业的采购、生产、销售诸环节中起调节、平衡的作用。

4）库存量的控制实际上也是对流动资金的平衡控制。

库存除上述作用外，也有弊端，主要是占用大量资金，若管理不善易资金沉淀，增加产品成本和管理成本，造成许多管理问题（如采购不力、计划不周、市场供求不稳定等）。

2. 库存管理方案的制订

（1）库存管理方案

即管理策划，主要有以下几项：

1）确定库存结构。库存结构指的是不同用途的物料在仓库内存放的比例，做好此结构比例对确保生产供应任务的完成十分重要，利用因果分析图（鱼刺图）中每根刺代表的库存阶段或环节，对该阶段或环节的库存问题做综合分析，最后影响整个库存结构（库存料比例）和水平是否适宜。

2）做好需求预测。这是确定库存需求的前提，而需求的概念又不只是数量的问题，还有时间阶段的问题，更有需求频率和幅度变化问题。故对需求的预测就构成库存管理方案的一个重点内容。影响需求预测的因素主要是对市场变化特别是企业生产规律的认识和把握能力，对外界环境（包括自然、政治、经济政策等）干扰的判断能力，以及科学预测方法的使用能力。

3）控制库存水平：

①控制原理。在库存过程的订货、进货、保管、售货四个环节中，

影响库存变化的只有订货、进货和销售过程。订进货使库存增加，销售（发货）使库存减少。相对而言，销售影响库存，就是以用户需求限制供应。此法适用于对急缺物料的进、销、存系统；而以订货、进货过程影响库存是在保证客户需求的情况下，达到控制库存预期效果。

②控制原则。包括经济效益原则（库存控制的主要目的），完整性原则（库存物料的配套性、结构性），时效性原则（对库存料经常检查、及时更新），安全性原则（任何时候确保库存的账、卡、实相符，质量稳定）。

（2）两种常用订购控制方法

1）定期订购控制法，即基于订货时间的订货法。基本原理是预先确定订货周期（T）和最高库存量，周期性检查库存，到期则发出订货，订货的多少应使得订货后“名义”库存量达到额定最高库存量。这种方法多用于品种少、价值高的A类物料。

2）定量订购控制法，即基于定量库存订货法。基本原理是预先确定订货点（订货时库存量）和订货批量，随时检查，当库存下降至订货点订货。在整个库存管理过程中，订货点、订货批量和最大库存都是固定的，订货批量通常取经济订货批量。这种方法多用于品种多而价值低廉的C类物料。

◎相关知识

一、物流系统规划

物流是一个复杂的社会系统，要使这个系统良好地运行，必须做好它的规划和设计工作。规划和设计一个物流系统要考虑以下几方面的问题。

1. 物流系统的输入条件

物流系统的输入条件是指物流系统的范围以及外部环境。规划和设计物流系统是根据所要解决的问题确定物流系统的范围和它的环境以及两者的接口。由于物流系统的效益背反特性，孤立地改善某一个环节不一定能提高整个系统的效益，而应使各个环节匹配协调、同等可靠。物流系统设计能够起到改善外部环境的作用。

2. 物流系统的输出结果

物流系统的输出结果也就是物流系统的目标任务。通常物流系统的目标任务包括以下几项：

1）提高物流系统的吞吐能力以适应作业量增长的要求。

2）建设一个柔性的物流系统，以适应经常变化的情况。

3）能够对变化的情况及时反应，保持均衡生产。

4）改善劳动条件，减轻劳动强度。

5）对物流系统中的货物实时监控。

6）对物流系统货物进行分类或选配，便于以后处理。

3. 物流系统优劣的评价标准

为了对各种可行方案作出客观公正的评价，需制定评价标准。一般的评价标准应包括经济性、技术可靠性、灵活性、安全性、可扩展性、劳动强度、易操作性、服务水平、环境保护、社会效益等方面内容。

二、物流系统规划的层次和内容

1. 物流系统规划的层次

从物流系统的作用地位看，可分为物流战略层、策略层和运作层的规划；从规划所涉及的行政级别和地理范围看，可分为国家级物流规划、区域物流规划、行业物流规划、企业物流规划等。无论哪一级别的物流规划，都有战略层、策略层和运作层的规划问题。

2. 内容

国家级物流规划侧重于物流基础设施和物流网络为内容的物流基础平台规划。物流基础平台的规划包括铁路、公路的线路规划，不同线路的合理布局，综合物流节点—物流基地的规划，以及相应的综合信息网络规划。

区域的物流规划侧重于地区物流基地、物流中心、配送中心三个层次的物流节点以及综合物流园区的规模和布局的规划。物流基地、物流中心、配送中心的物流节点是省、市物流外结内连的物流设施。

经济运行部门的物流规划侧重于指导在物流基础平台上的企业运作合理和协调。

企业的物流规划侧重于从营销支持和流程再造角度进行物流系统的建设规划。

三、物流管理

物流管理（logistics management）是为了以最低的物流成本达到客户所满意的服务水平，对物流活动进行的计划、组织、协调与控制。现代物流管理是建立在系统论、信息论和控制论的基础上的，主要有四个特点：以实现客户满意为第一目标；以企业整体最优为目的；以信息为中心；重效率更重效果。

物流管理起源于第二次世界大战中军队输送物资装备所发展出来的储运模式和技术。在战后这些技术被广泛应用于工业界，并极大地提高了企业的运作效率，为企业赢得更多客户。当时的物流管理主要针对企业的配送部分，即在成品生产出来后，如何快速而高效地经过配送中心把产品送达客户，并尽可能维持最低的库存量。在这个初级阶段，物流管理只是在既定数量的成品生产出来后，被动地去迎合客户需求，将产品运到客户指定的地点，并在运输的领域内实现资源最优化使用，合理设置各配送中心的库存量。准确地说，这个阶段物流管理并未真正出现，有的只是运输管理、仓储管理和库存管理。

现代意义上的物流管理出现在 20 世纪 80 年代。人们发现利用跨职能的流程管理方式去观察、分析和解决企业经营中的问题非常有效。通过分析物料从原材料运到工厂，流经生产线上每个工作站，产出成品，再运送到配送中心，最后交付给客户的整个流通过程，企业可以消除很多看似高效率实际上却降低了整体效率的局部优化行为。因为每个职能部门都想尽可能地利用其产能，没有留下任何富余，一旦需求增加，则处处成为瓶颈，导致整个流程的中断。比如运输部作为一个独立的职能部门，总是想方设法降低其运输成本，如果为了节省运费而将一笔必须加快的订单交付海运而不是空运，就会失去客户，导致整体的失利。所以传统的垂直职能管理已不适应现代大规模工业化生产，而横向的物流管理却可以综合管理每一个流程上的不同职能，以取得整体最优化的协同作用。在这个阶段，物流管理的范围扩展到除运输以外的需求预测、采购、生产计划、存货管理、配送与客户服务等，以系统化管理运作，达到整体效益的最大化。

实施物流管理的目的就是要在尽可能最低的总成本条件下实现既定的客户服务水平，即寻求服务优势和成本优势的动态平衡，并由此创造企业在竞争中的战略优势。根据这个目标，物流管理要解决的基本问题，就是把合适的产品以合适的数量和合适的价格在合适的时间和合适的地点提供给客户。

物流管理强调运用系统方法解决问题。现代物流通常被认为是由运输、存储、包装、装卸、流通加工、配送和信息等环节构成的。各环节原本都有各自的功能、利益和观念。系统方法就是利用现代管理方法和技术，使各个环节共享总体信息，把所有环节作为一个一体化的系统来进行组织和管理，使系统能够在尽可能低的总成本条件下，提供有竞争优势的客户服务。

在供应链中物流涉及企业内外的运作，需要企业内与企业间整合的物流作业。整合式物流管理的目标就是在正确的时间里，以最优的成本，向正确的地点，送出正确品质的商品。这就要求企业的物流管理要做到以下几点：正确定义产品和服务的范围；提高作业效率，降低作业成本；加快物流速度，减少库存。而这种整合式物流系统与信息系统有直接关联性。信息技术的发展，为高速物流提供了重要的前提条件。

第五节 采购成本控制

◎鉴定要点

通过学习，了解采购成本的构成，掌握采购成本控制的方法，能够对采购成本变化进行动态跟踪。

◎工作内容

一、分析采购成本构成

采购成本在各类企业总成本中都占有较大比重，是企业成本控制的重要环节。准确分析采购成本构成，是采购成本控制的首要一环。

1. 采购总成本构成分析

分析采购总成本构成关键是要分清狭义和广义的采购成本，并把握其中的主要因素。

(1) 狭义采购成本

狭义采购成本包括采购过程中发生的订购成本（包括取得商品、物料的费用，订购业务费用等），以及因采购而带来的库存维持成本和采购不及时带来的缺料成本。狭义采购成本不包括商品、物料的价格。

1）订购成本是为了实现采购活动，而与供应商达成采购契约并向其发出订单过程中发生的各项费用。这些费用中，一部分与订购次数或数量没有直接的关系，如常设采购机构（或办事处）的开支，称为订购的固定成本；另一部分则随订购次数或数量的变化而变动，如差旅、邮资和通信等费用，称为订购的变动成本。

2）维持成本是指为保持商品和物料而发生的成本。同样可以分为固定成本和变动成本。前者如仓库折旧、仓管人员的工资等；后者如商品、物料的资金占压成本（应计利息）、破损和变质损失、保险费用和税金等。

维持成本通常占采购成本的较大比重，其确定需要从管理上作出判断，估算平均商品存货水平，评估与商品存货有关的各种费用，甚至需要直接进行测量，一般可根据每一个存货单位（SKU）或配送地点的平均存货价值评估出来的。年度维持成本占采购成本的比重往往变化较大，可在9%～50%范围变化，超市一般在20%左右。这主要取决于超市的存货政策。

3）缺货（料）成本，即因供应中断而造成的损失，如待产、停工、延迟发货、丧失销售机会和失去客户等的损失。

(2) 广义采购成本

广义采购成本即整体采购成本，又称为战略采购成本，是指企业产品的整个生产周期中在所发生的与商品、物料（如原材料、零部件）采购相关的全部成本。包括采购市场调研费用、自制或采购决策成本、产品预开发与开发中供应商参与的成本，以及供应商交货、库存、生产、出货测试、售后服务各阶段因供应商的参与或提供的产品（或服务）所导致的成本或损失，还包括供应商的参与或提供的产品（或服务）没有达到最好水平而造成的二次成本或损失。

从采购管理的角度分析采购成本主要是分析整体采购成本，采购成本控制的最终目的也是要努力降低整体采购成本。

按功能来划分，整体采购成本发生在开发过程、采购过程、企划过程、质量过程、服务过程中。

1）开发过程中，因选择供应商或供应商的介入可能发生的成本。主要包括原材料或零部件影响产品的规格与技术水平而增加的成本；对供应商技术水平的审核产生的费用；原材料或零部件的认可过程产生的费用；原材料或零部件的开发周期影响本公司产品的开发周期而带来的损失或费用；原材料或零部件及其工装（如模具）等不合格影响本公司产品开发而带来的损失或费用等。

2）采购过程中可能发生的成本。主要包括商品、原材料或零部件采购费用或单价；市场调研与供应商考察、审核费用；下单、跟单等行政费用；文件处理费用；付款条件所导致的汇率、利息等费用；原材料运输、保险费用等。

3）生产和运营过程中可能发生的采购成本。主要包括收货、发货（至生产使用点）费用；安全库存仓储费用、库存利息；不合格来料滞仓、退货、包装、运输带来的费用；交货不及时对仓管等工作的影响造成的损失；生产过程中的原材料或零部件库存费用；企划与生产过程中涉及原材料或零部件的行政费用等。

4）质量控制过程中可能发生的采购成本。主要包括供应商质量体系审核及质量水平确认产生的费用；检验成本；因原材料或零部件不合格导致的对本公司在生产、交货方面造成的损失；不合格品本身的返工或退货成本；生产过程中不合格品导致的本公司产品不合格而造成的损失；处理不合格品带来的费用等。

5）售后服务过程中发生的采购成本。主要包括零部件失效产生的维修成本；零部件服务维修点不及时造成的损失；因零部件问题严重而影响本公司产品的销售造成的损失；因零部件问题导致本公司的产品理赔造成的费用等。

显然，按照广义采购成本概念，采购价格仅仅是获得商品、物料或享有服务的成本的一部分。进行采购成本控制，就必须全面把握整体采购成本要素，从而揭示每一种要素成本的降低或者避免其发生的机会，而不是仅仅分析或者比较采购价格。

2. 供应价格分析

从整体采购成本角度讲，供应价格分析是采购成本控制的重要一环。

供应价格分析实际上就是商品价格构成分析或者是成本估计。

（1）商品价格构成分析的两项基本工作

商品价格构成分析一般包括两方面：一是会计核算，验证供应商提供资料的真实性，必要时可审核供应商的账册；二是进行技术分析，即根据供应商提供的资料，从生产、工艺和其他技术的角度评估商品的“质”。供应商品的成本估计要注意制造工艺、所需特殊设备（工具）、材质、人工成本、制造费和外包费、管理费、税金和毛利等项目。

（2）影响供应价格的因素分析

影响供应价格的因素多种多样，核心因素可归为成本构成和市场结构两类。其中，市场结构因素直接表现为对特定市场供求关系的影响，涉及社会经济与政治因素、竞争状况因素、供需关系因素、供应商关系因素和交易量与交易条件因素等，参见表 3—5。

表 3—5　　不同产品供应价格影响因素

产品类别	成本构成	偏重成本构成	成本构成与市场结构参半	偏重市场结构	市场结构
原材料				√	√
工业半成品			√	√	
标准零部件		√	√	√	
非标准零部件	√	√	√		
成品	√	√	√		
服务	√	√	√	√	√

二、制订采购成本控制方案

采购人员的最终目的是降低整体采购成本，在对整体采购成本进行分析后，要制订可行的采购成本控制方案。

1. 制订采购成本控制方案的基本步骤

（1）分析影响采购成本形成和变化的内、外部因素

首先要按照狭义采购成本，分析影响订购成本、维持成本和缺货成本的可能因素；然后，进行缜密的供应价格因素分析。

（2）制定采购成本标准

成本标准是成本控制的准绳，在成本计划中一般表现为各项指标，采购成本控制也是如此。按照整体采购成本概念，不同企业需要根据自

身实际，规定一系列具体的标准。确定这些标准的方法大致有三种。

1）计划指标分解法。即将大指标分解为小指标。分解时，可以按部门、单位分解，也可以按不同产品和各种产品的工艺阶段或零部件进行分解，若更细致一点，还可以按工序进行分解。

2）预算法。就是用制定预算的办法来制定控制标准。有的企业基本上是根据季度的生产销售计划和采购计划来制订较短期（如月份）的费用开支预算，并把它作为成本控制的标准。采用这种方法特别要注意从实际出发制订和调整预算。

3）定额法。就是建立起定额和费用开支限额，并将这些定额和限额作为标准进行控制。在企业里，凡是能建立定额的地方，都应把定额建立起来，如材料消耗定额、工时定额等。实行定额控制的办法有利于成本控制的具体化和经常化。

（3）制定采购成本控制规范，监督采购成本的形成

企业要通过制度建设，形成完善的采购成本控制规范，以根据控制标准，对采购成本形成的各个项目经常地进行检查、评比和监督。这里，采购制度建设是关键，它不仅能规范采购活动、提高效率、杜绝部门之间扯皮，还能预防采购人员的不良行为。首先，采购制度应规定商品和物料采购的申请、授权人的批准许可权、采购的流程、相关部门（特别是财务部门）的责任和关系、各种材料采购的规定和方式、报价和价格审批等；其次，要建立供应商档案和准入制度；同时，要建立价格档案和价格评价体系，组织专门小组，对采购物品的价格进行比较和分析；在此基础上，还应设定标准采购价格和成本费用标准，根据工作业绩对采购人员进行奖惩。

（4）及时纠正偏差

针对成本差异发生的原因，查明责任者，按情况的轻重缓急，分别提出改进措施，并贯彻执行。对于重大差异项目的纠正，一般采用下列程序：

1）提出课题。从各种成本超支的原因中提出降低成本的课题。这些课题首先应当是哪些成本降低潜力大、各方关心、可能实行的项目。提出课题的要求，包括课题的目的、内容、理由、根据和预期达到的经济效益。

2）讨论和决策。课题选定以后，应发动有关部门和人员进行广泛的

研究和讨论。对重大课题，可能要提出多种解决方案，然后进行各种方案的对比分析，从中选出最优方案。

3）确定方案实施的方法步骤及负责执行的部门和人员。

4）贯彻执行确定的方案。在执行过程中也要及时加以监督检查。还要检查方案实行后的经济效益，衡量是否达到了预期的目标。

2. 采购成本控制的关键因素

以制造业企业为例，物料采购的控制、入库与存储的控制和对采购部门的考核，是采购成本控制的关键因素。

（1）对物料采购的控制

生产所需的采购品、外协件、元器件等物资一般实行集中采购，统一供给，目的在于实现批量采购，降低采购成本。

采购部门以生产计划部门提出的需求计划为依据，结合库存情况，编制采购计划。组织采购时，要加强市场调研，坚持货比三家，推行竞争机制，实行优质优价的采购原则。除零星物品采购可随时办理外，大额大宗物资的采购要根据“比价采购、集中采购、定点采购”的原则签订购销合同。同时，根据企业实际，确定采购额度审批权限，如对××万元以上（每批、每次或者合同总额在×万元以上）的采购，财务部门应对采购部的采购方案和合同草案进行会审，该方案或草案须经财务部价格审核组审查后，报公司主管领导批准后方能执行。此外，在市场上经常采购的物资，可实行定点采购。

（2）对物料入库与存储的控制

物料到达公司后，采购人员应及时填制入库单，库管员和验收员根据物资的不同形态，分别采取各种计量手段，准确计量，认真验收。财务部应当加强会计监督，审核合同或计划、发票、入库单是否相符，手续是否齐备、完整。

采购部每年年末应根据财务决算的要求进行全面的财产盘点清查，做到账账相符，账实相符。并组织各部门清查盘点已领未用物资的结存情况。

（3）对采购部的考核

公司定期下达成本控制指标，并据以对采购部考核。各考核指标的计算公式如下：

$$材料采购价格差异 = \sum 当年实际采购量 \times (当年采购价 - 上年采购价)$$

$$材料采购价格差异率 = \frac{\sum 当年实际采购量 \times 当年采购价}{\sum 当年实际采购量 \times 上年采购价}$$

$$采购品损失额 = \sum 采购品损失数量 \times 采购单价$$

$$采购品损失率 = \frac{采购品损失额}{采购品总额}$$

$$采购费用降低额 = 本年采购品总额 \times \left(\begin{matrix}本年采购\\费用率\end{matrix} - \begin{matrix}上年采购\\费用率\end{matrix}\right)$$

$$采购费用率 = \frac{除采购价以外的费用总额}{采购品总额}$$

财务部门设账单独核算采购费用及损失。尤其要核算清楚因毁损、缺少或质量不能满足要求，扣除责任方应赔偿部分及残值后的净损失。虽是供货方或第三方责任，但由于退换货费用和索赔费用明显高于自身价值，经批准后作为损失处理。

三、选择采购成本控制方法

企业实施采购成本控制的方法主要是价值分析（value analysis，VA）、价值工程（value engineering，VE）和 ABC 分类控制法（activity based costing）；此外，企业可以通过采购模式和策略的调整达到成本控制的目的，一般包括实施准时采购策略（JIT 采购）、网上采购策略、集中采购策略、联合采购策略、与供应商建立采购同盟或签订长期采购协议、阳光采购策略和国际采购策略等。

选择何种采购成本控制方法与企业采购物品的性质密切相关。一般说来，各行业采购物品可分为杠杆产品、战略物资、一般产品和瓶颈产品四类。

对于采购风险小、采购金额也小的一般产品，成本控制的重点在于降低采购管理费用，减少采购频率。其中，可以应用总订单、综合性供应商、长期合作等方式进行管理和控制。

对于采购风险小、单位时间采购金额大的杠杆产品，要求采购人员要具备充分的专业知识，利用 VA 和 VE 方法，进行单件产品的成本分析；此外，还要培养潜在供应商，利用有效价格竞争得到合适的采购价格，当然供应商要保持相对稳定。

对于采购风险大、单位时间采购金额也大的战略物资，除了要进行单品成本分析外，更重要的是要垄断资源，保证供应，与供应商建立稳定和坚实的供应关系。

对于采购风险大、单位时间采购金额小的瓶颈产品，则需要与供应商进行长期合作，进行有效的搭配组合，提高对稀缺资源的掌控能力。同时，要努力缩短付款周期。

◎相关知识

一、采购成本控制方法

1. 价值分析

价值分析是指通过集体智慧和有组织的活动对产品或服务进行功能分析，以最低的总成本（寿命周期成本）可靠地实现产品或服务的必要功能，从而提高产品或服务的价值。采购不仅是购买一种实物，更重要的是购买这种实物所包含的必要功能，这是价值分析理论在采购中应用的核心。这里的价值是反映费用支出与获得之间的比例，用数学式表达如下：

$$价值=功能/成本$$

价值分析的目的之一是以合理的价格采购商品，应以性价比作为衡量采购成功与否的标志；降低物资的使用费用是价值分析的另一个目的。与购置费相比，产品使用费易被忽视，价值分析要求产品在整个寿命周期费用降低到最低限度，从而提高产品的价值。价值分析就是通过功能的提高与成本的降低达到二者比值提高的目的。

2. 价值工程

价值工程和价值分析这两个词常常互换使用，都是指以最低的总成本实现产品或服务的必要功能，从而提高产品或服务的价值。二者的区别在于：当工程设计部门在贯彻技术上处于领先地位时，较倾向于使用VE；当采购部门在节约成本上处于领先地位时，较倾向于使用VA。

3. ABC分类控制法

ABC分类控制法，即作业成本法，指采购人员依据物料的重要程度不同，对其进行分类，分别进行不同的成本控制，将采购成本控制的重点放在重要的物料上。其分类标准一般按每种物料的年采购金额，即物料年采购量×单价分类。年采购金额高的划归A级，次高的划归B级，低的划归C级。具体划分标准并没有统一的规定，要根据各企业物料的具体情况和经营者的意图来确定。但根据众多企业多年运用ABC法的经验，一般可按各类物料在总采购金额中的比重来划分，参考数字见表3—6。

表3—6　　ABC分类控制法经验数据

类别	年采购金额（%）	品种数（%）
A	60～80	10～20
B	15～40	20～30
C	5～15	50～70

分类之后，采购人员便应根据企业的经营策略对不同类别的物料进行不同的管理，以便有选择地对采购成本进行控制，降低经营成本。

A类物料采购金额高，提高其周转率，具有较大的经济效益。对于采购人员来说，应协助企业降低其采购量，还要在保障供给的条件下，尽量降低其库存额。企业可以从勤采购、勤发料、与需用部门勤联系（了解需求动向）、恰当选择安全系统、与供应商密切联系等方面加强对A类物料的控制。

C类物料品种多，所占采购金额少。对它的成本控制原则恰好和A类物料相反，不应投入过多控制力量。加大储备量，不会增加很大比例的占用金额。少报警，以集中力量控制A类物料。

B类物料的状况处于A、C之间，因此，其控制方法也介于A、C之间，采用常规方法管理即可。

4. 利用采购策略进行成本控制

上面介绍的采购成本控制方法是从成本分析的角度出发的，同时，采购经理人员还可以运用不同的采购策略，进行有效的成本控制。

（1）准时采购策略（JIT采购）

准时采购策略也称为JIT采购法，是一种先进的采购模式，也是一种管理哲理。它的基本思想是在恰当的时间、恰当的地点、以恰当的数量、恰当的质量提供恰当的物品。它是从准时生产发展而来的，是为了消除库存和不必要的浪费而进行的持续性改进。它和传统的采购方法在质量控制、供需关系、供应商的数目、交货期的管理等方面有许多不同，其中关于供应商的选择（数量与关系）、质量控制是其核心内容。归纳总结为以下几点：

1）选择最佳的供应商，并对供应商进行有效的管理是准时采购成功的基石。

2）供应商与用户的紧密合作是准时采购成功的钥匙。

3）卓有成效的采购过程质量控制是准时采购成功的保证。

准时采购包括供应商的支持与合作以及制造过程、货物运输系统等一系列的内容。准时采购不但可以减少库存，还可以加快库存周转、缩短提前期、提高购物的质量、获得满意交货等效果。

（2）网上采购策略

网上采购即利用互联网进行采购。它具有公开性、广泛性、交互性、低成本、高速度、高效率的特点，往往能大幅度降低成本。网上采购的操作方式有网上招标、网上采购和网上招标、网下采购两种。

（3）集中采购

集中采购即集团企业或连锁企业通过设立共同的采购中心，进行集中采购和进货的集中管理，以获得规模优势最大化，提高采购质量，降低采购成本。以钢筋、水泥、混凝土为主要原材料的房地产业，深受原材料价格上涨之苦，已经开始采取措施，加强集中采购。集中采购的优势在家电行业同样显现。海尔集团通过对钢板、化工物料、电子零部件等大宗原材料实行集中采购，就为公司节省成本达20％～30％。

（4）联合采购策略

联合采购策略就是汇集同业的需求向同一供应商订购。联合采购数量大，集体谈判能力强，可获得特别价格优惠；厂商的同业采购联合有利于建立采购合作平台，及时交换情报，提高采购绩效。同时，联合采购有利于中小企业联合抵御风险。其弊端是参与厂商太多，作业手续复杂，在数量分配及到货时间上容易引起争端。此外，某些厂商也可能利用联合采购，进行联合垄断，操纵供应数量及市场价格。

联合采购的主要模式有：某一地区的中小企业组成的联合采购；由某一供应商牵头组织的联合采购；某一协会组织（如五金商品协会）组织的联合采购。

（5）与供应商建立采购同盟或签订长期采购合同

基于采购同盟向制造商直接订购可以减少中间环节，在降低采购成本的同时，获取更好的技术和售后服务。而与优秀供应商长期合作不仅能保证供货质量、交货及时，还可得到付款及价格的关照，特别是与其签订长期合同，往往能得到更多的优惠。

（6）阳光采购策略

所谓阳光采购，就是把商品采购的各个环节按一定的制度和程序运行，以避免因采购人员腐败而带来的额外采购成本。采购中的腐败行为不仅侵蚀着企业的利益，使采购成本抬高，而且对整个企业文化会造成破坏性的影响。采购人员在谈判中无原则的让步、合同之外的私下利益承诺，会对采购活动的绩效产生负面影响。阳光采购的做法一般有以下几种：

1）决策透明化，核心是将“隐蔽的权力公开化，集中的权力分散化”。

2）信息公开化，商品采购来源内部公开化。

3）监控程序化，由不同的部门分别承担“三审一检”职能，即审核采购计划、审核价格、审核票据、检查质量。

4）管理制度化，建立和完善一套采购提、审、决的自控程序。

5）奖惩严明化，对“暗箱作业”人员给予严惩，对阳光采购有功人员予以重奖。

（7）国外及外包采购策略

首先，国外采购策略最大的作用是能有效地降低采购成本，采购到质优价廉、独具特色的商品，从而使采购成本大幅下降。其次，外包采购策略作为一种采购成本控制的策略在国内很少使用，而在国外则应用很广。这种策略主要是针对那些中小超市，由于其采购数量小，采购价格优势不明显，因而往往把自己的采购业务外包给那些采购能力强的中间商（主要是指批发商），自己则把主要精力放在商品经营上。这也能大幅度地降低采购成本，最明显的效果是减少了采购人员的薪金及采购部门的大部分开销。

第六节 采购组织管理

◎鉴定要点

通过学习，了解采购组织机构和采购管理制度的类型，以及采购部门与采购主管的岗位职责和行为准则的内容，掌握采购组织机构的选型与设计方法、采购管理制度的制定方法和采购岗位职责执行情况的监督程序与方法，并能够制订和实施采购绩效评估方案。

◎工作内容

一、采购组织机构的选型与设计

1. 采购组织机构选型

（1）在集权与分权之间做出选择

采购机构选型首先涉及企业组织管理中的一个根本性问题，即集权与分权的选择。

1）集权式采购组织。企业把采购相关的职责或工作，集中授权给某一特定部门来执行，形成采购管理责任一元化的组织体系。这种集权式采购组织不管称谓如何，其功能往往超出单一采购管理，还要涉及生产计划、物料管理和仓储管理。

集权式采购组织的优点主要是：实现采购与内部物流运作的一体化，利于降低物料和物流成本；统筹供需，强化采购管理功能；指挥系统高度统一，有利于采购部门与其接口部门的沟通与合作；作业系统化、合理化，有利于降低管理费用。

随着采购与物流活动在企业管理中地位的提升，集权式采购组织日益受到青睐。特别是一些批发和零售业企业在大力推行“买卖一元化”的经营政策时，赋予了采购部门更多的职责，诸如产品开发、市场调研、卖场规划、毛利控制等。

2）分权式采购组织。企业把采购相关的职责或工作，分别授权给不同的部门来执行。例如，物料或商品需求计划由生产或销售部门负责制定，物料和库存管理也归属特定的销售和生产部门或仓储部门，采购工作相对单一。

分权式采购组织属传统的采购模式，其缺点是：权责不清，不利于采购效率的提升；目标冲突，采购与其接口部门难以进行有效的沟通与合作；浪费资源，各部门之间重复相同的工作项目。鉴于此，越来越多的企业开始放弃分权式采购组织，转而实行集权式采购组织。

（2）采购组织机构选型应遵循的原则

1）机构设置应同企业的性质和规模相适应，采购机构的设置同企业的性质、产品、规模等有直接的关系。比如，化工企业的原材料一般需要一些专业人员采购，并往往直接向最高领导汇报；小公司可能仅仅设置一个简单的供应部门负责原材料的采购，而大型企业或跨国公司则常设有集团采购部或中央采购中心负责采购。

2）机构设置应同企业采购目标、方针相适应。比如，企业产品质量不好并且影响产品质量的主要因素是原材料，则改进供应商原材料质量的责任主要在采购部门，那么采购部门就应该配备相应素质的工程师，或者赋予采购部门以相应的职责以使其指挥相关部门的人员参与原材料质量的改进。

3）机构设置应同企业的管理水平相适应。如果企业导入了 MRP 或 JIT 系统，那么采购的需求计划、订单开立、收货跟单可以通过计算机按 MRP 或 JIT 系统操作控制，其采购机构的设置显然应有别于手工作坊式的企业。

2. 采购组织机构设计

采购组织设计是将采购组织内部部门化，也就是将采购部门应负责的各项功能组织起来，并以分工方式建立不同的部门加以执行。一般来说，采购组织机构设计有下列方法：

（1）按采购地区设计

按物料的采购来源分设不同单位，比如国内采购部、国外采购部。这种采购部门的划分方式，主要是基于国内外采购的手续及交易对象有明显的差异，因而对采购师的工作要求也不尽相同，所以分别设立部门加以管理；采购管理人员只需就物料比较国内外采购的优劣，判定物料应该化归哪一部门办理（见图 3—8）。

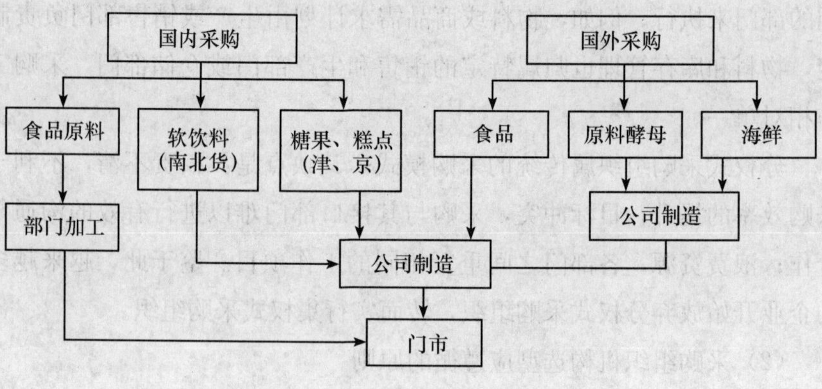

图 3—8　按地区设计采购机构

（2）按商品类别设计

按主原料、一般物料、机器设备、零部件、工程发包、维护与保养等类别，将采购工作分由不同单位办理。这种组织方式的优点，可使采购人员对其经办的物料项目相当精通，能够发挥采购人员熟能生巧及触类旁通的效果。这也是最常见的采购部门设计方式，对于物料种类繁多的企业特别适用（见图 3—9）。

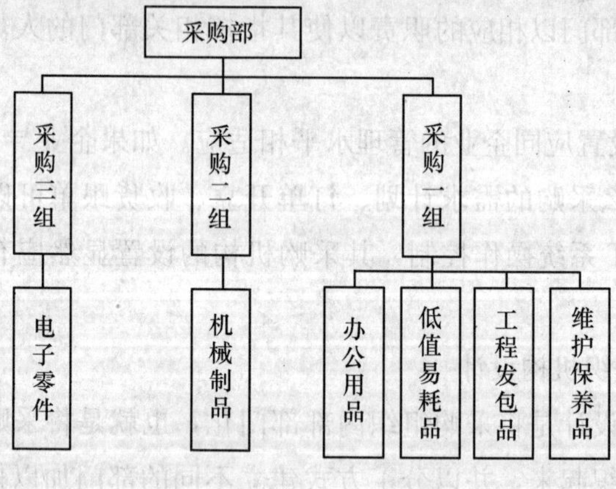

图 3—9　按商品类别设计采购机构图例

（3）按采购物料价值或重要性设计

即采购次数少但价值高的，由采购管理人员负责；反之，则授予基层采购人员负责。这种建立采购部门的方式，主要让采购管理人员能够对重大的采购项目倾力处理，达到降低成本的目的；并且能够使管理人员有充分的时间，对采购部门的人员与工作绩效加以管理。

（4）按采购功能设计

依采购过程，将询价、比价、议价和决定分由不同人员负责，产生内部牵制作用。这种组织方式以采购工作庞大的企业为宜，借此可将采购工作分工专业化，以避免由一位采购员担任全部有关作业可能造成的不利情况。

(5) 混合式设计

即综合运用上面各种采购组织的设计方法。

3. 采购部门内部分工

采购部门的内部分工一般是根据本部门的职能与任务的要求来进行，通常都是根据采购物品的分类将采购人员分为 BOM 及 NON-BOM 两大部分，而各部分的员工分工则按照公司或企业的实际情况有两种不同的方法：一是按采购的物品划分；二是按采购职责划分。

(1) 按采购物品划分

根据不同的采购物品而设置相应的采购人员，有助于采购人员了解所负责的物品，熟悉及掌握市场情况，采购人员容易成为该物品方面的行家或熟手，采购人员个人工作独立性较强，其典型架构如图 3—10 所示：

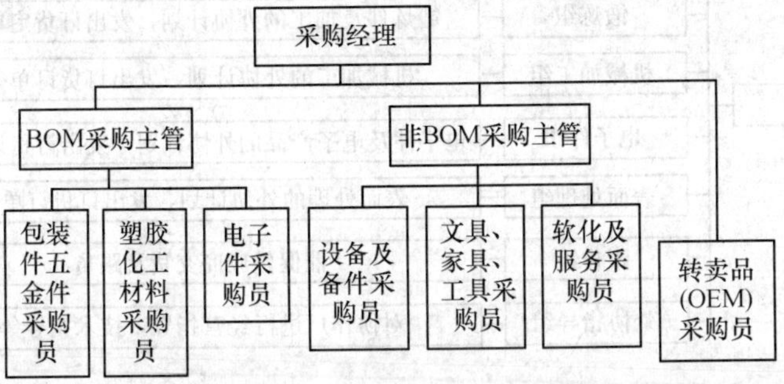

图 3—10　按物品进行采购部门内部分工

(2) 按采购职责划分

按不同层次的职责来设定采购机构，就是根据采购的战略、战术等运作层次将采购人员分为战略采购员、前期采购员及后期采购员等，这样有利于采购部门的整体水平的提高和采购管理的系统化与专业化，其典型架构如图 3—11 所示。

此外，对于综合性较强的单个企业或小型企业集团，也可结合职能要求及物料情况设置采购部，图 3—12 所示为一传统企业的典型机构。

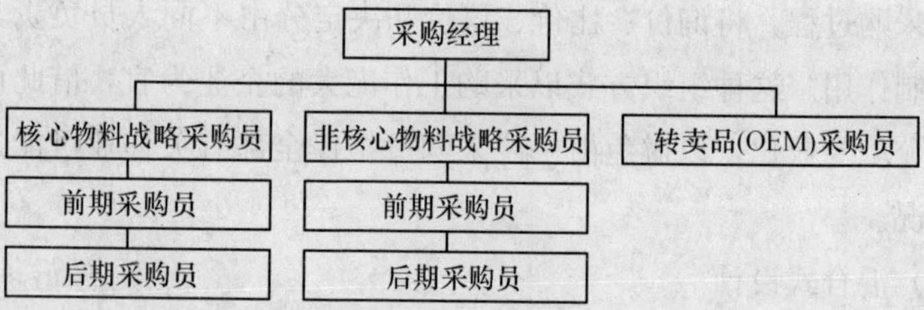

图 3—11　按采购职责设置采购部

对于那种倾向于将所有相关职能都集中到采购部一个部门的企业，则可参考图 3—13 的架构。

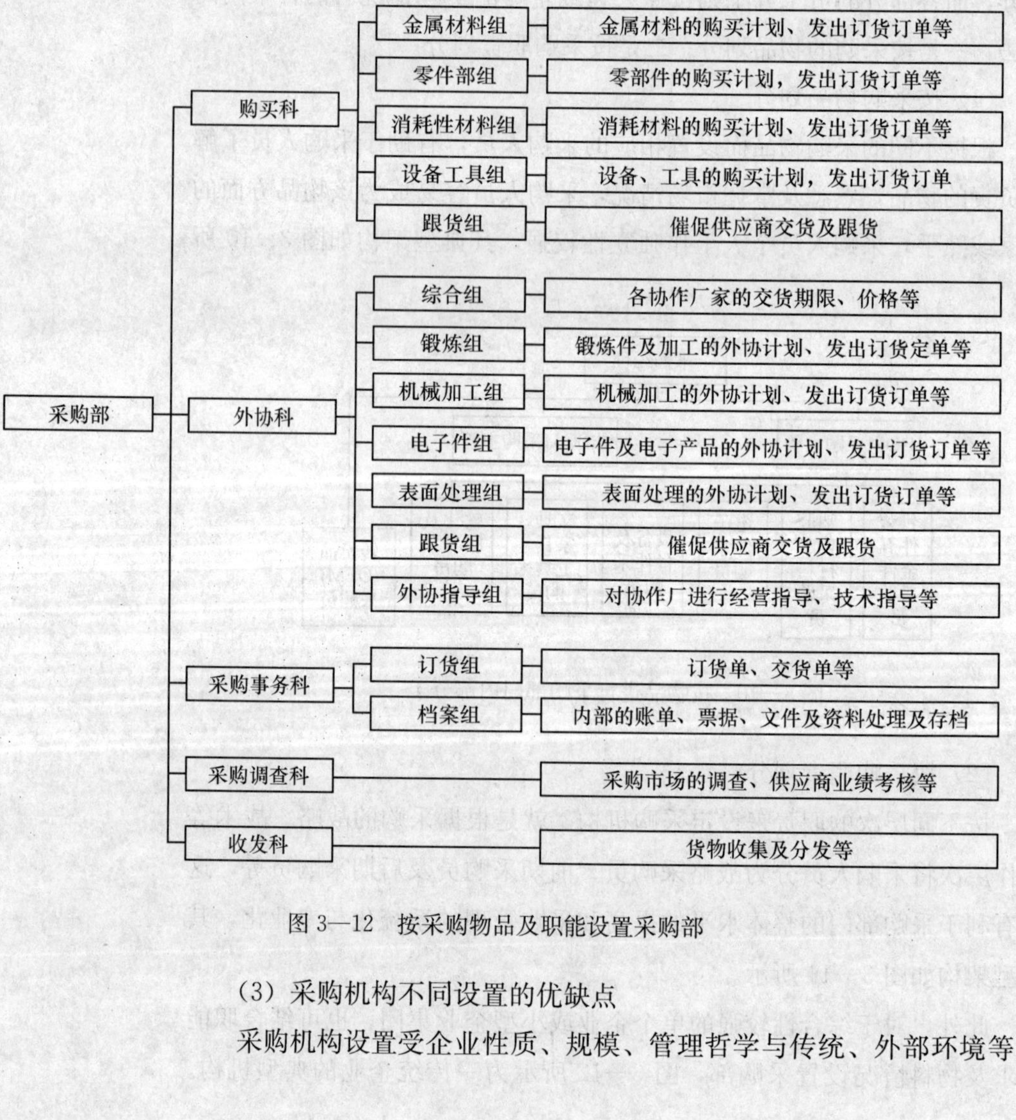

图 3—12　按采购物品及职能设置采购部

(3) 采购机构不同设置的优缺点

采购机构设置受企业性质、规模、管理哲学与传统、外部环境等多

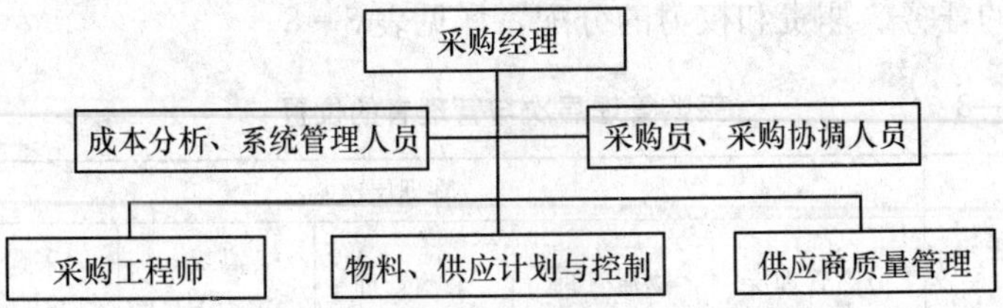

图 3—13 按职能集中原则设置采购部

种因素的影响，而且，不同设置方式也各具优缺点。可以将按采购物品与采购职责设置采购部门各自的优缺点加以比较（见表 3—7）。

表 3—7 按采购物品及采购职责设置采购部门的优缺点

	按采购物品设置的采购部门	按采购职责设置的采购部门
优点	1. 专人负责专门物品、责权分明 2. 采购人员容易成为相关物品方面的行家与熟手，有利于其专业化水平的提高 3. 采购人员与其他人或其他部门的协调少，工作程序简单，不易扯皮	1. 易形成整体采购体系 2. 采购专业化、人员层次化 3. 工作协调衔接要求高、工作透明度高 4. 有助于维护公司的整体形象与利益 5. 有利于培养团队与合作精神
缺点	1. 整体采购体系与优势难以形成 2. 企业必须依赖采购员个人 3. 采购容易走入“桌下交易”	1. 工作程序化要求高，容易发生推诿和扯皮现象 2. 对采购经理、战略采购员等要求高，出现协调和控制问题的几率大 3. 文件多、工作程序复杂、控制难度大

二、采购管理制度制定

1. 采购管理制度制定前的准备

需要明确采购管理的目标和采购部门的基本职能。

（1）确定采购管理目标

一般来说，采购管理目标主要归纳为五点：

1）为企业及时可靠地提供所需商品、物料和服务。

2）争取最低成本。

3）使存货和损失降到最低限度。

4）提高商品或服务的质量。

5）实施有效的供应链管理。

（2）明确采购管理部门的职责

采购管理部门职责的确定需要考虑战略、战术和操作（业务）等三个层面的任务、职责和权力的分配，详见表 3—8。

表 3—8　　采购管理层次与管理者的位置

职责与任务	管理层次				
	最高管理层	物流管理	采购管理	高级采购人员	采购助理/采购业务员
战略层次	√	√	√		
战术层次		√	√	√	
业务层次				√	√

职责与任务主要包括以下几方面：

1）战略层次。作为高级采购经理人员的职责，主要涉及那些影响企业市场地位的长期采购决策事项，例如，采购战略与运营方针的制定；采购计划和采购预算的审核与修订；采购流程规划；长期采购协议和供应商战略的制定；自制与采购决策；重大采购与投资决策；关联企业价格与供应政策的制定；采购物流控制等。

2）战略层次。即高级采购经理人员需要关注的对采购具有较长时间（如 1～3 年）影响的采购职能、流程和供应商选择因素，例如，供应商协议、供应商开发、选择与认证的程序与标准、价值分析与成本控制等。这些职责领域是跨部门或跨职能的，要求相关部门的协调与合作。

3）业务层次。主要是与采购洽商、合同履行和采购预算控制等操作性业务相关的活动，例如，订购过程诸环节的实施、交货控制、供应商绩效监控与考评、预算控制和采购纠纷的解决等。业务层次的采购工作需要专职采购人员全员参与。

关于采购管理部门的具体职责，请参见本节的“相关知识”部分。

（3）采购管理制度制定参与者的选择

采购管理是对整个企业采购活动的计划、组织、指挥、协调和控制活动，是面向整个企业的。采购管理制度不但面向企业全体采购人员，而且也面向企业组织其他人员。因此，采购管理制度的制定，一般在企业最高管理层领导下，由企业采购部负责人（采购经理）牵头，会同其他接口部门（如财务部门、生产部门、销售部门、物流部门等）共同制定和修改。

2. 采购作业综合管理制度

采购作业流程因采购主体、客体和采购方式的不同而在作业细节上存有若干差异，但是基本的流程则大同小异。采购作业综合管理制度有以下几方面：标准采购作业细则，包括需求审批管理制度、请购程序、采购程序（国内、国外）、采购作业诸环节的管理权限划分、库存管理作业细则、退换货管理制度、委托加工和外包采购制度、招标采购制度等。

3. 采购计划与预算管理制度

采购预算是采购部门为配合年度销售预测或生产数量，对所需求的原料、物料、零件等的数量及成本所做的估计，以利于达成整个企业的目标。其编订必须依循企业整体预算制度，其基本流程和步骤如图 3—14 所示。

（1）采购计划管理

为了防止供应中断而影响产销活动，或避免材料储存过多积压资金，配合公司的生产计划与资金调度等目的，企业有必要设立采购计划。

1）决定采购数量的资料基础：

①生产计划（production schedule）。由销售预测，加上人为地判断，即可拟订销售计划或目标。销售计划表明各种产品在不同时间的预期销售数量；而生产计划即依据销售数量，加上预期的存货减去期初存货来拟订。

②用料清表（bill of material）。生产计划只列示产品的数量，无法直接知道某一产品需用哪些物料以及数量多少，因此，必须借助用料清表。

③存量管制卡（rin card）。若产品有存货，则生产数量不一定要等于销售数量，同理，若材料有库存数量，则材料采购数量也不一定要等于根据用料清表所计算的材料需用量。因此，必须建立物料的存量管制卡，以表明某一物料目前的库存状况，再依据用料需求数量，考虑物料的作业时间和安全存量水准，计算出正确的采购数量，然后开据请购单，进行采购活动。

2）采购数量的计算与订购方法。采购数量只表示某一物料在某时期应予订购的总量，至于某一物料应如何订购，有下列两种方法：

①定期订购法。进口物料以及少数价值很高的国内采购物料可以选择每季、每月或每周订购一次，称为定期订购法。

②定量订购法。对于价格低廉、临时性需求以及非直接生产用途的物料，比较适合采用定量订购法，亦即按照订购点（order point）来决定采购时点。

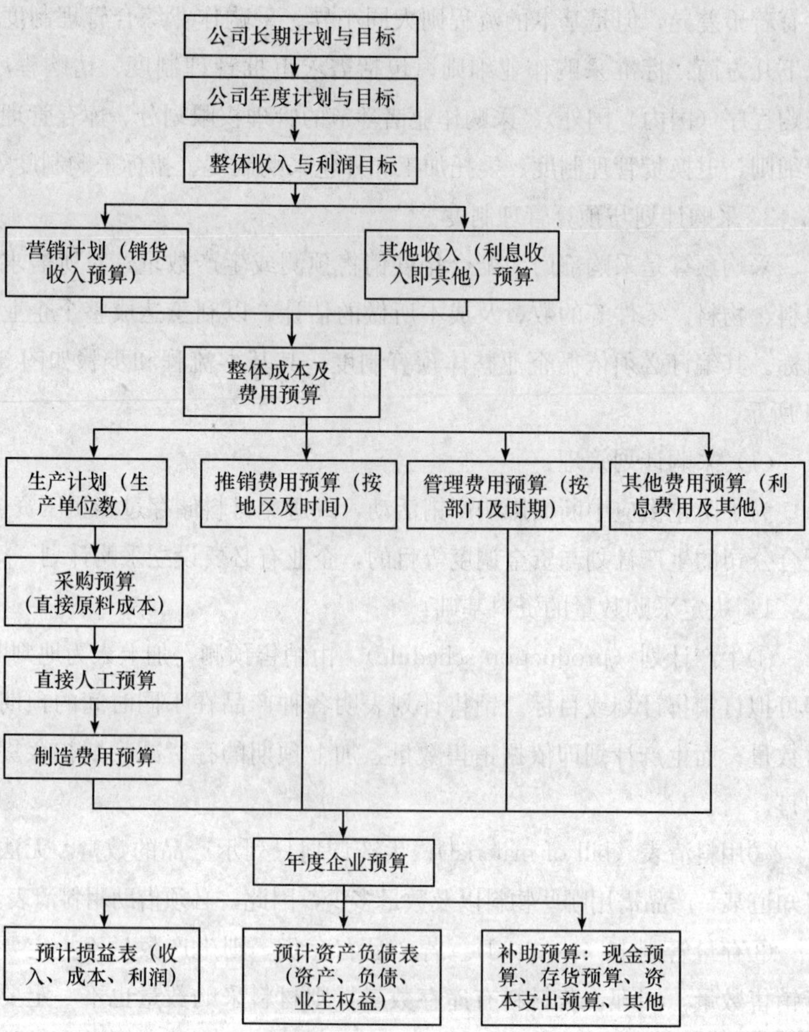

图 3—14　采购预算管理流程

（2）采购预算

预算是将计划或活动以金额来表示，传统上对采购预算的编制，是用本期应购数量乘以各物料的购入单价，或按照物料需求计划的请购数量乘以标准成本，即可获得采购金额。为了使预算对实际的资金调度具有意义，采购预算应以现金收付为基础，而非采用传统上的应计金额为基础，也就是说，采购预算应以付款的金额来编制，而不宜采用采购的金额来编制。

（3）采购计划与预算的影响因素

1）年度行销计划。除非市场出现供不应求的状况，否则企业年度的经营计划多以行销计划为起点；而行销计划的拟订，又受到销售预测的影响。

2）年度生产计划。一般而言，生产计划根源于行销计划，若行销计划过于乐观，将使产量变成存货，造成企业的财务负债；反之，过度保守的行销计划，将使产量不足以供应顾客所需，丧失了创造利润的机会。因此，生产计划常因行销人员对市场的需求量估算失当，造成生产计划朝令夕改，也使得采购计划与预算必须常调整修正，物料供需长期处于失衡状况。

3）用料清表。特别在高科技行业，产品工程变更层出不穷，致使用料清表难以及时地反映与修订。以致根据产量所计算出的物料需求数量，与实际的使用量或规格不尽相符，造成采购数量过与不及，物料规格过时或不易购得。因此，采购计划的准确性，有赖于维持最新、最正确的用料清表。

4）存量管制卡。由于应购数量必须扣除库存数量，因此，存量管制卡是否正确将是影响采购计划准确性的因素之一。

5）物料标准成本的设定。在编制采购预算时，因对未来拟购物料的价格预测不易，故多以标准成本替代之。因此，标准成本与实际购入价格的差额，就是采购预算准确性的评估指标。

6）生产效率。生产效率的高低将使预计的物料需求量与实际的耗用量产生误差，因此，也会对采购计划与预算产生影响。

7）价格预期。在编订采购预算时，常对物料价格涨跌幅度、市场景气情况甚至汇率变动等多加预测，甚至列为调整预算的因素。

由于影响采购计划与预算的因素很多，故采购计划与预算拟定后，必须与产销部门保持经常的联系，并要针对现实的状况做必要的调整与修订，才能达到正常产销活动的目标，并协助财务部门妥善规划资金的来源。

4. 采购验收管理制度

采购验收作业的主要内容包括点收数量和检查质量。点收数量是指凭计数或用度量衡器具，查明物料的数量。检查质量是指凭经验或用简单的仪器，鉴定或测量物料的外表及内容；或凭物理实验及化学分析，鉴定或测量物料的性质或成分。

采购验收管理制度主要是采购人员进行验收作业所应遵守的规则，

在制定采购验收管理制度时，企业应根据自身情况合理制定。

5. 采购部门人员管理制度

采购部门人员管理制度的制定涉及人员招聘和人员培训两方面的内容。

6. 供应商管理制度

选择适当的供应商（right vendor）是采购工作成功的关键因素。因此，对供应商的管理对企业就显得相当重要。一般来说，对供应商的管理包括供应商开发、供应商评选、供应商选择、供应商激励与控制以及供应商监管等方面。以下仅就供应商开发做个说明。

供应商管理的一个重要任务就是开发供应商，即从无到有地寻找新的供应商，建立起企业所需要的供应商队伍。新供应商的开发工作应有计划地进行，并应在预定的日期之前开发成功，开发新供应商的一般步骤如下：

（1）明确需求。这里所说的需求主要包括以下几方面：要求何时开发成功；需要何种原材料或零部件；年/月需求量；欲开发什么性质的企业作为供应商；要求供应商有什么样的生产能力、品质水平；要求是本地供应上还是远近皆可等。在明确需求之后寻找供应商时就会目标明确得多。

（2）编制供应商开发进度表。最好按开发供应商的步骤编制一份时间进度表，这样不仅可以使开发新供应商的具体工作明确化，而且也可尽量减少计划日期被拖延的可能性。表 3—9 是一份“供应商开发进度表”样本。

（3）寻找新供应商资料。明确对新供应商的需求后，便可依照编制的进度表进行开发的具体工作，寻找新供应商的资料或信息是第一步。寻求供应商的主要信息来源如下：

1）国内外采购指南。

2）国内外产品发布会。

3）国内外新闻传播媒体（报纸、广播电台、电视）。

4）国内外产品展售会。

5）国内外产业公会——会员名录、产业公报。

6）中心卫星工厂体系。

表 3—9　　　　　　　　　　供应商开发进度表

项目负责人：　　　　　　　　　日期：

序号	开发步骤	进度日期											
		WK1	WK2	WK3	WK4	WK5	WK6	WK7	WK8	WK9	WK10	WK11	WK12
1	寻找新供应商资料	→											
2	取得联系并初步会谈		→										
3	初步访厂			→									
4	报价			→									
5	工厂审核及整改				→	→							
6	制作样品						→	→					
7	评估样品								→				
8	小批量试产										→		
9	中批量试产											→	→

7）国内外企业协会。

8）国内外各种厂商联谊会或同业公会。

9）国内外政府相关统计调查报告或刊物，如工厂统计资料、产业或相关研究报告。

10）其他各类出版物的厂商名录。

11）整体性的媒体招商广告等。

（4）初步联系。应使用适当的联系方法去跟供应商取得联系，通过适当的联系了解供应商，同时有必要要求供应商填写一份“供应商调查问卷”，以便在初步联系阶段了解供应商的基本情况。

（5）初步访厂。这是一个选择性的步骤，初步访厂主要是看一看供应商的生产区与办公区，如生产线的生产情况、生产设备、仓库、检验及测量仪器、5S状况等，也可能会初步查一查供应商的财务状况。目的是要得到一个关于该供应商的初步总体印象，这种结果是不精确的，但它会影响到采购人员决定对供应商是否有必要采取下一步行动。

(6) 报价。在初步掌握供应商的一些基本情况后，采购人员此时要求供应商报价就比较合适，因为此时供应商对他的潜在客户也有了一定的了解。要求供应商报价前，最好发一份询价单（RFQ）给所有要报价的供应商，以便让供应商进一步得到该物料的一些基本情况，并可让供应商以相同的报价条件（币别、价格术语、交货地、付款条件等）报价格，这样对采购人员比价非常有利，从而对采购人员的还盘提供方便。

(7) 正式工厂审核。在与供应商议价后，一般可获得采购方基本满意的价格。如果购买的是关键物料，除特殊情况外都要安排正式的工厂审核，以便采购方更准确、更详细地掌握供应商的工程技术能力、品质保证能力、财务状况等基本信息。采购方的审核人员一般由采购人员、品管人员、工程技术人员等组成，各部门人员的侧重点是不一样的，采购人员侧重于跟贸易有关的一些内容，品管人员关心的是供应商的品质系统、检验人员及检测器具等，而工程技术人员所关心的则是供应商的设备、加工精度、工程能力等。

在进行工厂审核时，可采用下列三种方式：审核程序、记录、报表等；生产现场查看；对供应商相关人员提问审核。

(8) 样品认证。如果供应商的产品不能满足使用要求，其他方面再好也没有用。要求供应商提供适当数量的样品供检验、装配以确定供应商的产品是否可被接受，是开发新供应商全过程中的一个重要环节。而当供应商在提供样品时，应根据产品类别提交下列全部或部分资料：材质证明；安全证明；检验报告（一般包括外观、尺寸、功能等项目）；符合证明书（certificate of confirmation，COC）。

采购人员收到供应商提供的样品后，一般需将供应商名称及样品的一些基本信息填入一份“样品认证表”（first article form）中，随样品一起送给品管部、工程部等进行相关检测、试验及装品。采购人员应及时把样品在检测、装配过程中发现的问题反馈给供应商，以便供应商进行改善。有时需把供应商的工程技术人员和采购方的工程技术人员安排在一起，以便沟通更直接、更有效。需对供应商改善后的样品进行再次评估，同一产品的送样次数不宜超过三次。

(9) 批量试产。样品可通过评审并不代表该供应商能批量供货，有时候，一些供应商的样品是经过“千挑万选”的，所以样品可以接受并不表示采购人员可向该供应商下订单。采购方应向供应商索要或订购适当数量的物料来进行批量试产，只有较大数量的样品能通过评估，样品评估这个环节才算是真正结束，供试产用的第一批订货的数量不宜太大，一般为 3 000～5 000 比较合适，不同的企业对此有不同的规定。

(10) 正式接纳为合格供应商。如果对新供应商的工厂审核及样品评估均达到采购方的要求，那么该供应商便可被接纳为合格供应商，它将被加入到合格供应商清单中去（approved vendor list，AVL）。

(11) 订单转移。开发新供应商有两个原因：第一，现有供应商的综合服务水平不能满足企业的要求，需开发新供应商取代现有供应商或给现有供应商施加压力；第二，企业不断开发新产品，现有供应商不能提供新产品所需的原材料或零部件，或现有供应商的产能不够。

如果目前有供应商在供货，当新供应商开发成功后就要考虑订单如何分配的问题，新供应商的订单以逐步增加为宜。

综上所述，开发新供应商的基本流程图可如图 3—15 所示。

三、采购绩效评估方案制订和实施

采购绩效的评估是对采购成本、品质和交货期等主要采购目标的实现程度的考核，是采购管理的重要环节。公平、客观、合理的采购绩效评估，不仅可以有效衡量企业采购目标的达成状况，而且可以考核采购人员的业务水平，影响和改变采购人员的思想和观念。企业在实施采购绩效评估时，应确定采购绩效评估的指标与标准，并采取适当的方式进行评估。同时，采购绩效评估作为一种管理手段，其评估结果可以作为奖惩和改进采购管理工作的依据。

1. 采购绩效评估方案制订

采购绩效评估方案的制订主要包括以下几方面：

(1) 设定目标

目标管理（management by objective，MBO）概念最早是由著名的管理大师德鲁克（P. Drucker）于 1954 年在其名著《管理实践》中提出的。德鲁克认为，并不是有了工作才有了目标，而是有了目标才能确定

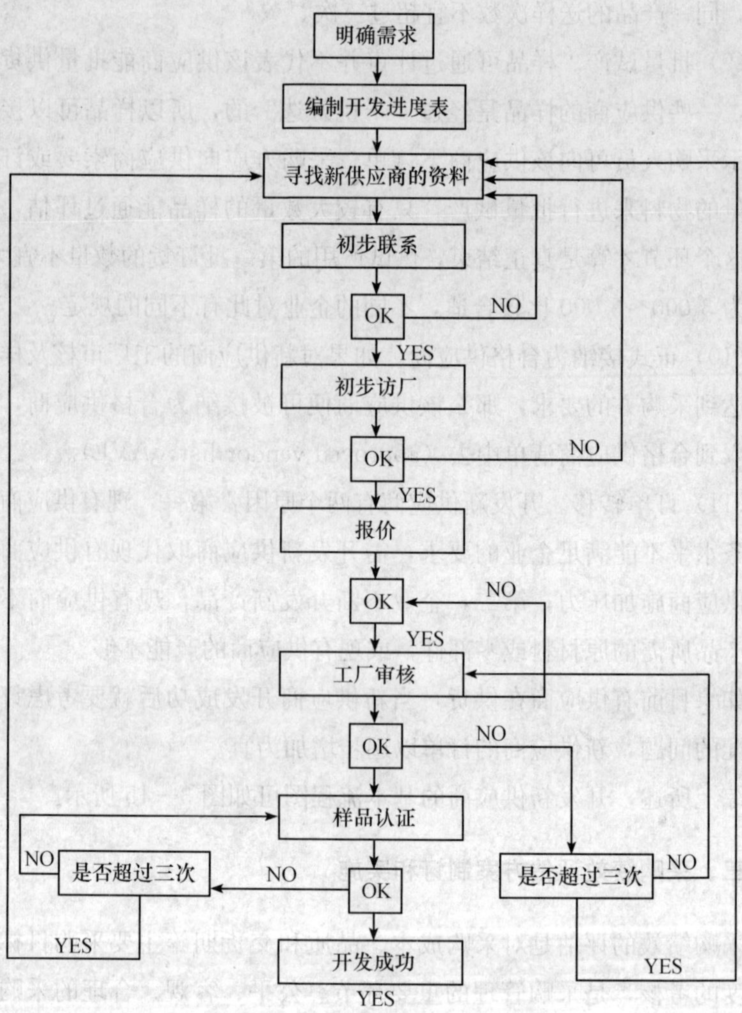

图 3—15　开发新供应商的基本流程

每个人的工作。他认为“企业的使命和任务，必须转化为目标”，如果一个领域没有目标，那么这个领域的工作就会受到忽视。所谓的目标管理，是一种程序或过程，它使组织中的上、下级根据总目标分解为分目标，并把这些分目标作为组织的经营、评估和奖励的标准。

采购目标设定是围绕成本、品质和交货期制定的。无论什么企业，其采购目标就是要从最合适的地方，采购最好的、价格最合理的商品和物料，并以最优质的服务及时地运送到最佳的地点；同时采购业务要有助于产品和生产过程的革新，减少企业整体采购风险。

同时，设定采购绩效目标还要明确目标由哪个部门来定？谁负责？

如何定？企业可以成立由采购部门和各接口部门人员组成的专门的采购绩效评估小组，在采购主管或总监的领导下，共同制定各部门的年度、季度或月度采购计划目标，并依工作计划执行、追踪。

（2）明确采购绩效评估的内容

从成本、品质和交货期等核心目标出发，采购绩效评估的内容应包括价格/成本、产品/质量、采购物流、采购组织四方面。可以用图 3—16 来表示这些内容间的关系。

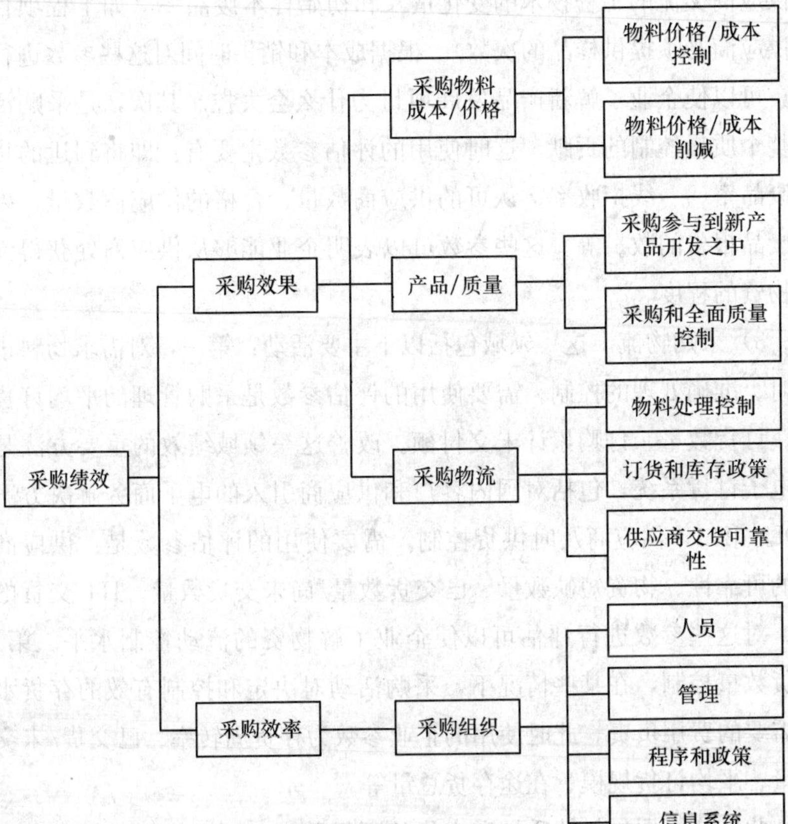

图 3—16　采购绩效评估的内容

1）价格/成本，主要是考核实际价格和标准价格之间的关系。必须区别下面的两个概念：一是价格/成本控制，即连续不断地监控和评估供应商分布的价格以及价格增长情况。使用的方法和参数主要有 ROI 测量、材料的预算、通货膨胀报告以及差异报告等。主要目的是监控采购价格，防止价格失控。二是价格/成本降低，主要是通过结构化的方式，对与采购材料和服务相关的活动进行连续不断的监控，减少成本支出。主要措施有寻找新的供应商和替代材料、价值分析、在企业之间协调采购需求等，主要目的是监控那些减少材料成本的活动。

2）产品/质量。首先，采购活动涉及到新产品的发展，根据成本目标和销售时间来发展新产品项目是很重要的，使用的评估参数主要有：革新项目中采购活动耗费的劳动时间、供应商耗费的工程设计时间以及项目的生产准备时间。特殊的评估参数是技术规范的变化程度（指必须同供应商交流的工程技术的变化量）和初始样本废品率（如工程项目需要供应商必须提供样品的次数）。根据成本和销售时间对这些参数进行评估，可以使企业了解新产品发展项目为什么会失控。其次，是采购活动对整个质量控制的贡献。这时使用的评估参数主要有：即将到运的货物的废品率、一线拒收率、认可的供应商数量、合格的供应商数量、处理的废品报告的数量等。这些参数可以表明企业能够从供应商处获得无缺陷物资的程度。

3）采购物流。这一领域包括以下主要活动：第一，对需求物料进行及时、准确处理的控制。需要使用的评估参数是采购管理的平均订货时间、订货数量、订购累计未交付额。改善这一领域绩效的重要方法是使用电子订货系统，包括对国内客户和供应商引入的电子商务解决方案和EDI。第二，供应商及时供货控制，需要使用的评估参数是：供应商供货的可靠性、物资短缺数量、已交货数量/尚未交货数量、JIT 交货的数量。对这些参数进行评估可以使企业了解物资的流动控制水平。第三，交货数量控制，在某些情况下，采购活动对决定和控制有效的存货水平所需要的费用负责。此时使用的企业参数为存货周转率、已交货/未交货数量、平均订货规模、在途存货总量等。

此外，根据材料的质量和交货的可靠程度，可以使用对供应商和卖方评级的方法来监控和改善供应商活动。

4）采购组织。包括完成采购业务目标所要使用的重要资源。第一，采购人员，主要指采购人员的背景、培训、发展程度以及积极性。第二，采购管理，主要指采购部门内的管理方式，包括采购策略的质量和有效性、行动计划、报告程序等，还涉及管理风格和交流体系。第三，采购程序和指导方针，主要是指采购程序和采购人员、供应商的工作指令的有效性，目的是保证采购工作以最有效的方式进行。第四，采购信息系统，这一主题与改善信息系统绩效所付出的各种努力活动有关。这些活动应该支持采购人员和其他部门人员的日常工作，并且能够产生与采购活动和绩效有关的管理信息。

（3）设定关键绩效指标

关键绩效指标（key performance indicator，KPI）是用于评估被评估者绩效的定量化或行为化的标准，它体现对企业有增值作用的指标。通过对KPI达成承诺，采购人员与管理者可以对工作期望、工作表现和未来发展方向进行沟通。

设定KPI的基本原则是所谓的SMART原则：specific，具体的；measurable，可度量的；attainable，可实现的；realistic，现实的和time-bound，有时限的。KPI并非一定能量化，最主要的是能验证。如采购主管的绩效标准是工作职责、增值产出和绩效标准。

设定KPI时，还需要把握绩效评估的标准尺度。在进行采购绩效评估时，首先必须考虑依据何种标准，作为与目前实际绩效比较的基础。常见的标准如下：

1）以往绩效。选择企业以往的绩效作为评估目前绩效的基础，是相当正确有效的做法。但是必须在企业采购部门无论组织、职责或人员等均没有重大变动的情况下，才适合使用此项标准。

2）预算或标准绩效。若过去的绩效难以取得或业务变化甚大，则可以以预算或标准绩效作为衡量基础。

3）行业平均绩效。若其他企业在采购组织、职责及人员等方面，均与本企业相似，则可与其绩效比较，以辨别彼此在采购工作成效上的优劣。若个别企业的绩效资料不可得，则可以以整个行业绩效的平均水准来比较。

4）目标绩效。预算和标准绩效是代表在现况下，应该可以达成的工作绩效；而目标绩效则是在现实情况下，非经过一番特别的努力，否则无法完成的较高境界。目标绩效代表企业管理当局，对工作人员追求最佳绩效的“期望值”。

（4）评估人员

采购绩效的评估人员包括采购部门主管、财务部门、供应商及外界的专家或管理顾问。

（5）评估方式

采购绩效的评估方式，可分为定期方式及不定期方式。定期方式的评估是配合企业年度人事考核制度进行。不定期的绩效评估则以专家方式进行，这种不定期的绩效评估方式，特别适用于新商品开发计划、资本性采购支出预算、成本降低专案等。

（6）沟通与分析说明

为了达到采购绩效评估的目标，首先需要进行内外部沟通，内部沟通主要是与企业各采购接口部门及行事前沟通，明确绩效考评的目标、指标和评估方法等；外部沟通是与供应商的沟通，通过良好的供应商关系和共存共荣理念的强化，达到绩效管理的目标。在此基础上，需要向采购人员和有关各方就绩效目标、指标和评估体系进行必要的说明。

2. 采购绩效评估方案实施

采购绩效评估方案实施需要在人员和组织妥善安排的条件下做好以下工作：

（1）编制采购绩效目标计划表

采购绩效目标计划表对于采购绩效实施与管理具有重要意义。表格形式简明、具体，易于被人们了解和掌握，可以直接作为绩效评估的具体依据。

采购绩效目标计划表的执行，必须向有关人员详细解释，同时，防止出现以下误解：

1）绩效管理注重计划和评估，不注重员工工作的过程。

2）绩效管理就是监督、检查员工的工作，造成对员工的不信任感。

3）认为花时间做记录没有必要。

（2）采购绩效评估

首先要明确绩效评估的方法。可以按部门、小组、团队和人员，采取简单的强迫等级分布法：A——卓越；B——优秀；C——良好；D——需改进；E——不良。比例可分为：10%、20%、45%、20%、5%。

根据考评结果，编制绩效评估表。

（3）采购绩效反馈面谈

绩效评估的目的是为了提高采购管理水平，降低采购成本，提高品质，缩短交货期。为此，需要基于采购制度、采购组织、采购责任划分等，及时进行采购绩效的反馈，同时，要分层级与有关采购经理人员面谈。

3. 采购主管的绩效评估

采购主管的绩效评估是针对其职责范围进行的。企业规模、性质不同，采购主管的绩效标准也有所不同，但都需要基于制定的采购绩效指标，设定具体的绩效标准，据以进行绩效评估。表3—10以制造业企业为例，归纳了采购主管的绩效评估标准。

表3—10　采购主管的绩效标准

工作职责	绩效指标	绩效标准
完成项目所需的采购工作	使申请部门得到所需的设备和材料	1. 一个月内各部门投诉没有在承诺的期限内得到设备或材料的次数不超过1次 2. 一年内因采购的设备型号错误造成的退货次数不超过2次 3. 项目采购的成本控制在预先设定的范围内 优秀绩效的表现： 尽可能地推迟付款时间；控制进货速度，使库存最小；向多方供货商询价，得到性价比最佳的供货
改进采购的工作流程和标准	改进了的流程或标准	上级主管人员对以下方面表示满意： ①所有的采购有关流程和工作标准每年至少进行一次修订 ②相关的规定得到了正确的发布和沟通 ③在流程中能够考虑到对不同情况的区别对待
供应商关系管理	供应商关系	1. 对大的供应商能定期进行拜访 2. 供应商总数减少，使供货更为集中 优秀绩效的表现： 能够帮助供应商解决一定的问题
向管理层提供采购报告	管理层所得到的信息	管理层对如下方面表示满意： ①提供的采购报告有意义 ②报告有助于改进本公司以及供应商的服务水准

◎相关知识

一、影响采购在组织中地位的因素

采购组织定位直接依赖于管理层对于采购职能所持的看法和态度。

当管理层主要将采购职能看成是业务活动时，则会造成采购部门在组织等级中处于相当低的地位。然而，如果管理层将采购视为一个重要的竞争因素，并且对组织具有战略重要性，那么采购经理就非常可能向董事会汇报。管理层对于采购的观点在很大程度上与下列因素有关：

第一，是在最终产品的总成本中采购成本所占的比重。采购的物料占产品的成本的比重越高，采购的重要性就会显得越强；采购的量越大，管理层就越认为采购职能具有战略性。

第二，是公司的财务状况。物料采购给公司财务指标贡献的可能性越大，其重要性就越突出。在发生严重财务亏损的时候，管理层会对采购业务和与采购相关的成本提出更高的要求，这导致对更高的会计责任的要求。

第三，是公司对于供应商市场的依赖程度。面对高度集中的供应市场，为确保稳定可靠的供应，巩固供应商关系，管理层会更多关注采购活动。

第四，是采购管理方式、手段和技术的改进，会提升采购业务的价值，如物资需求计划（MRP）、准时制（JIT）采购和企业资源计划（ERP）系统的导入，会使采购、供应管理与物流管理紧密结合，采购需求扩大，采购的地位随之提升。

二、采购组织的类型

采购组织的基本类型有分散型采购组织、集中型采购组织、混合型采购组织以及跨职能采购小组。

1. 分散型采购组织

分散型采购组织的一个主要特点就是每个经营单位的负责人对自己的财务后果负责。因此，这个经营单位的管理要对其所有的采购活动负完全责任。这种组织的缺点之一是不同的经营单位可能会与同一个供应商就同一种产品进行谈判，结果达成了不同的采购条件。当供应商的能力吃紧时，经营单位相互之间会成为真正的竞争对手。

分散型采购组织对于拥有经营单位结构的跨行业公司特别有吸引力。每一个经营单位采购的产品都是唯一的，并且与其他经营单位所采购的产品有显著的不同。在这种情况下规模经济职能提供有限的优势和/或方便。

2. 集中型采购组织

在这种组织结构下，从公司层次上可以找到中心采购部门，公司的采购专家在战略和战术层次上进行运作。产品规格的决策被集中制定（通过与中心工程技术或研发机构紧密合作），在供应商选择的决策上也是如此；与供应商之间合同的准备和洽谈也是这样的。这些合同通常是与具有资格的供应商之间达成的长达数十页的规定了一般和特殊采购条件的合同。这些采购活动是由经营性公司实施的。

通用汽车公司和大众公司可以被当成将其战略和战术采购业务集中到一个相当高程度的例子。其他的例子有施乐公司、福特汽车公司和卡特皮勒公司。这种组织的主要优点是，通过采购协作可以从供应商那里得到更好的条件（在价格和成本方面以及服务和质量方面）。另一个优点是它将促成采购向产品和供应商标准化的方向发展。

其缺点为单独的经营单位的管理层只对采购的决策负有限的责任。通常的问题是经营单位的管理人员相信他们能够靠自己达到更好目标，并将单独行动，这样他们将逐渐削弱公司采购部门的地位。

这种结构在几个经营单位购买相同产品，并在同时对他们具有战略重要性的情况下是合适的。

3. 混合型采购组织

在一些主要的制造企业中，在公司一级的层次上存在着公司采购部门，然而独立的经营单位也进行战略和战术采购活动。在这种情况下，公司的采购部门通常处理与采购程序和方针的设计相关的问题。此外，它也会进行审计，但一般是在经营单位的管理层要求他们这样做的时候。

通常，中心采购部门也会对战略采购品进行详细的供应市场研究。经营单位的采购部门可以通过定期发布的小册子、公告和/或局域网利用这些研究结果。此外，公司的采购部门还可以作为促进和/或解决部门或经营单位之间的协调工具。然而，它并不进行战术采购活动。这种活动完全由部门或经营单位的采购组织实施。最后，这种结构中的公司采购部门可能对采购部门的人力资源管理负责。

4. 跨职能采购小组

跨职能采购小组是采购中相对较新的组织形式。如 IBM 公司的采购小组。IBM 的新采购组织采用了一个与供应商的单一联系点（商品小组），由这一商品小组为整个组织提供对全部部件需求的整合。合同的订立是在公司层次上集中进行的。然而，在所有情况下的采购业务活动都是分散的。可以以IBM的采购组织为例来看跨职能采购小组的结构，如图3—17和图3—18所示。

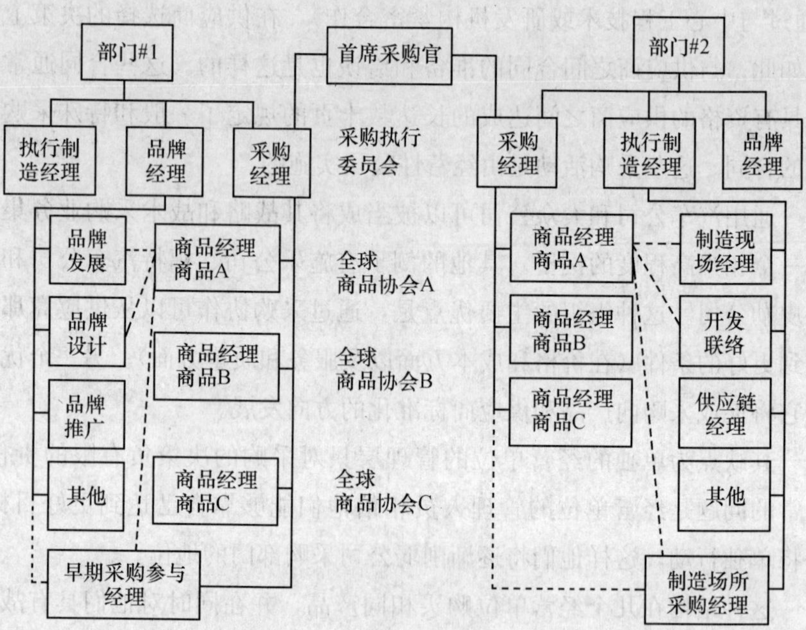

图3—17　IBM跨职能采购小组（1）

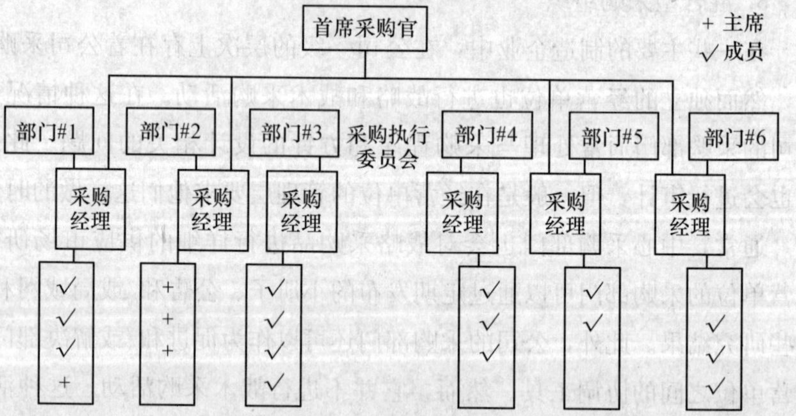

图3—18　IBM跨职能采购小组（2）

三、采购管理制度的类型与意义

1．采购管理制度的类型

采购管理制度涉及采购制度、采购管理和采购作业的各个方面，按采购流程、采购管理体制、采购方式、采购对象和采购岗位等，可以有多种分类。综合考虑，采购管理制度的类型主要有以下几种：

（1）采购综合管理制度

主要包括采购管理体制（如实行集中采购的范围）、相关部门的工作职责、采购作业操作规程、采购统计报表规定、供应商管理规程、采购绩效评估制度和经济责任处罚规定等。

（2）采购计划与预算管理制度

主要包括采购计划管理体制、工作流程、请购制度与需求确定或认证制度（或需求单审批管理规定）、计划编制程序和相关管理规定、采购预算编制方法等。

（3）标准采购作业程序和细则

主要包括基本规定、操作流程（图）、采购环节所需单证格式、用途、传递程序及相关规定等。

（4）特定采购方式下的管理制度

主要包括集中（统一）采购制度、招标采购制度、进口物资采购供应规定、委托制造和外加工管理准则等。

（5）特定采购对象的管理制度

主要包括原材料（物料）采购管理制度、零部件采购管理制度、设备采购管理制度、战略性物资采购管理制度、服务采购管理规定、MRO或消耗品采购管理制度等。

（6）采购验收管理规定

主要包括一般验收制度、验收管理办法和细则、外包物料验收制度和质量管理办法等。

（7）采购部门人员管理制度

主要包括不同管理层次和作业岗位的工作职责、行为规范、绩效考评和培训计划等。

（8）供应商管理制度

主要包括管理办法、评估标准和评价与选择和淘汰办法等。

2. 制定采购管理制度的意义

采购管理在现代企业运转中起着非常重要的作用，其基本意义至少表现在以下几方面：

第一，为企业保障供应，维持正常生产，降低缺货风险。很显然，物资供应是物资生产的前提条件。生产所需要的原材料、设备和工具都要由物资采购来提供；没有采购就没有生产条件，没有物资供应就不可能进行生产。

第二，物资采购供应的物资的质量好坏直接决定着企业产品质量的好坏，能不能生产出合格的产品，取决于物资采购所提供的原材料以及设备工具的质量的好坏。物资采购成本构成了物资生产成本的主体部分，其中包括采购费用、购买费用、进货费用、仓储费用、流动资金占用费用以及管理费用等。物资采购的成本太高，将会大大降低物资生产的经济效益，甚至亏损，致使物资生产成为没有意义的事情。

第三，物资采购是企业资源市场的关系接口。它是企业外部供应链操作点。只有通过物资采购部门人员与供应商的接触和业务交流，才能把企业与供应商们连接起来，形成一种相互支持、相互配合的关系。在条件成熟以后，可以组织成一种供应链，那样就会使企业在管理方面、效益方面都登上一个崭新台阶。

第四，物资采购是企业与市场的信息接口。物资采购人员虽然直接和资源市场打交道，但是资源市场和销售市场是交融混杂在一起的，都处在大市场之中。所以，物资人员比较容易获得市场信息，是企业的市场信息接口，可以为企业及时提供各种各样的市场信息，供企业进行管理决策。

第五，物资采购是企业科学管理的开端。企业物资供应是直接和生产相联系的。物资供应模式往往会在很大程度上影响生产模式。例如，如果实行准时采购制度，则企业的生产方式就会改成看板方式，企业的生产流程，搬运方式都要做很大的变革。再如，如果要实行供应链采购，则需要实行供应商掌握库存、多频次小批量补充货物的方式，这样也会大大改变企业的生产方式和搬运方式。

四、采购部门与采购主管的岗位职责

1. 采购部门职责

采购部门的职责一般来说通常分为业务性活动、支持性活动和拓展性活动三大类。

（1）业务性活动

1）制订计划。根据企业总体战略与目标以及内外部顾客的需求，根

据企业下一年度或者下一阶段的生产计划确定原材料的需求，制定采购战略规划和原材料的采购计划。

2）组织采购。根据采购规划和需求，组织人、财、物实施采购计划，筛选供应商，价格谈判，确定交货及相关条件，签订合同并按要求收货付款。

3）库存管理。采购的原材料验收入库、保管保养、发货，确定合理库存量并对库存量进行时间监控，确保生产的顺利进行，避免生产线因缺少原材料而停产。

4）供料。编制供料计划，领料审批，定额供料，回收利用，消耗控制与管理。

（2）支持性活动

1）人员管理。制定采购岗位职责，对采购人员进行能力考察、素质培养、工作评估、绩效考核与激励。

2）资金管理。物品采购价格的控制，采购成本管理以及储备资金的核定与控制。

3）信息管理。进行物品编码，建立供应管理信息系统，在 MRPⅡ，ERP 系统中进行采购管理。

（3）拓展性活动

主要包括对供应商的选择与认证、与供应商建立合作伙伴关系以及对供应商绩效的考评等，以此来降低成本、提高供应的可靠性和灵活性，提升企业的市场竞争力。

在零售业企业（如连锁超市），采购部门的地位重要而特殊，不仅负责直接的采购管理，如采购计划与预算控制、采购业务实施，还要负责商品管理和促销业务。其责任范围明显超出一般制造业企业。连锁超市采购部门职责见表 3—11。

2. 采购主管的主要工作职责

采购主管的工作职责与采购部门的工作职责是一致的。采购主管的工作职责范围在很大程度上取决于企业的采购规模、采购管理体制和企业性质（类型）。企业的采购规模大且实行集中采购，采购主管的职责范围就大；而且，同制造业企业相比，零售业企业的采购主管的职责范围比较大。

表 3—11　　　　连锁超市采购部门职责

采购总部职责	采购部门职责
（1）采购组织与工作职责的制定 （2）商品结构的制定（大组、小组、商品群、价格带、品项数、陈列米数等） （3）采购作业规范手册的编制与更新 （4）拟订全国品牌采购条件、年度采购与全国性促销方案 （5）统一订货与结算商品的处理 （6）定期召开全国联采会议，加强地区采购部与全国采购本部、地区采购部与地区采购之间的沟通与交流 （7）促进各分店之间的采购交流工作 （8）采购工作的培训与稽核 （9）协助新人开张分店的地方性商品的采购工作 （10）协调财务部门，确保全国联采供应商“绿色通道”的执行 （11）辅导各分店的采购工作 （12）分析各分店商品结构，并给予建议与指导 （13）协调各分店与供应商的关系及交易条件	（1）执行采购计划，把握预算目标，决定采购数量（一次采购数量的决定） （2）筛选合作的供应商 （3）选择适合超市顾客群的产品 （4）协商与供应商采购最有利的条件（包括：质量、包装、品牌、折扣、价格、进货奖励、广告赞助、促销办法、订货办法、订货数量、交货期限及送货地点等） （5）制定最有竞争力，同时又有合理利润的售价 （6）新商品的引进及议价，选择商品的配送方式 （7）开展促销业务 （8）与各卖场做最有效的沟通，确保商品畅销；收集市场信息，掌握市场的需要及未来的趋势 （9）进行商品管理业务（包括滞销品、库存和退货的管理，以及店间调货和卖场陈列等） （10）为公司创造最高的业绩及利润回报股东，并为全体员工谋求最佳的福利

（1）企业的采购主管职责

1）确认采购需求，编制采购计划，控制采购目标。

2）对新产品、新材料供应商的寻找、资料收集及开发工作。

3）对新供应原材料体系状况（产能、设备、交期、技术、品质等）的评估及认证，以保证供应上的优良性。

4）采购方式的决定。

5）与供应商的比价、议价谈判工作。

6）对就供应商的价格、产能、品质、交期的审核工作，以确定原供应商的稳定供货能力，同时，及时跟踪掌握原材料市场价格行情变化和品质情况，以及提升产品品质及降低采购成本。

7）组织物料的订购，进行交货期控制。

8）与供应商以及其他部门的沟通协调等。

9）进行部门员工的管理、培训与指导工作。

10）进行采购信息管理。

（2）采购管理层的职责分工（以零售业为例）

大的零售业企业在采购管理中设有采购总监、采购经理、采购主管（作业层面）等多层管理岗位，其职责划分如下：

1）采购总监的职责

①在总经理的领导授权下，直接负责采购部门的各项工作，并行使采购总监的职权。

②在公司总体经营策略指导下，制定符合当地市场需求的运营政策、客户政策、供应商政策、商品政策、价格政策、包装政策、促销政策、自有品牌政策等各项经营政策。

③在遵循公司总体经营策略下，领导采购部门达成公司的业绩及利润要求。

④给予采购人员相应的培训。

⑤保持采购本部与其他分店的密切沟通与配合。

在上述职责范围内，采购总监的主要工作项目包括：

①制定及督导各项经营政策和措施的实施。

②制定并督导各部各月、季、年度各项销售指标利润及各项业务指标的落实。

③协调各采购部门经理的工作并予以指导。

④负责各项费用支出核准，各项费用预算审定和报批落实。

⑤负责监督及检查各采购部门执行岗位工作职责和行为动作规范的情况。

⑥负责采购员工的考核工作，在授权范围内核定员工的升职、调动、任免等。

⑦定期给予采购人员相应的培训。

2）采购经理的职责

①对公司分配给本部门的业绩及利润指标进行细化，并进行考核。

②负责本部门商品的品类合理化、数量合理化及品项选择。

③负责本部门商品价格决定及商品价格形象的维护。

④制订部门商品促销的政策和每月、每季、每年的促销计划。

⑤督导新商品的引入，开发特色商品及供应商。

⑥督导滞销商品的淘汰。

⑦决定与供应商的合作方式，审核与供应商的交易条件是否有利于

公司运营。

⑧负责本部门工作计划的制订及组织实施和督导管理。

⑨负责执行采购总监的工作计划。

⑩负责采购人员的业务培训和管理。

3）采购主管的职责

①采购部门商品政策的执行监督。

②卖场商品结构的设计与搭配。

③商品基本售价的决定（价格底线的决定），维持重点商品的价格形象，控制商品利润。

④设定与监督商品品质与新鲜度基准。

⑤指导卖场销售促进方向。

⑥督导新商品的导入，开发特色商品。

⑦监督滞销品的淘汰。

⑧决定厂商业务合作的方式。

⑨采购人员的培养与管理。

4）采购管理人员的职责

①把握预算实绩。采购人员对于每月各店的营业额，有责任促其达成预算实绩，并对于毛利额预算的达成有绝对的责任。

②制订销售计划及采购计划。每月的重点销售商品须有一套完整的销售计划。为了执行销售计划，采购人员同时要拟订一份采购计划以利于执行。如确定重点商品的预定销售价格、采购价格、采购数量、采购来源等。

③进行采购作业。包括商品的议价，交易条件协商，新商品的引进及议价，商品的配送方式，数量决定。

④实施商品管理。包括畅销品及滞销品的分析，滞销品的处理，库存状况的掌握及控制，商品的店间移动调度，商品配置表的制定与管理，坏品退货监督，订货业务的检查，商品鲜度的监督，商品台账的管理，卖场陈列展出指导。

⑤商品信息收集。包括本店商品销售信息，顾客商品需求信息，竞争店商品销售信息，供应商商品变动信息等的收集。

5）采购助理人员的职责

①协助采购经理/主管开展日常工作。

②采购经理/主管外出时暂代其职务。

③分派采购人员及采购文员的日常工作。

④负责次要商品的采购。

⑤协助采购人员与供应商谈判价格、付款方式、交货日期等。

⑥采购进度的追踪。

⑦保险、公证、索赔的督导。

⑧审核一般商品采购申请。

⑨市场调查。

⑩供应商的考核。

6）采购文员的职责

①请购单、验收单的登记。

②订购单与合约的登记。

③交货记录及跟踪。

④供应商来访的安排与接待。

⑤采购费用的统一申请与报支。

⑥进出口商品文件及手续的申请。

⑦计算机作业与档案管理。

⑧承办保险、公证事宜。

第四章 供应商管理

第一节　供应商关系管理

◎鉴定要点

通过学习，了解改善供应商关系的战略意义，掌握采购合作与联盟关系的开发与管理的重点，熟悉采购战略联盟方案设计的程序与方法，能够制定供应商经济补偿原则。

◎工作内容

一、与供应商建立战略联盟关系

1. 开发与供应商的合作与联盟关系

不同的企业由于自身条件和所处的外部环境不同，开发与供应商的合作与联盟关系的目的也不尽相同。但是总体目标是一致的，都是为了提高质量、保证供应、降低库存以及取得技术支持等。

采购商与供应商之间的合作与联盟关系都是由采购商驱动的。因为，开展与供应商的合作与联盟关系管理的企业在管理能力上通常都优于供应商，从而有足够的影响力去说服供应商参与到合作活动中来。

潜在的合作与联盟关系极有可能从企业现有最好的供应商中产生。

开发与供应商的合作与联盟关系可以分为5个阶段，如图4—1所示。

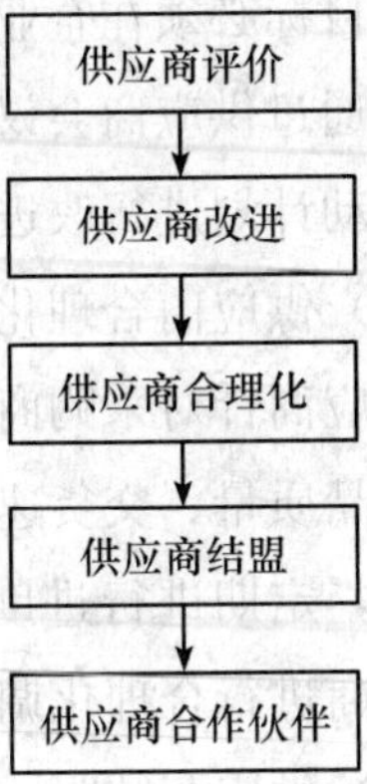

图4—1　与供应商建立合作与联盟关系流程图

（1）供应商评价

采购商对供应商进行评价，主要是看与供应商的现有关系是否令人满意。

根据采购商—供应商满意程度模型，如图4—2所示，测量当前供应商关系的满意程度。

A区表示采购商与供应商都很满意，关系的稳定性最高。长期关系和与供应商的合作与联盟关系都建立在此基础之上。

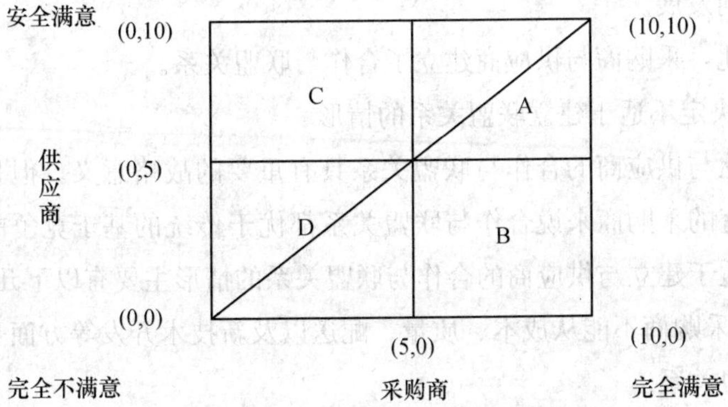

图4—2　采购商—供应商满意程度模型

B区表示采购商满意，供应商不满意。就长期而言，该区域关系不稳定。

C区表示供应商满意，采购商不满意。如果采购商以供应商利益为代价改善自己的处境，有可能双双落入D区。采购商的改善行为也可能使双方都进入A区。

D区表示采购商与供应商都不满意。这种情况不会持续，因为任何一方都会采取行动至少使自己更满意一点。

根据上述评价，确定建立合作与联盟关系的供应商的范围。

（2）供应商改进

采购商根据企业对与供应商的合作与联盟关系的要求，明确供应商改进的具体目标以及考核指标，制订出实现目标的行动计划。这些行动计划与目标必须在企业内部达成一致，并要取得供应商的支持与认可。同时，通过供应商会议、供应商访问等形式，促使供应商针对企业所制订的行动计划进行改进。

（3）供应商合理化

供应商针对采购商制订的行动计划进行改进后，采购商需要对供应商的产品质量、交货速度、新技术开发以及降低成本等各个方面进行跟踪考核，定期进行进度跟进，及时反馈改进要求，并根据长期的观察，对供应商进行合理化调整。

（4）供应商结盟

采购商在对供应商进行合理化调整后，与符合要求的供应商建立合作与联盟关系，将其发展战略纳入到企业的中长期战略计划中，实现双方的共同发展。

至此，采购商与供应商建立了合作与联盟关系。

2. 决定不适于建立联盟关系的情形

建立与供应商的合作与联盟关系具有重要的战略意义。但是，并不是对所有的采购商来说合作与联盟关系都优于传统的基于竞争的买卖关系。不适于建立与供应商的合作与联盟关系的情形主要有以下几种：

1）采购商不能从成本、质量、配送以及新技术开发等方面受益于合作与联盟关系。

2）合作与联盟关系有时会限制企业开发具有更大吸引力的市场机会。

3）供应商把合作与联盟关系作为消除竞争的市场手段。

4）采购商试图利用合作与联盟关系进行压价。

5）联合开发产品可能引发关于所有权与知识产权的冲突。

6）采购商的采购数量不大或需求波动较大，共同受益的潜力很小。

7）从市场安全角度出发，采购商与单一供应商建立大份额的业务关系的风险很大。

无法接受的供应商不能满足采购商的战略要求。正常情况下，企业都会选择终止与无法接受供应商的合作。另外，建立与供应商的合作与联盟关系还必须注意有关信息的保密、提前披露产品和技术开发计划的风险、风险的分担以及双方组织文化的融合性等一系列问题。

3. 采购战略联盟方案设计

(1) 确定采购战略联盟的合作内容、层次和水平

按照采购商与供应商战略联盟关系的紧密程度和水平划分，采购战略联盟的建立可以有不同的选择，即初级战略联盟、中级战略联盟和高级战略联盟。

1) 初级采购战略联盟关系。这种采购战略联盟关系具有以下特点：

①很少组成跨职能或跨地区的工作小组。

②很难对生产流程进行再造。

③重点是降低风险和成本。

④参与的职能经理有限。

⑤通过采购价格的降低衡量采购战略联盟的成功。

⑥与业务或职能目标联系最少。

⑦较低的组织直观性。

显然，初级采购战略联盟关系的重点，往往是降低风险和成本。

2) 中级采购战略联盟关系。这种采购战略联盟关系具有以下特点：

①建立联盟关系的原因较一般。

②与职能目标直接相关。

③对生产流程进行了再造。

④由综合职能或跨地点小组管理整个流程。

⑤绩效目标包括成本、质量、配送和周转时间。

层次适中的采购战略联盟关系除了以降低风险和成本为目标之外，还可能以改进质量、配送和周转时间为目标。

3) 高级采购合作与联盟关系。这种采购战略联盟关系具有以下特点：

①联盟关系支持企业战略需求。

②以关键人物的交流为特征。

③联盟关系得到高层管理者的关注和首肯。

④通常以技术开发作为重点，涉及自主品牌开发等。

⑤以新市场的进入和新技术的开发作为评价采购战略联盟成功的战略绩效指标。

⑥广泛采用跨职能或跨地区工作组形式的合作，以解决复杂的采购与供应战略问题。

高层次的采购战略联盟关系往往对新市场和新技术的开发更为重视。

把与供应商的联盟关系分为初级、中级、高级三种，并不意味着这一种要比另一种更好。对于某些实际应用来说，如果一个基本的层次就可以满足双方的绩效期望，却将一个基本的层次转换为高层次的采购战略联盟关系，就可能会浪费资源。然而，如果需要一个高层次的采购战略联盟关系，却建立了基本的或适中的层次，就可能会损失价值。当企业缺乏技能、经验或自信来建立采购战略联盟关系时，往往会发生以上情况。因此，企业不仅需要能够识别建立采购战略联盟关系的机会，还要考虑建立一种适当层次的采购战略联盟关系。

（2）确定采购联盟的基本组织原则

1）按采购额确定职责权利的原则。这是由采购联盟的组建目的决定的。采购联盟多见于零售业企业，需要按采购额承担联盟必要的费用和交纳必要的保证金等。同时，要按采购额确定权力，联盟权力机构的组建、重大问题的决策表决等都要以各盟员企业通过联盟的采购额为依据确定票数。还要按采购额确定利益分配，采购联盟为了直接体现为零售企业最大限度地降低采购成本，可以实行零利润制，即按供货商（厂家）的供货价向参加联盟的零售企业供货，联盟不加价，这样参加联盟的企业就可以直接按采购额受益；也可以按批发行情作价，这样实现的利润要按采购额进行分配。

2）实行法人盟员制。采购联盟是零售企业的联盟，责、权、利都要落实在企业，是企业行为，不是个人行为。为此，参加联盟的企业必须产权明晰，同时应是诚信企业，还应是在企业内部实行了统一采购的企业。如果企业内部未实行统一采购，参加联盟就无意义或者会引起许多矛盾，吸收了这样的企业，会影响整个联盟的工作。

3）自愿加入的原则。采购联盟要以扩大采购规模、保证采购质量、降低采购成本的实际效果来吸引零售企业参加。

4）实行信息公开的原则。联盟对参加联盟的企业联网，实行信息公开透明，维护盟员企业的知情权。这样既能使联盟获得信息优势，又能加强联盟与盟员企业间的互信，增强凝聚力，也便于盟员企业的监督管理。

5）区别对待与开放相结合的原则。联盟要对盟员企业与非盟员企业区别对待。因为盟员企业对联盟承担责任和义务，因此，应享有联盟的权利。而非盟员企业没有承担责任和义务，因而也不享有盟员企业的权利。但是，联盟在满足盟员企业采购要求的前提下，可以为非盟员企业采购，但是价格上要与对盟员企业的价格有明显的区别。另外，联盟要突破系统、行业、地区和所有制的界限，开放式地发展盟员，而且盟员的条件、权利、义务完全相同，不搞歧视和排他。

（3）起草采购战略联盟（或联合采购中心）协议

采购战略联盟（或联合采购中心）协议的起草工作，一般由专门工作组或联盟牵头公司（一般为联盟总部公司和首任执行董事单位）主持。联盟协议主要包括合作宗旨、合作领域和内容、联盟各方的权利与义务、违约或损害他方利益和声誉的规定、具体合作事宜和执行的附件、未尽事宜协商解决的规定。

采购联盟强化了买方的市场势力，会在一定程度上影响竞争环境，因而要接受竞争法规的约束和监管。因此，采购联盟协议中不应包括涉嫌垄断和反公平竞争的内容。协议起草需要咨询法律顾问。

（4）决定采购联盟的组织形式

根据实际情况采取初、中、高级，分步进行。初期，可以进行谈判式的采购联盟，它只负责代表盟员企业统一对供应商（工厂）谈判交易条件，在经过谈判与供应商签订一个交易条件协议后，由各盟员企业自己办理具体采购工作，联盟既不负责结算，也不负责物流配送。这种采购联盟组织起来较为简易，只需各联盟企业代表成员在一起开几次会，共同协商制定出联盟章程，选举出召集人和理事会，成立一个谈判处（或办事处）作为工作机构，负责组织谈判、签约和督促协议的执行。谈判处也可以组织召开联合采购的会议。

经过初级形式实践一阶段后，采购联盟可以注册一个标识，并在银行开一个账户，办理信用卡，实行转账式结算，同时可由联盟委托第三方物流组织配送。这种形式要比前一种形式前进了一步，升了一级，但联盟与盟员企业之间仍无产权联系。联盟与盟员企业之间有一个共同标识的银行信用卡，但每个盟员企业注入账户上的资金分别入自己的卡，别的盟员不能挪用。

在经过前两种形式一定时期的运作之后，有条件的采购联盟就可以吸收盟员企业入股，筹集资金建立物流配送设施，设信息中心和配送中心，注册连锁配送有限责任公司，实行统一采购、统一配送、统一结算。但是，在组建这种公司时，章程中应该明确股金分红限制，主要按采购额分红的原则，以区别于一般的公司，否则不利于联合采购的开展。

（5）选择联盟管理者，开展必要的培训

采购联盟是一个采购业务合作的平台，它使许多中小企业加入到这个平台之中，要使其有效运营，必须在特定的组织形式下，遴选好联盟管理班子和核心管理者。在此基础上还需要进行必要的培训。

（6）建立与供应商进行定期审阅性会晤的机制

高层经理人员与供应商高层保持密切关系，是采购联盟收到实效、获得成功的关键。因此，需要建立与供应商进行定期审阅性会晤的机制。通过对供应商，特别是供应商高层的接触，可以获得大量的供应商方面的情报。这对于了解供应商的供应能力、调整供应结构、保证企业商品供应具有重要的意义。需要注意的是：面晤对方高层的目的是直接了解对方的人品和见识，尤其针对业界的情报，进行充分沟通；此外，通过定期会晤，能够了解这个供应商半年后、一年后乃至三年后市场发展构想，这也是绝对重要的商业情报。要灵活选择同供应商上层会晤的方式，比如，是采取“招待”的形式，还是采取其他形式。一般说来，不提倡“招待”的形式，会晤双方应该在双方的办公室进行最为适宜。

二、制定供应商经济补偿原则

1. 分析供应商经济补偿原因

（1）确定商品质量问题

商品质量问题是采购纠纷和供应商经济补偿的主要原因，一方面是由于生产厂商产品自身存在质量问题；另一方面是由于运输、交货（配送）环节出现问题所致。生产厂商产品自身存在质量问题有多种情况：

1）虚假商品

①三无产品，无中文说明、无中文企业名、无中文企业地址和联系方式，商家需提供产品的产品经营许可证、产品质量合格证等证明材料，并补发给顾客相关说明。

②假冒商品，商家需提供产品的产品经营许可证、产品质量合格证等材料，证明商品的真实性及合格性。

③水货商品，即由国外、港澳台地区没有经过正常海关渠道进入内地市场的商品，商家需提供产品的产品经营许可证、产品质量合格证等材料，帮助顾客分辨商品以证明商品的真实性。

2）外包装破损，如商品外包装出现挤压、破损、脏污等情况。

3）商品生产过程中的质量问题

①收到后的质量问题：商品质量不合格，无相关使用说明，用户可以提交退、换货申请，写明出现内容。

②使用期间的质量问题：属于商品保修期内的问题，商户需提供售后服务，全国联保的商品，顾客可以到附近的联保地点维修；当地无保修点的，顾客可以把商品邮寄回商家，由商家负责维修或更换，邮寄费用由商家承担，且产品修理后自交付给消费者之日始，保证修理后的产品符合使用性能要求 30 日以上。

③超过保修期的商品：商家应提供相关的维修地点和维修咨询服务，以方便顾客就近维修。

4）物品描述与实物明显不符：

①商品及其功能与广告和说明不符。

②商品价格标注错误。

5）交货、配送环节出现的质量问题。商品丢失，应由相关配送公司赔付，重新发送或退款；商品破损。

（2）交货期和短缺问题

供应商未按合同规定按期、按量交货会带来采购一方经济损失，其原因有三点：一是厂商生产能力有限导致不能按期、按量供货；二是市场情况（供求关系）出现变化厂商故意为之；三是出现合同规定的不可抗力，厂商无法履约。

2. 制定供应商经济补偿原则

（1）依法办事原则

处理供应商经济补偿问题，必须坚持依法办事原则，否则不仅不能合理、有效地处理纠纷，还可能进一步引起与供应商更大的纠纷。所谓依法，主要是指《中华人民共和国合同法》。《中华人民共和国合同法》第七章（违约责任）第 107 条规定，当事人一方不履行合同义务或者履行合同义务不符合约定的，应当承担继续履行、采取补救措施或者赔偿损失等违约责任。在第 111 条中进一步规定，质量不符合约定的，应当按照当事人的约定承担违约责任；对违约责任没有约定或者约定不明确，依照本法第 61 条的规定仍不能确定的，受损害方根据标的的性质以及损失的大小，可以合理选择要求对方承担修理、更换、重作、退货、减少价款或者报酬等违约责任。同时，第 114 条还规定，当事人可以约定一方违约时应当根据违约情况向对方支付一定数额的违约金，也可以约定因违约产生的损失赔偿额的计算方法。

（2）依损失范围和程度合理求偿的原则

依法求偿还必须客观、科学地确定损失的范围和程度，超过损失范围和程度的过度求偿，往往难以达到目的，还会引起进一步的纠纷，并进而损害商业关系。确定损失的范围和程度需要采取双方都认可的科学的方法，第三方公正鉴定机构和有关专业部门的鉴定（或检验）往往是最可取的。

（3）确保供应商经济补偿可实现的原则

供应商违约的情形多种多样，有些是主观原因，有些是客观原因。确定供应商经济补偿方式和额度，需要区别不同情况，确保供应商经济补偿可实现。在供应商存在财务困难和经营危机的情况下，双方应探讨可行赔偿和补偿方式。

（4）及时处理、迅速了结的原则

供应商经济补偿事宜的处理，要果断、及时，一旦原则确定，补偿方式和额度确定，就要迅速处理，以防拖延带来无尽的麻烦。

（5）充分考虑长期合作关系的原则

在供应商与采购方之间，友好合作是一种常态，纠纷永远是偶然事件，因此，要理性地处理与供应商的纠纷，本着尽量保持长期合作关系的原则，积极和善意地处理供应商经济补偿问题。

3. 确定供应商经济补偿形式

无论是商品质量问题，还是交货期和短缺问题，都构成了供应商违约问题，对此，采购主管可以选择多种方式处理，例如，继续履约、解除合同、赔偿损失和寻求补救措施等。后两者均属于供应商经济补偿性质的方式。

（1）赔偿损失

赔偿损失作为违约的处理办法，需要处理好以下两点：

1）违约赔偿范围的确定。违约赔偿原则上应是补偿性的，赔偿额应当相当于因违约所造成的损失，包括合同履行后可以获得的利益。换言之，违约赔偿就是要使企业因供应商违约而遭受的损失被填平。如果经营者对消费者提供的商品或服务有欺诈行为的，按《消费者权益保护法》

的规定应承担损害赔偿责任，即在消费性合同中，经营者对其欺诈造成的对方的损失，应按购买商品或服务费用增加一倍予以赔偿。

2）确定赔偿额：

①以供需双方约定的违约金为准，或按供需双方约定的违约赔偿额的计算方法确定。供需双方约定的违约金，应视为预定的违约赔偿，原则上应与违约所造成的损失相当。因此，约定的违约金低于造成的损失的，当事人可以请求裁判增加；约定的违约金过分高于违约造成的损失的，供需双方可以请求裁判减少。不过，在实践中，当事人要确凿地证明约定的违约金低于或过分高于违约造成的损失，还应当履行债务。当事人既约定违约金，又约定订金的，一方违约时，对方可以择一适用违约金或订金条款。

②当事人按实际损失要求违约方承担赔偿责任，而不是按预先约定的违约金赔偿额的赔偿额不应超过违约方订立时预见到或应当预见到的因违约可能造成的损失。换言之，违约方有效益的违约，应得到适度承认。

③一方违约后，另一方没有采取适当措施，致使损失扩大的，不得就扩大的损失要求赔偿。因防止损失扩大而支出的合理的费用，由供应商承担。

（2）寻求补救措施

补救措施主要包括修理、更换、重做、退货、减少价款或报酬等。通常是在供应商履行义务不符合约定的质量时适用。

1）修理。如果供应商履行合同义务不符合约定的质量要求，而已经提交的货物、定做物、工作成果是可以修理的，并且由企业修理并非不公平，则采购主管可以要求企业采取修理措施，而为修理所花费的材料、人工、交通、通信等费用应由企业负担，因修理而使企业继续蒙受的损失或不便，企业应给予补偿。在采购合同的违约问题上，修理仅限于交付的货物不符合约定的质量要求，且货物属于加工制造有可修性的场合。

2）更换、重做、退货。如果供应商履行义务，严重不符合约定的质量要求，导致合同目的不能实现，则采购主管可以要求供应商更换、重做或退货。在采购合同的违约问题上，更换、退货主要是供应商承担违约责任的形式，也可分别称为交付合格的替代物。拒收货物或解除合同。在采购合同的违约问题上，不存在重做的问题。

应当注意的是，仅当供应商交付的货物质量有严重瑕疵，构成重大违约时才能要求供应商更换货物或接受退货。如果未构成重大违约，则可要求修理、降价或索赔。

3）减少价款或报酬。如果供应商履行合同义务不符合约定的质量要求，不论是否构成重大违约，采购主管均可要求减少价款或报酬，并索赔。在采购合同的违约问题下，减少价款适用于供货商交货不符合约定的质量、包装的场合。

4）供应商自负费用、主动补救。如果供应商违约后，及时地自负费用，对不符合合同之处主动进行补救，则应允许。除非这种主动补救于事无补，或与企业先前提出的要求相抵触，或将给企业造成不合理的损失。

◎相关知识

一、改善供应商关系的战略意义

哈佛商学院的迈克尔·波特教授提出的行业竞争力量模型，将行业竞争力量划分为五种，即竞争对手之间的竞争、潜在进入者的竞争、来自替代商品的竞争、供应商的权利以及购买者的权利，如图 4—3 所示。

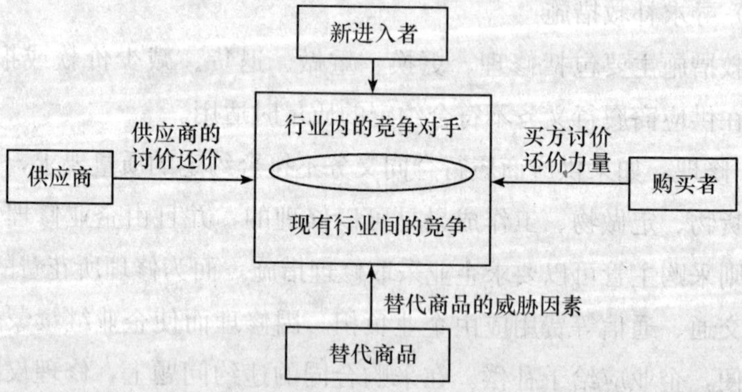

图 4—3　行业竞争力量模型

迈克尔·波特认为，供应商是行业竞争力量之一。供应商可以通过提高产品价格、降低产品或服务的质量等手段向企业运用讨价还价的能力，强有力的供应商还能够压缩行业的获利空间和能力。

因此，在企业发展中，不能仅仅将供应商视为竞争对手，还应当使供应商成为战略上的合作伙伴。

改善采购商与供应商的关系，发展与供应商的长期合作，对于采购中的供需双方来说都具有十分重要的意义。主要表现在以下几方面：

1）采购商与供应商通过职能分工与合作，可以增加对整个供应链业务活动的共同责任感，共担风险，共享利益。

2）发展与供应商的长期合作关系，可以在订单、生产以及运输等方面实现规模效益，降低采购成本，实现供应链的价值增值。

3）改善与供应商的关系，可以缩短供应商的供应周期，提高供应的灵活性，同时，也可以降低采购商的库存水平，加速企业资金周转。

4）改善与供应商的关系，可以提高原材料、零部件的质量，这是改善产品质量的有效手段。

5）改善与供应商的关系，发展与供应商的长期合作，可以共享供应商的技术与革新成果，加快产品开发速度，缩短产品开发周期。

6）改善与供应商的关系，增加相互之间的交流，共享管理经验，推动双方整体管理水平的提高。

二、供应商关系演变

采购商与供应商之间的关系，随着供应市场的变化而不断演变。

1. 传统的采购商与供应商关系

传统的采购商与供应商之间的关系就是简单的买卖关系。采购商的理念就是以最低的价格买到最好的商品。而供应商则总是以质量、服务和数量等作为提高价格的理由。在交易中，一方所赢则是另一方所失。传统的采购商与供应商之间的交易关系具有以下特点：

1）采购商常常同时向若干供应商购货，通过供应商之间的竞争获得价格上的好处。

2）供应商名义上的最低报价并不能带来真正的低采购成本。供应商一旦被选中，就会以各种借口要求采购商调整价格。

3）由于采购商和供应商之间是受市场支配的竞争关系，因而双方对各自的技术和成本等信息都相互保护。

4）由于采购商与供应商关系松散，双方都会用较高的库存来缓解需求波动或其他意外情况造成成本的增加。

5）质量保证体系不完善，采取事后检查的方式，常常是产品投入市场后才查出问题。

6）采购商通过在供应商之间分配采购数量来对供应商加以控制。

2. 采购商与供应商长期合作关系的建立

（1）供应市场的变化促进采购商与供应商新型关系的建立

随着社会发展和科学技术进步，在过去的几十年中供应市场也发生了深刻的变化，主要表现为：产品开发周期越来越短；经济全球化趋势日益加深；企业的组织结构不断变化；各种新型资源不断涌现，资源利用效率不断提高；知识和信息的应用日趋强化；顾客消费不断趋于理性化；政治与经济的相互影响不断扩大等。

面对供应市场的深刻变化与市场竞争的越加激烈，采购活动受市场导向的趋势越加明显。为了控制企业的上游资源，采购商不断地认真审视自己与供应商之间的关系，大多数企业顺应潮流的发展要求，将采购活动由简单的买卖关系转向了与供应商建立长期合作关系。采购商与供应商建立长期合作关系的观念萌芽于 20 世纪 70 年代后期，发展于 20 世纪 80 年代中期，尤其在日本的企业中取得了很大成功。

采购商与供应商的合作关系具有以下特点：

1）采购商将供应商分层，优先考虑第一层供应商，从而有利于缩短新产品的开发周期，降低采购管理费用。

2）采购商充分利用自己在技术、管理、专业人员等方面的优势，帮助供应商降低成本，从而可能使供应商的价格不断下降，在市场上的竞争力不断提高。

3）采购商和供应商共同致力于提高质量。由于双方建立起了一种信任关系，互相沟通产品质量情况，一旦出现质量问题，双方共同分析原因，解决问题。

4）采购商积极主动地向供应商提供自己的技术、管理等方面的信息，供应商的成本控制信息也不再对采购商进行保密，从而双方实现信息共享。

5）由于采购商与供应商建立长期信任的关系，这样就有可能实现即时式的交货，从而使双方的库存都大为降低。

6）采购商只持有较少数目的供应商，这样可以使供应商获得规模优势。当来自采购商的订货量很大，又是长期合同时，供应商甚至可以考虑扩大生产能力。

(2) 采购商与供应商之间的战略合作伙伴关系

建立采购商与供应商之间的战略合作伙伴关系，可以实现共同的期望和目标，实现双赢。

对于买方或制造商来说，可以获得的好处是：降低成本；实现数量折扣、稳定而有竞争力的价格；提高产品质量和降低库存水平；交货提前期的缩短和可靠性的提高；更好的产品设计和对产品变化的反应速度。

对于供应商即卖方来说，可以达到的效果是：保证有稳定的市场需求；对用户需求更好地理解；提高零部件生产质量；降低生产成本；提高对买方交货期改变的反应速度和柔性；获得更高的利润。

表 4—1 将新型合作伙伴关系与传统供应商关系进行了总体的比较。

表 4—1　　采购合作伙伴关系与传统供应商关系比较

指标	传统供应商关系	合作伙伴关系
相互交换的主体	物料	物料、服务
供应商选择的标准	强调价格	采购总成本（质量和可靠性）
稳定性	变化频繁	长期、稳定、紧密合作
合同性质	单一	长期开放合同
供应批量	小	大
供应商数量	大量	少而精，可长期紧密合作
供应商规模	小	大
供应商的定位	当地	全世界
信息交流	信息专有	信息共享
质量控制	输入检查控制	质量保证（供应商对质量负全部责任）
选择范围	投标评估	广泛评估可增值的供应商

3. 建立利益优化的供应网络的要素

随着供应商关系的演变，建立利益优化的供应网络成为了现代企业采购战略的共同选择。经验表明，建立利益优化的供应网络取决于以下要素：

(1) 确保每个成员对合作群体供应理念和合作意愿的基本一致性

如果网络中的企业和经理人不能达成一致意见，供应网络中的合作关系就难以持久。而且，不只是采购、技术、制造等部门，销售、市场等其他环节也都必须统一协作，在执行新的管理策略上，步调一致。

(2) 建立具有创新能力的供应基地

在新型的供应网络中，采购方更鼓励供应商的技术创新，改变以往一味追求“压价”的倾向。买家在了解产品的行业标准和技术的基础上，又能及时获取市场实践信息，这些都将使买家有足够的能力来判定，某一部件以哪种方式生产最好，并将此反馈给供应商。

(3) 采购方细心选择供应商并加以引导

并非每个供应商都有正确的态度和足够宽广的眼界，诚心加入供应网络。所以，买家应该让供应商看到，加入供应网络将会为其带来巨大的利益，并使供应商明白，从长远来说，加入供应网络，更符合市场发展的要求。

(4) 建立正确的供应结构，发展新的采购模式

供应商太多，规模过大，会使供应商不能得到稳定的改进和发展，影响供应商的效益和管理；当然，供应商过少，又会缺乏竞争力。所以，在每个项目上，至少选择两个职能上有交叠的供应商，这样既能促进网络内部的良性竞争，又可以增加网络的稳定性，降低买家和供应商的风险。同时，要与供应商的高级管理者合作，朝着使供应链最优化的方向，制定共同的发展策略。

(5) 控制革新的步伐

当买家替换一个或更多供应商，或引入新的供应商时，革新就开始了。如果替换或引入的新供应商具有适合网络发展需要的能力，而措施又切实可行，这种改组的速度将会很快。但必须当心的是，太快地更换供应商，可能对时间与金钱都造成很大的影响。所以，改组必须循序渐进，不能操之过急。还应当注意的是，在革新供应基地的过程中，可以考虑合并一些原有的供应商，因为并不是只有改变供应商，才能对供应基地进行革新。而在新的供应商需要较长的时间进行引进设备、发展技术的时候，则不应该急于更换供应商。

(6) 建立信息分享机制

在利益优化的供应网络中，买家应当与供应商分享必要的技术数据，并建立相应的程序及时处理问题。这将有助于供应商减少资金投入，提高效益；也有利于买家和供应商及时处理那些需要他们协同解决的问题。比如，如果能获知买家对哪方面的技术革新感兴趣、愿意为这样的革新投入多少资金，供应商在进行技术革新时，就能做到有的放矢。这将大大提高供应商进行技术革新的积极性和效率。

(7) 变革管理方式

在利益优化的供应网络中，需要不同层次的管理人员：

第一，必须有高级管理层介入。

第二，那种交际关系广泛，有能力降低成本的经理人，将会是网络中最紧俏的人才。

第三，由于对某一特定环节的管理（比如谈判）不再是核心问题，因此，只需要用较小的采购部门来处理特定产品的采购。

第四，为了建立和保持供应网络的优势，必须掌握新的管理技巧，从整体上关注技术、位置、规模等因素是怎样影响成本变化的。

（8）保持买家对供应网络的控制

供应网络的意义在于为买家提供部件和材料。买家必须在供应网络中做最了解该行业的游戏规则、顾客状况、未来趋势的一方，才能保持对供应网络的控制，在整体上把握网络的发展。

三、世界级供应商开发

1. 世界级供应商开发的内涵

世界级供应商开发是指在开放经济条件下，采购商积极寻求帮助供应商发展的途径，使其实现和维持世界级的绩效和能力水平，以适应企业满足全球需求所进行的一切活动。

世界级供应商开发不应当只是帮助供应商迅速地解决问题，而应当着眼于在开发的过程中帮助供应商掌握学习能力，使供应商能够持续地改善自己的系统。具有学习能力的供应商还可以帮助自己的供应商提高能力。这样，供应商开发就可能会超出第一级供应商而延伸到第二级或者第三级供应商，甚至可能会延伸到源头，从而形成一个更有能力、更具有竞争力的供应链。

世界级供应商开发需要采购商相信其对供应商的投资是值得的。同时，也需要供应商相信接受客户的指导和援助是其最大利益所在。

2. 世界级供应商开发的战略意义

世界级供应管理需要有世界级的供应商，供应商开发在帮助供应商达到和保持世界级水平的过程中发挥着重要的作用。

随着生产企业专心致力于自己的核心竞争力，他们越来越希望其供应商能够将具有创新性、保质保量的产品进行及时、准确而又成本低廉的供应。而当供应商由于在成本控制、质量标准以及配送等方面不能满足这种要求时，帮助供应商提高现有的能力通常会成为企业的一种选择。

如果一个供应商提供的具有创新性的产品或技术可能会使企业获得长期、持续的竞争优势，那么加强对供应商的开发就显得越发重要。

世界级供应商开发的战略目的在于，在全球范围内，为供求双方创造一个双赢的机会。

3. 世界级供应商开发的条件

世界级供应商开发要求采购商和供应商双方必须承诺相互合作。要实现这种承诺，合作双方必须时刻考虑共同的利益。有效的供应商开发不仅仅要降低某一特定环节或部分的成本，而且要帮助供应商消除其生产过程中所有的浪费性成本。为了实现供应商开发过程中的成功合作，这种合作应当建立在承诺、交流、平等和信任的基础之上。

(1) 承诺

进行供应商开发可能需要采购商为供应商提供财务上的援助，以购置必需的设备或进行必要的培训，也需要供求双方共享开发项目所产生的效益。

(2) 交流

进行供应商开发要有设计合理的供应商开发方案，同时，还要和供应商进行沟通，使其能够很好地理解开发方案。

(3) 平等

在进行供应商开发过程中，需要采购商和供应商双方相互公开财务报告以及成本数据。

(4) 信任

在供应商开发过程中，采购商与供应商双方需要互通大量的信息，以确保必要的改善措施的实施。在许多情况下，这些信息可能从来没有向外部透露过。供求双方一定要建立信任，这是实现信息共享的基础。

4. 世界级供应商开发过程

世界级供应商开发的过程如图 4—4 所示。

(1) 项目启动

在项目启动前，应当组建一个供应商开发团队，其成员来自采购商和供应商双方。供求双方的高层管理者必须为开发项目负责。

在项目启动阶段的主要活动就是规划和确定一个初步的供应商开发方案，详细说明供应商的生产过程，评估顾客的需求、期望和要求，使其成为项目的度量标准。同时，还应当分析外部环境对供应商生产过程的影响。

（2）分析生产过程

这一阶段的主要活动就是在开发项目范围内，分析目前的生产过程和理想的生产过程之间的差距，特别要重点分析改善生产周期、质量和配送以及降低成本等方面的可能性，从而确定生产过程中的约束环节。

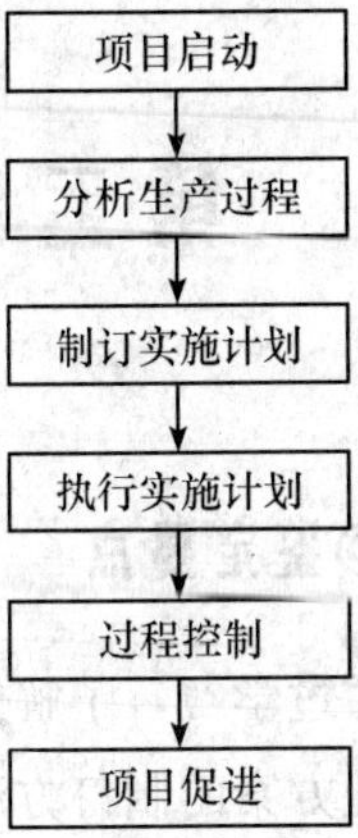

图4—4　世界级供应商开发过程

（3）制订实施计划

通过对目前生产过程中存在问题的分析，提出相应的解决方案，进而产生一个新的生产过程，并在此基础上规划出一项详细的实施计划。这项实施计划应当包括完成项目所需要的作业、项目管理的重点、完成作业需要的资源以及项目的预计完成时间。

（4）执行实施计划

这一阶段的主要活动就是执行实施计划，其结果应当形成一个新的、精简的、已被实行的以及具有书面文件的生产过程。这个书面文件应当包括工序图、流程图、操作方法图、培训计划以及有关时间安排。

（5）过程控制

这一阶段的主要活动就是利用制订的实施计划和相关书面文件来确保生产过程中的每一项活动在任何时候都被正确地执行，确保整个生产过程以最小的变动实现连续运行。

（6）项目促进

在这个阶段，要将项目开发的成果和经验与供应商一起分享，促使项目最终成功。

第二节　供应商绩效评估

◎鉴定要点

通过学习，了解供应商绩效评估系统的构成，掌握供应商绩效指标和管理方案的制订方法与实施、监控程序。

◎工作内容

一、建立供应商绩效指标体系

在制定评价指标体系时，需要突出重点，要对关键指标进行重点分析，并尽可能地采用实时分析与考核的方法；同时，要注意绩效度量范围能够涵盖不同企业的不同生产范围，由于供应商供应的产品不同，绩效考核要求也就不同，因此，需要设置有针对性的考核指标。评估供应商绩效的因素主要有质量、交货期、价格、服务等，相应地，考核指标也就可以分为四大类，即质量指标、供应指标、经济指标及支持、配合与服务指标。

1. 质量指标

供应商质量指标是供应商考评的最基本指标，包括来料批次合格率、来料抽检缺陷率、来料在线报废率、来料免检率等。

来料批次合格率＝（合格来料批次/来料总批次）×100％。

来料抽检缺陷率＝（抽检缺陷总数/抽检样品总数）×100％。

来料在线报废率＝［来料报废总数（含在线抽检发现的）/来料总数］×100％。

来料免检率＝（来料免检各类数/该供应商供应的总种类数）×100％。

其中尤以来料批次合格率最为常用。此外，也有一些公司将供应商质量体系、供应商是否使用以及如何运用 SPC 于质量控制也纳入考核。例如，如果供应商通过了 ISO9000 质量体系认证或供应商的质量体系审核达到某一水平则为其加分，否则不加分。还有一些公司要求供应商在提供产品的同时也要提供相应的质量文件，如过程质量检验报告、出货质量检验报告、产品成分性能测试报告等，并对供应商提供信息是否完整、及时给与考评。

2. 供应指标

供应指标是同供应商的交货表现以及供应商企业管理水平相关的考核因素，其中最主要的是准时交货率、交货周期、订单变化接受率等。

（1）准时交货率

准时交货率＝（按时按量交货的实际批次/订单确认的交货总批次）×100％。

（2）交货周期

交货周期是指自订单开出之日到收货之时的时间长度，一般以天为单位来计算。

（3）订单变化接受率

订单变化接受率是衡量供应商对订单变化反应敏感度的一个指标，是指在双方确认交货周期中可接受的订单增加或减少的比率。

订单变化率＝订单增加或减少的交货数量/订单原定的交货数量×100％

值得注意的是，供应商能够接受的订单增加率与订单减少接受率往往并不相同。其原因在于供应商生产能力的弹性、生产计划安排与反应快慢、库存大小与状态（原材料、半成品或成品）等，而后者则主要取决于供应商的反应、库存（包括原材料与在制品）大小以及因减少订单可能带来损失的承受力。

此外，有些公司还将本公司必须保持的供应商的原材料或零部件的最低库存量、供应商企划体系水平、供应商所采取的信息系统如 MRP，MRP Ⅱ或 ERP 以及供应商是否同意实施“JIT 供应”（准时供应）等也纳入考核。

3. 经济指标

供应商考核的经济指标总是与采购价格和成本相联系。与质量及供应指标不同的是，质量与供应客户通常每月考核一次，而经济指标则相对稳定，多数企业是每季度考核一次，此外，经济指标往往都是定性的，难以量化。具体考核点有价格水平、报价过程、成本的降低情况、付款等。

(1) 价格水平

企业可以将自己的采购价格同本公司所掌握的市场行情比较，也可根据供应商的实际成本结构及利润等进行主观判断。

(2) 报价行为

主要包括报价是否及时，报价单是否客观、具体、透明（分解成原材费用、加工费用、包装费用、运输费用、税金、利润以及相对应的交货与付款条件)。

(3) 减低成本的态度与行动

供应商是否自觉自愿地配合本公司或主动地开展降低成本活动、制订成本改进计划、实施改进行动，是否定期与本公司审查价格等。

(4) 分享降价成果

供应商是否将降低成本的利润与众分享（如本企业)。

(5) 付款

供应商是否积极配合本公司提出的付款条件、付款要求以及付款办法，供应商开出付款发票是否准确、及时，是否符合有关财务要求。有些单位还将供应商的财务管理水平与手段、财务状况以及对整体成本的认识也纳入考核范围。

4. 支持、配合与服务指标

同经济指标一样，考核供应商在支持、配合与服务方面的表现通常也是定性的考核，每季度一次，相关的指标有反应与沟通、表现合作态度、参与本公司的改进与开发项目、售后服务等。

(1) 投诉灵敏度

供应商对订货、交货、质量投诉等反应是否及时，迅速，答复是否完整，对退货、挑选等要求是否及时处理。

(2) 沟通

供应商是否派出合适的人员与本公司定期进行沟通，沟通手段是否符合本公司的要求（电话、传真、电子邮件以及文件书写所用软件与本公司的匹配程度等)。

(3) 合作态度

供应商是否将本公司看成是重要客户，供应商高层领导或关键人物是否重视本公司的要求，是否经常走访本公司，供应商内部沟通协作

(如市场、生产、计划、工程、质量等部门）是否能整体理解并满足本公司要求。

(4) 共同改进

供应商是否积极参与或主动提出与本公司相关的质量、供应、成本等改进项目或活动，是否经常采取新的管理方法，是否积极参与本公司共同召开的对供应商改进会议、配合本公司开展质量体系审核等。

(5) 售后服务

供应商是否主动征询客户意见，是否主动走访本公司，是否主动解决或预防问题发生，是否及时安排技术人员对发生的问题进行处理。

(6) 参与开发。供应商是否主动参与本公司的各项相关开发项目，如何参与本公司的产品或业务开发过程，表现如何。

(7) 其他支持

供应商是否积极接纳本公司提出的有关参观、访问、实地调查等事宜，是否积极提供本公司要求的新产品报价及样品，是否妥善保存与本公司相关的机密文件等不予泄露，是否保证不与影响到本公司切身利益的相关公司或单位进行合作等。

二、制订供应商绩效管理方案

无论采购与供应的形式和手段如何变化，供应商管理都是供应链管理流程中的核心环节，它关系到采购管理目标的实现。在供应链管理环境下，为了科学、客观地反映供应商供应活动的运作情况，实施供应商绩效管理，应该建立与之相适应的供应商绩效评价指标体系，制订供应商绩效管理方案，注重方案的实施与监控，设计供应商的激励机制并予以贯彻。

1. 明确供应商绩效管理和绩效考评的目的与原则

(1) 供应商绩效管理和绩效考评的目的

明确供应商绩效管理的目的对于方案的制订和实施是十分重要的。供应商绩效管理的一般目的在于，观察、跟踪和考评以提高和改善员工的绩效，从而提高和改善组织的绩效，促进供应商提升供应水平，并为供应商的奖惩提出依据，确保供应商供应的质量，同时在供应商之间进行比较，继续同优秀的供应商进行合作，淘汰绩效差的供应商。供应商的绩效管理同时也是了解供应存在的不足之处，将不足之处反馈给供应商，借以促进供应商改善业绩，为日后更好地完成供应活动打下良好的基础。

供应商绩效考评是供应商管理的核心内容，其目的是：通过考评给每个供应商的供应状况和服务水平以公正与合理的评价；加强与供应商的联系、沟通和合作，改善供应商关系；为遴选、奖励和淘汰供应商等供应商管理活动提供可靠的决策依据；强化采购管理者的责任意识，不断提高采购管理艺术和管理技巧；通过对考评结果的合理运用，起到激励供应商，调动其积极性，提高运作效率和服务质量的作用。

（2）供应商绩效管理和绩效考评的原则

明确供应商绩效管理的原则，对于统一思想和方案的实施至关重要。供应商绩效管理的基本原则有以下几项：

1）供应商绩效管理必须持续进行，要定期检查目标达成的程度。当供应商知道会定期地被评估时，自然就会致力于改进自身的绩效，从而提高供应质量。

2）要从供应商和企业自身各自的整体运作方面来进行评估，确定整体的目标。

3）供应商的绩效总会受到各种外来因素的影响，因此，对供应商的绩效进行评估时，要考虑到外在因素带来的影响，不能仅仅衡量绩效。

在供应商绩效管理方案的设计中，要强调以肯定供应商的贡献和长处为主的原则，要坚持客观、准确、公平、公正的原则，要坚持以契约为基础，责、权、利相结合的原则。

2. 设立供应商绩效管理和绩效考评委员会或工作组

成立供应商绩效管理和绩效考评委员会或工作组，成员可由总经理、采购部经理、财务部经理、生产部或企管部/销售部负责人组成。委员会下设办公室，负责考评方案的具体实施，并对考评进行监督指导。

考评委员会的主要职责有：汇集和筛选供应商绩效管理和绩效考评资料；审核批准业绩考核方案；审核批准考评结果；解释和修订考评方案。

3. 设计供应商绩效评价指标体系，选择绩效考评方式

首先，要明确制定绩效评估标准。一般情况下，对供应商服务水平的评估是基于合约条款，而合约条款多数只对结果做出描述，因此，对供应过程不能进行有效的评估，也不能建立适宜的持续改进机制。随着

时间的推移，当采购商准备向供应商增加采购项目时，才发现供应商已不符合企业进一步发展的要求。不能进行有效考核的工作正是管理薄弱的环节，当建立合作关系后，依据既定合约，充分沟通协商、详细列举绩效考核标准，并对此达成一致。绩效评估和衡量机制不是一成不变的，应该不断更新以适应企业总体战略的需要，促进战略的逐步实施和创造竞争优势。实施采购过程的变革是一个长期、艰巨而又曲折的过程，合约的签订只是采购的开始，在这个过程中，需要不断的对完成的活动进行考核，甚至包括决策，使每个步骤都能达到预期的目的，从而确保变革的有效性，企业不断对供应商进行考核的目的是促使供应商的核心能力得到长期、持续、稳定的发展。

企业不仅要对供应商不断地进行考核，而且对企业内部与采购活动相关的职能也要进行持续监控。采购虽不是企业的核心能力，但它日益成为企业创造竞争优势的重要贡献力量，过去，采购决策是基于扩大生产规模而采取的一种短期战术行为，现在它是基于实现资本有效利用的长远目标而考虑的，企业管理者应时时关注、考核自身的核心能力，同时找出问题，加以改进。

考核指标可大体归类为质量指标、供应指标、经济指标及支持、配合与服务指标。

可供选择的供应商绩效管理和绩效考评方式有以下几种：

(1) 类别法

将评估项目列举并评分，最后加总各项得分得出绩效总评分。

(2) 加权法

依各管理项目和考评因素（指标）的重要程度给予不同权重，并得出绩效总评分。

(3) 成本法

绩效指标＝（采购成本＋非绩效成本）/采购成本。

(4) 现场考察法

到供应商的制造车间和供应基地考察。

供应商绩效管理和绩效考评的最终结果，通常要形成一份报告。

4. 供应商绩效管理和绩效考评结果的运用

要保持长期的供需双赢的合作伙伴关系，必须建立有效的供应商激励机制，保证供应工作的正常进行，促进供需关系的良性循环。基于绩效考评结果，企业可以采用以下几种激励模式：

（1）价格激励

价格对企业的激励是显然的。高的价格能增强企业的积极性，不合理的低价会挫伤企业的积极性。供应链利润的合理分配有利于供应链企业间的稳定和运行的顺畅。但是，价格激励本身也隐含着一定的风险，这就是逆向选择的问题。

（2）订单激励

供应商获得更多的订单是一种极大的激励，多个供应商的竞争来自于制造商的订单，在供应链内的企业也需要更多的订单激励。

（3）商誉激励

商誉是一个企业的无形资产，对于企业极其重要。商誉来自于供应链内其他企业的评价和在公众中的声誉，反映企业的社会地位（包括经济地位、政治地位和文化地位）。

（4）信息激励

在信息时代里，信息对企业而言意味着生存。企业获得更多的信息意味着企业拥有更多的机会、更多的资源，从而获得激励。信息对供应链的激励实质上属于一种间接的激励模式，但是其激励作用不可低估。

5. 供应商绩效管理方案的实施与监控

供应商绩效管理方案的实施影响着企业的运作效率，很难达到所有供应商的绩效都令人满意，也不是所有的供应商都十分合作。那么，企业就要根据实际情况施以不同力度的监督与控制。

1）安排合适的品管或工程技术人员常驻供应商工厂，以监控供应商的生产与检验，可在一定程度上作为企业的代表及时处理部分业务及品质事务。

2）对供应商的关键工序进行重点关注，要求供应商提供重点工序的工艺参数或关键工序的检验记录。

3）采购人员和其他相关人员定期或不定期到供应商工厂进行监督检查。

4）要求供应商对原材料、设备、重点生产工艺、生产场所等有可能影响零部件的外观、尺寸、性能的方面在变更前征得企业相关人士的许可。

5）与客户相关人员一起对供应商进行审核与检查。

6）由企业资深品管或工程技术人员对供应商相关人员进行辅导，以提高供应商的生产水平及品质管理能力。

有些缺乏诚信的供应商人员，在合作过程中会以种种借口或手段欺骗采购人员，采购人员要根据所掌握的信息对此做出正确的分析和判断，一旦识破其借口或欺骗手段，除了予以严厉警告外，还要与其主管或企业负责人进行沟通，以防止类似情况再次发生。

7）对在合作过程中屡次发生质量、交货等问题且置之不理的供应商，应引起企业的高度重视，要对这种供应商施以“制裁”，并及时采取补救措施。

三、供应商奖惩办法

为了严格执行供应商绩效评估，使考核公平、公正，激励供应商在质量、交货期及成本等诸多方面的改善意愿，提高供应商的经营绩效与竞争力，企业必须制定一套清晰、实用的供应商奖惩办法。

1. 奖励办法

1）能按期交完订货数量，且经评价考核为 A 等的供应商，给予交货价格 0.5%的奖励金，每季度由供应商开立统一发票（或收据）申请。

2）同一产品连续 10 批次交货均合格通过，若第 11 批次起仍连续保持合格记录，则该批次货款以一个月内的期票支付，作为奖励。

3）经评审认定为优良的供应商，可优先取得交易机会。

4）参与评价考核，成绩优良的供应商，每年度向其颁发奖状或奖章以资表扬，并参加由企业举办的各项训练与研习活动。

5）对价格合理化及提案改善制度、品管制度、生产技术改善推行成果显著者，公司另行奖励。

2. 罚则

1）凡属供应商责任未按约定交货的，每超过交货日期 1 天，罚未交货货款的 1‰，并从该批货款中扣除抵消，若合约中另有逾期罚款的规定，则按合约规定执行。

2）供应商提供的产品，若在进料检验或企业产品生产过程中发现品质不良或为变异品（属企业责任除外），应于规定期限内更换新品或重新加工，造成的损失按其价格加罚 1‰的罚款，若不能按规定的日期更换新品或重新加工的，则每超过 1 天加罚 0.5%的罚金，并从下批次货款中扣除。

3）月考核成绩连续 3 个月评定为 C 等以下者，应接受减量交易、各项稽查、改善辅导等措施。

4）月考核成绩连续 3 个月评定为 D 等者，又未在要求期限内改善者，则停止交易。

◎相关知识

一、供应商绩效评估系统的构成

如图 4—5 所示，供应商绩效评估系统包括四大方面。

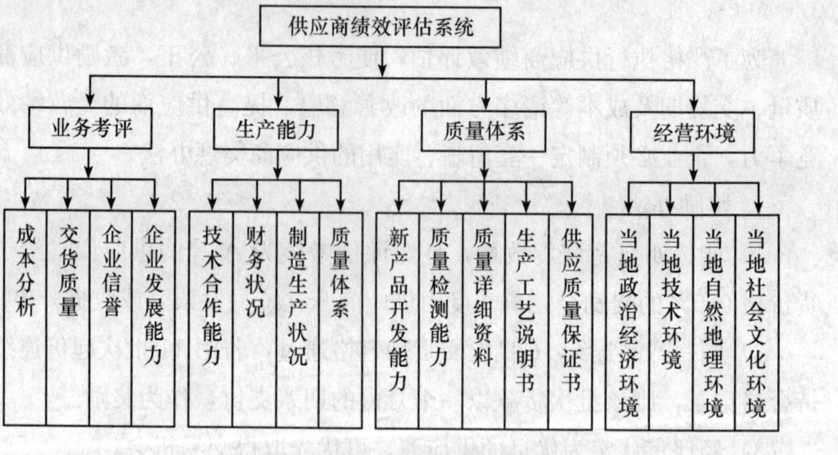

图 4—5　供应商绩效评估系统示意图

1. 业务考评

供应商的业务范围越大，它的成本也就相应地越低，越需要仔细评估。对供应商的业务评估具体包括对供应商的成本进行分析，对它交货的质量、速度、安全性、及时性，对企业的信誉、发展前景，整个业务发展的前景、有多少供应销售网络等各方面内容的综合评估。

2. 生产能力

企业要防止片面地评价供应商的生产能力，有些供应商虽然业务量很多，但是生产设备、生产人员却很缺乏，即缺乏生产能力。

对供应商能力的评估具体是指考评供应商的技术合作能力、财务状况（包括销售增长率、市场占有率、库存周转率、投资回报率、资产负债率、现金流动等情况）、设备、人员、制造生产等各种状况。

3. 质量体系

在供应商业务量充足，生产能力很强的情况下，还要考察其质量体系是否稳定。质量体系包括是否通过 ISO9000 认证；如果是食品行业，是否通过 FDA 认证；如果是汽车行业，是否通过 QS900 认证。另外，还要考察供应商的新产品或新技术的开发能力、质量检测能力，考察供应商是否按照生产工艺的说明书按部就班地完成全部生产。

4. 经营环境

供应商的经营环境是最容易被忽略的一点。经营环境对企业的长期经营很有影响，良好的经营环境可以避免损失大批的投入成本。例如当地的政治、经济、技术、地理等各方面的环境，还有当地的社会文化，这些都是很容易被采购者忽略的问题，但这些都会直接影响到供应商企业能否具备优秀的企业文化。

二、采购商—供应商满意模式

采购商—供应商满意模式是描绘采购商与供应商之间关系的主要方法之一。

采购商必须进行的重点评价之一便是与供应商的现有关系是否令人满意。这些关系非常复杂，采购组织内部的不同人员感受可能也很不相同。例如，对一个刚接受了一份小订单且尚未交付的新供应商来说，对现有关系的评价只是对刚达成的合同的评价，以及采购商对销售代表的瞬间印象而已。针对满足主要需求的长期供应商的评价应该以历史及当前绩效、双方大量员工的个人关系，甚至未来预期等为基础。这种评价随市场竞争行为的变化而变化。今天看来，具有竞争力的价格在得知竞争对手的进一步信息后可能会显得没那么有吸引力了。

如图 4—6 所示的模型是根据满意度和稳定度勾画的一个简单的采购方—供应方关系图。其假定条件包括：当前供应商关系的满意程度至少在宏观方面可以测量；不满意（供应方或采购方或双方）时，会努力向更满意的方向移动；移动努力会影响关系的稳定程度；移动努力最终可能落在盈—亏、亏—亏、亏—盈、盈—盈任一区域；采供双方对同一关系的感受可能不同；双方移动位置、提高稳定性时有多种辅助技术、工具和方法。

A 代表右上象限（5，5—10，5—10，10—5，10）区。双方都满意，

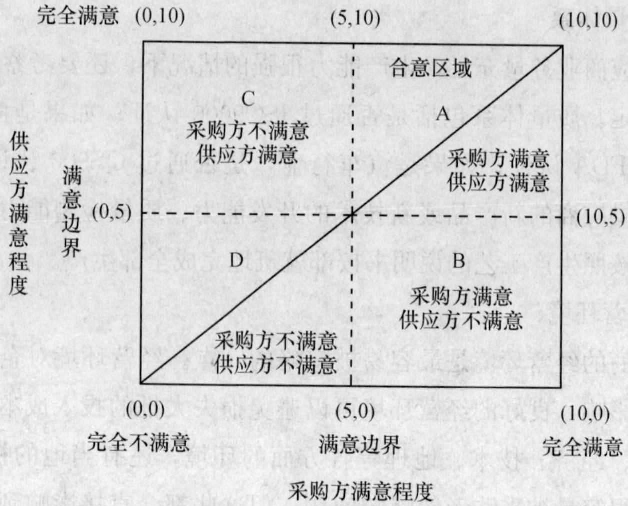

图 4—6　简单的采购方—供应方满意程度模型（1）

稳定性最高。长期关系与供应商合作伙伴关系都建立在此基础之上。从（5，5）—（10，10）之间改善空间还很大。

B 代表右下象限（5，0—10，0—10，5—5，5）区。采购方在满意的最小边界处，供应方则不满意。此区域是 C 区的镜映射区，供应方极有可能采取措施改变现状到其他区域中去。长期而言，该区域不稳定。

当然，一个强有力的采购方或供应方完全有可能与自己的弱对手一起长期维持 B 或 C 区域。

C 代表左上象限（0，5—5，5—5，10，0，10）区。供应方位于满意的边缘，采购方不满意。采购方会努力改变自己的处境。如果这种改善以供应商利益为代价，就可能存在反复，使供应方滑向不满意即 D 区。模式假定：最不满意方最渴望改变。改变行为也可能降低双方满意度，最终双方落入 D 区。好在改变现状也可能使双方都移到 A 区。

D 代表左下象限（0，0—5，0—5，5—0，5）区。双方都不满意。这种情况一刻也不会稳定，因为任何一方都会采取行动至少使自己更满意一点。

1. 斜线

图中斜线可被视为“公平稳定”线。只要沿着线走，采供双方至少能达到同等满意度。两个节点（0，0）和（10，10）表示两个极端。（0，0）点是双方都不愿意看到的，双方都极度不满意，最终结局只能是分开，寻找新的供应源。

（10，10）点是现实中罕见的理想状况。它需要相当程度的相互信任、尊重和责任分担，而这些在现在的买方市场和竞争、价格机制自由运转的环境中很难做到。有些合作伙伴关系已经达到了靠近（10，10）点的位置。采购方愿意与供应方共担风险和信息，供应方也愿意公布自己的财务状况，接受采购方审查。双方友好协作的气氛有助于化解矛盾，双方都能从这种关系中得益。

中间位置（5，5）代表双方都是勉强达到满意，只要向左稍微偏离一点就无法达成协议了。沿斜线则有希望达到（10，10）点。对斜线的任何偏离都会增加签约的难度，因为偏离表示两方获利程度有异，满意度较低的一方可能会心怀妒嫉，努力把对方也拖进对双方来说较为公平的境地。因此，稳定度最高的区域集中在（5，5）—（10，10）的斜线上。

2. 感受

当双方对自己和对方的感受不同时，模型就复杂化了。比如说，采购方认为双方关系位于 A 区，供应方可能同意也可能不同意此种观点。首先来看看感受一致时的情况。

（1）一致情况

采供双方感受一致，都认为自己与对方的满意度在图表中的同一位置。这并不意味着双方对此状况都很满意。但大家出发点相同，有助于进一步协商。例如，在（8，6）点，采供双方一致认为采购方比供应方更满意，那么双方共同追求更好的解决方案则合情合理（见图 4—7）。

图 4—7 显示（1）为一致情况，（2）为不一致感受的采购方—供应方满意程度模型。

（2）感受不一致

对相对位置感受不一致本身就是问题。如果采购方认为在（2，8）点，而供应方却认为在（9，1）点，采购方就会认为供应方占了大便宜，从而内心不满。供应方观点恰恰相反。这样一来，双方都不满意，所采取的行动也会使对方的不满意更进一层。这种情况异常不稳定，但通过双方管理人员的沟通，有可能缩小或消除感受差异。在任何一方采取行动改善自己状况之前，运用这种解决方案非常必要。

3. 体系模型应用

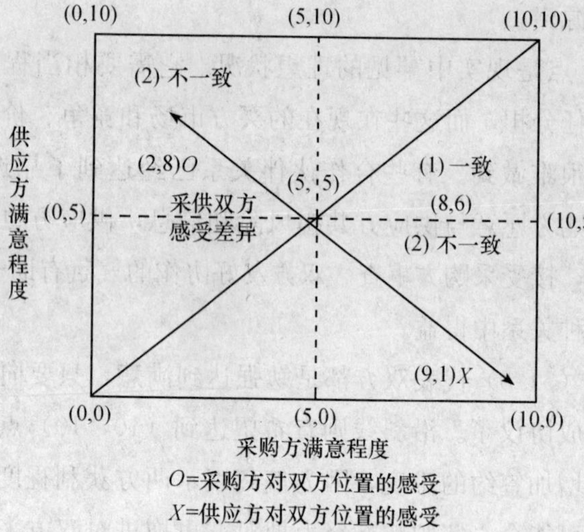

图 4—7　采购方—供应方满意程度模型（2）

上述模型假定，采供双方都有能力表达存在于现有关系的双方满意程度。此关系要点包括对质量、价格、服务、交货的感受；供应方的绩效；采购方的支付即时性；亲和度、公平性与专业度；考虑环境因素，对方的要求与合作是否合理。员工、公司理念、组织价值观等也是考虑内容。当然，这些评价很难量化，与其他供应商（或客户）进行比较、分级倒有可能。虽然很难绝对量化，但该模型仍能以多种方式发挥作用。

从供应方观点出发，评价现有所有供应方关系，确定有多少落在合意区域内，多少落在合意区域外，相当程度的不满意或边缘位置意味着需要动手重组当前结构。采购方可以和供应方沟通彼此对双方关系的感受，看是否一致，然后以双方判断为起点共同进行未来改变的规划。单是根据模型评价合同和供应方这个过程本身，就对研究特定商品、寻找相关关键变量十分有用。最后，形势的严重程度直接影响所需的行动、工具、技术等。比如，为获得同等价值和同样的组织形象，采购方在（1，5）点比在（5，5）点愿意付出更多努力。

4. 位置转移所需工具和技术

在满意程度表中，转移位置需要大量供应管理及营销方法。其中有一些对对方感受有负面影响，称为“危境”工具或消极措施。另外一些方法所用术语更不严格，称为“抚慰”方法或积极措施。

例如，采购方的“危境”工具有以下几种：

1）没有预先通知而突然停止购买。

2）拒付账款。

3）拒绝接收交付。

4）运用法律手段或法律行为相威胁。

供应方的“危境”工具有以下几种：

1）拒绝如约交付。

2）不加通知，单方面涨价。

3）坚持不合理的合同期限、承诺或应诺，繁多的条款或其他不合理的措辞和条件。

采购方的“抚慰”技术有以下几种：

1）承认实际业务、长期委托或所有需求合同。

2）共享内部预测、问题、机会等方面的信息，共同研究解决方案。

3）表达自己为改善供应方状况而努力的愿望和能力。

4）对供应方的价格、质量、交付的要求作出迅速积极的反应。

供应方的“抚慰”技术有以下几种：

1）回应采购方需求，表达自己积极迅速调整价格、质量、交货的愿望和能力。

2）邀请采购方共同商讨双方面临的问题和机遇。

3）改变价格、提前期、有效性之前，事先通知采购方，使后者有足够的准备时间。

4）参与采购方的产品设计、过程改造。

“抚慰”技术常在 A 区得到使用，却加剧了供需双方关系的不稳定性。但利用危境方法，尽管能很好地达到短期目标，却会丧失获得未来稳定关系的机会。

对关系的感受取决于合作结果和交往过程。例如，供应方在价格方面吝于让步，工作人员也不能愉快合作，肯定不如委婉地提出更令采购方满意。用令人愉快的方式使用危境方法比强硬实施更易被人接受。又如，在无法避免的涨价行动前，供应方销售经理的先行解释，比涨价后来一份通知单让人感觉好很多。供应经理完全可以走访采购方，确定解决质量问题的方式方法，并向其说明问题解决前无法接受交付请求，以免在交付无法实现后通知退单。结果—过程的综合极大地影响了管理者的判断和有效实现变更的能力。

第三节 供应链管理

◎鉴定要点

通过学习，了解供应链一体化知识，熟悉供应链管理内容和运作原理，掌握供应链管理策略与方案的制定程序和关键点。

◎工作内容

一、供应链管理系统设计

1. 供应链系统信息集成

在供应链管理模式下，为了及时响应用户的需求，要求供应链上的各个成员企业实现同步化运作。为了保证供应链同步化运作，供应链企业之间必须进行充分、及时的信息交流。它要求各成员企业的信息系统连接起来，将成员企业内部的应用软件与外部客户和供应商的应用软件进行连接，实现客户需求、库存、生产计划、生产进度等信息快速传递和及时共享，从而达到实时快速的业务处理和决策。通过集成异种数据库系统、文件系统和业务应用系统，提供透明的访问接口来实现信息共享的过程就是供应链系统的信息集成。

供应链信息集成的方式包括以下几种：

1）信息消费者访问信息提供者共享的文件系统或数据库系统，从中读取有关的信息。

2）信息消费者接收信息提供者用电子邮件的方式发送的信息。

3）信息消费者访问信息提供者用业务应用代理封装的业务应用系统，通过业务应用代理读取有关的数据。

4）信息消费者接收信息提供者用电子商务文档的方式发送的信息，自动导入自己的业务应用系统中。

前两种方式的优点是能够利用系统软件提供的功能，不需要进行额外的编程工作，而且容易实现；缺点是信息处理的自动化程度低，信息的实时性较差。另外，大多数企业希望对成员企业的访问加以控制，对不同的数据设置不同的权限，以保护企业的敏感信息。例如，允许成员企业访问库存数据，但不允许访问财务报表。这就要求业务应用系统具有完善的访问控制功能，但是大部分管理软件的访问控制功能并不理想，而后两种方式恰好可以解决这个问题。

第三种方式可通过设计合理的业务应用代理，实现对用户的访问控制。其优点是自动生成信息，缺点是业务应用代理的编程工作量比较大，而且在有些情况下业务应用代理不易实现。

第四种方式是通过电子商务系统接收信息。信息提供者需要生成约定格式的电子商务文档，而用户只需接收文档，由自己的信息系统进行自动处理。由于电子商务技术有比较通用的标准，所以这一方式易于实现。

成员企业在进行供应链信息系统设计时，可根据实际情况在上述四种方式中做出选择。

2. 供应链信息系统设计

实现供应链的同步化运作，要求信息能顺畅地在供应链中传递。供应链信息系统设计的目的在于使企业生产与供应关系同步进行，即通过企业间生产进度的信息跟踪与反馈来协调各个企业的生产进度，保证按时完成用户的订单，及时交货，消除不确定性对供应链的影响。供应链信息集成在企业内部表现为客户（上游企业）的相关信息在企业生产系统中的渗透，其中客户的需求信息（订单）成为贯穿企业生产系统的一条线索，成为生产计划、生产控制、物资供应相互衔接、协调的手段。

在企业内部，供应链信息设计涉及以下三个部门：

（1）采购部门与销售部门

需求信息总是沿着供应链从下游传至上游，而采购部门与销售部门正是企业间传递需求信息的接口。

传统模式下，企业的采购部门不仅要下达采购订单，还要确保采购的物资保质保量按时入库。销售部门从订单下达到企业开始，要对产品交货的全过程负责。然而，在供应链管理下，这两个部门的职能都简化了。采购部门的主要工作是将生产计划系统的采购计划转换为需求信息，以电子订单的形式传达给上游企业，同时，还要从销售部门获取与采购的零部件和原材料相关的客户个性化要求，并传达给上游企业。销售部门的主要工作是负责接收和管理企业需求的一切信息，除了订单信息外，还有下游企业对产品的个性化要求，如质量、规格、交货渠道、交货方式等，这些信息是企业其他部门的工作所必需的。

（2）制造部门

制造部门的主要任务是生产以及对采购物资的接收和按计划对下游企业配套件的供应。因此，在供应链管理模式下，制造部门还兼具运输服务和仓储管理两项辅助功能。制造部门能否完成如此复杂的工作，关键在于生产计划部门对上下游企业的信息集成。此外，制造部门还担负着在制造过程中实时收集订单的生产进度信息，经过分析后提供给生产计划部门的任务。

（3）生产计划部门

在供应链管理下，生产计划部门需要集成来自上下游生产计划部门及企业自身的销售部门和制造部门的信息，进行生产计划的滚动编制并保证上游企业的物料供应和对下游企业的准时供应。

1）滚动编制生产计划。本企业销售部门的订单信息、制造部门的生产进度信息以及来自上游企业的外购物资的生产计划信息和需求变动信息，共同构成了企业滚动编制生产计划的信息支柱。

2）保证对下游企业的产品供应。下游企业的订单是随着供需双方的内外环境的变化而变化的，最终的供应时间实际上是双方不断协调的结果，其协调的工具就是上访不断滚动更新的生产计划信息。生产计划部门按照最终的协议指示制造部门对下游企业进行供应。这种与下游企业生产计划相匹配的准时供应降低了制造部门的库存压力。

3）保证上游企业对本企业的物料供应。生产计划部门在制造部门提供的实时生产进度分析信息的基础上结合上游企业的生产计划信息，与上游企业协商确定各批订单的准确供货时间。采购零部件和原材料的准时供应降低了制造部门的库存压力。

3. 共同配送体制设计

共同配送（common delivery）是指为提高物流效率，对某一地区的企业进行配送时，由多个企业联合在一起配送的方式。共同配送是经长期的发展和探索优化出的一种追求合理化配送的配送形式，也是美国、日本等一些发达国家采用较广泛、影响面较大的一种先进的物流方式。它对提高物流运作效率、降低物流成本具有重要意义。

按照物流渠道的整合类型，共同配送的模式设计可以根据以下三种类型来进行：

第一，是以同行业或异行业企业为基础的横向共同配送。它是通过对同一类型的物流渠道如制造商物流渠道、批发商物流渠道、零售商物流渠道等进行整合，集合货物进行共同储存、共同处理、共同运输，达成协调统一运营的机制，以寻求规模化效应，利用各个企业的物流经营资源。

第二，是以流通渠道各环节成员如零售与批发、批发与厂商之间联盟为基础的纵向共同配送。它是通过对纵向物流渠道的功能进行整合，以流通渠道各环节成员如零售与批发、批发与厂商之间的关系为基础，联合建立流通中心集合货物进行共同配送，以求缩短物流渠道，降低物流成本，提高物流运作效率。纵向共同配送的形成关键在于参与各方要充分了解相互间物流的特性，同时建立高效的物流信息管理系统。

第三，是靠第三方物流企业进行的共同集配。它是通过对物流渠道中的一项或几项功能进行整合，外包给第三方物流企业进行共同集配，以实现物流的效率化，有利于企业集中资源优势专注于自己的生产制造或销售，其关键在于与第三方物流企业建立长期战略联盟关系，使第三方充分了解自己的物流需求，与第三方实现物流信息共享。

4. 供应链系统的组织关系协调

供应链的良好运作是以供应链成员企业相互间的充分信任和相互合作为基础的，供应链上的企业甚至可以了解到另一个合作企业的生产计划。如果缺乏这种信任和强烈的合作愿望，供应链的有序运作是不可能的。因此，供应链的组织协调要求每一个成员企业都要彼此信任并且充分考虑自身行为对其他成员的影响。但是，供应链中的企业毕竟都是独立的利益个体，由于存在利益分配和风险分担问题，不免存在异议、矛盾甚至冲突，造成供应链系统的失调。供应链的失调有两种可能性：一是由于供应链不同企业间的目标发生冲突；二是由于信息在不同阶段（上下游企业）之间传递的过程中发生扭曲。目前，有许多企业都已注意到了牛鞭效应，牛鞭效应扭曲了供应链内的需求信息，其结果最终会导致供应链失调。

牛鞭效应（bull-whip effect）是指由供应链的下游上溯，订购量的波动幅度不断加大，形似一条梢细、根粗的牛鞭。在供应链上，这种效应越往上游，变化就越大，距终端客户越远，影响就越大。究其原因，牛鞭效应是从下游客户逐级向上游转嫁风险的结果，它会危害整个供应链的运作，导致链内生产成本、库存成本、运输成本、劳动力成本的增加及链内供应商的补给供货期的延长和产品供给水平的下降，从而降低了供应链的盈利水平，造成了供应链内成员企业间的互不信任，使潜在的协调努力变得更加困难。

为了消除牛鞭效应，扫清供应链内的障碍，采取一些管理措施将有助于实现供应链的协调：提高信息的准确度、使激励措施和目标保持一致、提高运营业绩、设计定价策略以稳定订单规模、构建合作伙伴关系和信任机制等。

要促进上述管理措施的实施，需要注意以下几个方面：

(1) 量化牛鞭效应

管理者应将客户订单的变动性与供应商订单的变动性做一个比较，这有助于企业将牛鞭效应所带来的影响量化。明确牛鞭效应的规模，将有利于供应链成员集中精力实现协调，消除供应链的变动性。

(2) 协调高层管理的信用

与供应链管理的其他方面相比，高层管理信用更有利于实现协调。协调要求供应链各阶段的管理者将局部利益服从供应链整体利益。协调要求供应链内诸多职能部门改变其传统的行为方式，找出利弊权衡的解决之道。

(3) 利用管理资源实现协调

由供应链的不同企业的管理者组成协调团队，负责协调并有权实行协调关系所要求的变革。只有当成员间彼此高度信任，协调团队才能发挥作用。

(4) 注重与其他成员的交流

定期与供应链其他成员进行良好的沟通，往往会强化供应链内各方的协调价值，有助于达成共同目标，采取互利行动，提高协调性。

(5) 利用信息技术提高供应链的关联性

互联网、企业资源规划系统（ERP）及其他信息系统能够用来提高整个供应链信息的可见度和关联性。

(6) 公正分享协调的收益

供应链内实现协调的最大障碍就是成员企业感到利益没有公正分配。

供应链关系中强势一方的管理层必须对这一事实高度重视，确保各方都认识到利益分享的公正性。

二、供应链构建中的企业角色

供应链不是企业群体的简单组合，而是一个协调统一的有机整体。在这个有机整体中，每个企业都有着新的角色重塑，对供应链构建的设计及其管理有着十分重要的意义。

1. 主体企业与客体企业

根据节点企业在供应链中的地位、重要程度，可将企业分为供应链管理的主体企业和客体企业。主体企业是指在供应链管理中占主动地位，对供应链的业务起主导作用，参与或退出都会使供应链产生明显改变，在本行业中也具有较强实力和行业地位或者是拥有决定性资源的节点企业；客体企业是指在供应链中不起主导作用，处于被动响应角色的企业。

在供应链中，主体企业可以是一个，也可以有几个。当只有一个主体企业时，供应链的表现形式是以主体企业为核心的卫星式企业群体，而当供应链中有不只一个主体企业时，供应链的表现形式就是以主体企业为主线，以其他客体企业为旁支的团队式合作群体。

2. 核心企业与非核心企业

在主体企业中，对整个供应链的业务运作起关键主导推动作用的，既能为客户提供最大化的附加值，又能帮链上其他合作企业参与到新市场中的主体企业就是供应链的核心企业；其他处于相对次要地位的企业称为供应链的非核心企业。

根据核心企业在供应链中所处的位置和所起的作用，可将核心企业分为四类。

（1）供应商作为核心企业

供应商作为核心企业，其本身享有供应和生产的特权，或者享有在制造、供应方面不可替代的优势。但其在分销、用户服务等方面则不具备竞争优势。因此，在这种结构中，供应链管理主要集中在经销商、用户的选择，信息网络的设计、需求预测计划与管理、分销渠道管理、用户管理与服务等方面。

（2）制造商作为核心企业

这类核心企业主要具有产品设计、制造等优势，但是，在原材料的供应、产品的销售及各市场用户的服务等方面，缺乏足够的力量，因此，必须通过寻求合适的供应商和分销商构建整个供应链。供应链管理的重心主要是信息网络的设计、计划、控制、支持管理、物流管理、信息流管理等方面。

(3) 分销商作为核心企业

这类核心企业本身拥有强大的销售网络，销售、用户服务等功能由核心企业自己的销售网络来完成。这种结构下的核心企业，其工作重心是供应商的选择、信息网络的设计、生产计划、跟踪控制、库存管理、供应与采购管理等。

(4) 连接组织作为核心企业

这类核心企业往往具有良好的商誉和较大规模，并且掌握着大量的相关信息资源。它主要通过在供应链的节点企业之间建立联系，建立起彼此合作的战略伙伴关系。供应链管理主要集中在供应商之间的协调，信息交换和供、产、销的平衡方面。

3. 核心企业对供应链运作的影响

核心企业对供应链运作的影响有以下几方面：

(1) 组织结构调整中心

核心企业要在其他节点企业的协助下，根据环境的变化和自身发展的要求，对整个供应链的业务流程和组织结构进行适时的调整、优化，使供应链的构建更趋合理。

(2) 信息交换中心

要保证供应链高效的运行，供应链体系必须要有良好的信息处理和传输系统。可是在实际运作中，却存在很大程度上的“信息屏蔽”——出于各种考虑，各成员企业很难做到开诚布公地共享信息。所以核心企业不仅要推动供应链上信息处理和传输系统的构建，还要身先士卒地在整个供应链中倡导一种信息共享的氛围。

(3) 物流集散的“调度中心”

在供应链上，核心企业扮演了对物流集散、配送进行“调度”的角色：向相关节点企业适时发出物料需求指令或供货指令，以保证各个节点都能在正确的时间得到品种和数量正确的产品，既不造成缺货，也不造成库存积压，把对供应链总成本的影响减至最低限度。

(4) 多阶响应周期的控制中心

核心企业要在其他成员企业的帮助下，对整个供应链的运作节奏、运作进度进行调整、监督，并帮助客体企业进行相应改进，使供应链上的节点企业都能在同一节奏下运行，从本质上缩短多阶响应周期，以提高响应市场的质量。

（5）文化中心

在供应链上，核心企业常常将企业文化作为连接成员企业的纽带进行倡导并推而广之。一个具有优秀企业文化的核心企业，可以通过自己的影响力，把企业的价值观辐射到其他企业中，形成供应链节点企业共同的价值观念。

三、基于网络的供应链管理流程优化

互联网是目前供应链管理系统高效运作的基本条件，核心企业需要通过为客户定制基于网络的供应链管理系统来优化供应链管理流程。

要做到这点，关键是要做好与客户供应链一体化合作的基础环节的工作，即通过企业信息工程，实现核心企业与客户长期稳定、可靠和准确的系统对接。首先要像企业管理咨询师一样调研和分析客户现有的业务管理模式，特别是订单管理流程，有针对性地提出基于信息化支持的优化流程。利用为客户定制的订单管理系统来支持客户销售流程，实现与客户分销管理的供应链集成，具体可实现订单状态全程跟踪、实时库存管理、辅助销售管理和经销商管理四个基本功能。

通过实时库存管理，可实时查询到当前核心企业仓库的库存情况，确切地知道某仓库当前的实际库存、可发库存、在途库存、未运作库存、残损库存。

通过辅助销售管理，可按日期、营业单位、产品类型、产品、经销商、销售类型、订单、要货情况等提供及时数据，并进行分类汇总或累计求和，为销售人员科学合理地制订、调整销售计划提供必要的参考数据。

通过经销商管理，可实时提供任一经销商在某一时间范围内的要货汇总及要货明细情况。可提供某一销售区域内的经销商要货情况。使客户总部可以更有效地掌握全国经销商要货情况。例如，客户通过使用核心企业网上订单管理系统，将其原手工开具的三类单证（客户订单、客户送货单、供应商送货单）合并为一份系统打印的客户订单，订单的录入、审核、打印、确认都在系统中完成，实现客户办事处员工在系统中录入订单，客户总部审核确认订单，核心企业办事处打印有效订单并运作，运作结果录入系统，客户随时上网查询最新的订单执行结果和库存结果等操作的高度一体化。最终，通过系统与客户结成供应链一体化合作伙伴。

供应链管理流程优化工作的另一关键环节，是专业系统与核心系统的对接。根据经验，大型企业往往需要自主研发全面订单管理系统，并在此基础上构造以采购与物流为中心的供应链管理信息平台，实现专业系统与核心系统的对接。这种信息集成平台将采购与物流各相关环节（订单管理、运输、仓储、财务以及基础数据）作为一个整体进行流程重组优化：以客户为中心，以订单为主线，对业务流程进行梳理。通过建设以采购与物流为中心的供应链管理信息平台，借助信息化纽带实现将制造企业和分销商、零售商至最终用户的供应链一体化管理，为客户带来成本降低、订单完成周期缩短、准时交货率提升、企业应变和反应能力提高等诸多好处，从而有效提升核心企业采购与物流服务的竞争力，使核心企业与客户、供应商结成更紧密的战略联盟，实现更大范围的信息共享、节约成本，创造核心企业与客户、供应商在物流供应链上共赢的局面。

◎相关知识

一、供应链一体化

1. 供应链及供应链管理

供应链是指产品生产和流通过程所涉及的原材料供应商、生产商、批发商、零售商以及最终消费者组成的供需网络。即由物料获取、物料加工，并将成品送到用户手中这一过程所涉及的企业和企业部门组成的一个网络，如图 4—8 所示。

供应链一般分为内部供应链和外部供应链。其区别是外部供应链范围大，涉及企业众多，企业间协调更困难。一般研究的供应链管理是指外部供应链的管理。

供应链管理就是在商品供给的链条中，企业间就商品在流通过程中发生的各种管理活动加强相互间的合作，形成战略联盟，通过信息的共

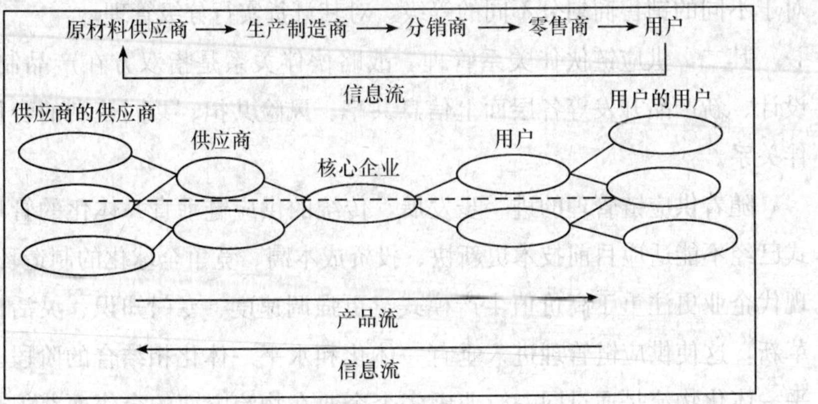

图 4—8　供应链网络结构模型

有化、需求预测的共有化等，实现物流机能的分担，实现商品流通全过程的效率最大化。供应链管理是人们在认识和掌握了供应链各环节的内在规律和相互联系的基础上，利用管理的计划、组织、指挥、协调和激励职能，对产品生产和流通过程中各环节所涉及的物流、信息流、资金流、价值流以及业务流进行的合理调控，以期达到最佳组合，发挥最大效率，迅速以最小的成本为客户提供最大的附加值。供应链管理是在现代科技促进产品极其丰富的条件下发展起来的管理理念，它涉及各种企业及企业管理的方方面面，是一种跨行业的管理。

2. 供应链一体化

在过去几十年间，企业组织结构和内部职能划分都发生了巨大的转变，供应链管理在降低运营成本、提高资产利用率、缩短生产周期、压缩订货周期和减少配送周期等方面为企业开辟了广阔空间。如今信息技术已经能够使企业所有职能部门和地域的业务流程信息快速地传递，这使得决策者可以从企业整体利润最大化的宗旨出发制订和执行计划，供应链管理也在朝着垂直一体化与水平一体化相结合的模式发展。

垂直一体化包括在供应链伙伴协同生产方面产生了贴牌生产模式（OEM）、在 JIT 批量订货和零库存管理的基础上衍生出供应商管理库存（VMI）。20 世纪 90 年代以来，中国企业在管理信息系统方面曾先后引入了各种管理系统，如 MIS、MRP、ERP、SCM、CRM 等。这些不同的管理模式可以归纳为以下几种：

其一，供应商分级管理。供应商应根据一定标准将销售商进行分类，对于不同的销售商划分不同的等级，对其订货实行分级管理。

其二，供应链伙伴关系管理。战略伙伴关系是指双方在产品制造、设计、新产品开发等各层面上信息共享、风险共担、共同获利的合作伙伴关系。

随着供应链管理的进一步发展，传统的供应链垂直一体化的管理模式已经不能适应目前技术更新快、投资成本高、竞争全球化的制造环境，现代企业更注重于高价值生产模式，更强调速度、专门知识、灵活性和革新，这使供应链管理进入垂直一体化和水平一体化相结合的阶段。水平一体化物流是通过同一行业中多个企业在物流方面的合作而获得规模经济效益和物流效率。

二、供应链管理的内容和设计原理

供应链管理是指对供应商、制造商、物流者和分销商等各种经济活动，展开有效的集成管理，以正确的数量和质量、正确的地点，进行产品的制造和分销，提高系统效率，促使系统成本最小化，并提高消费者的满意度和服务水准。供应链管理从本质上说是一种集成管理的思想和方法，其目的是通过“战略协调”和“战术控制”优化资源配置，提高企业的竞争力水平。它执行供应链中从供应商到最终用户的物流计划和控制等职能。早期的供应链管理主要强调的是库存和运输管理，现在的供应链管理则把供应链上的各个企业作为一个不可分割的整体，使供应链上各个企业分担的采购、生产和销售的职能成为一个协调发展的有机体。

1. 实施供应链管理主要实现的目标

1）以更完整的产品组合，满足不断增长的市场需求。

2）面对市场需求多元化的趋势，不断缩短供应链完成周期。

3）对于市场需求的不确定性，缩短供给与消费的市场距离，实现快速与有效反应。

4）不断降低整个供应链的成本和总费用。

供应链管理主要涉及供应（supply）、生产计划（schedule plan）、物流（logistics）、需求（demand）四个领域。供应链管理是以同步化、集成化生产计划为指导，以各种技术为支持，尤其以 Internet/Intranet 为依托，围绕供应、生产作业、物流、满足需求来实现的。供应链管理主要包括计划、合作、控制从供应商到用户的物料（零部件和成品等）和信息。在以上四个领域的基础上，可以将供应链细分为职能领域和辅助领域。职能领域主要包括产品工程、产品技术保证、采购、生产控制、库存控制、仓储管理、分销管理。而辅助管理主要包括客户服务、制造、设计工程、会计核算、人力资源、市场营销。供应链管理注重总的物流成本与用户服务水平之间的关系，为此把供应链各个职能部门有机地结合在一起，从而最大限度地发挥出供应链整体的力量，使供应链企业群体受益。

2. 供应链管理体系结构的基本设计原则

（1）供应链管理强调价值的整体创造与分享

供应链的整体效率和价值创造能力是决定最终客户所获得价值大小的根本因素。供应链管理以整个供应链作为管理对象，其根本目的是通过协调、优化链上各个环节，为最终客户创造价值，并享受最终客户提供的价值回报。最终客户通过供应链获取自己所需要的价值，同时也将自己的回报反馈给整个供应链。

（2）供应链管理以最终客户需求为管理起点

供应链关注的是最终客户所获取的价值，供应链管理以最终客户价值最大化为管理目标，而最终客户价值最大化则以有效满足最终客户需求为实现手段。这就要求供应链管理的前提必须是对最终客户需求的准确了解，具体体现为对最终客户需求的准确预测。

（3）供应链管理以商业流程优化为实现策略

供应链管理实现的商业流程优化，旨在解决企业之间根据最终客户需求，实时调整和优化各自的供需计划及其执行，主要措施包括信息共享、协同计划、协同执行等。

（4）供应链管理以渠道为核心管理范围

以最终客户价值最大化为追求目标的供应链包括众多组成因素，如制造商、供应商、分销商、代理商、零售商等，其中对最终客户价值最大化贡献最大的就是核心企业及其销售渠道和供应渠道。所以供应链管理基于最终客户需求，重点关注以核心企业为中心渠道的商业流程优化。

（5）供应链管理以信息资源处理为管理内容

供应链的作用机理在于通过获取客户最终需求信息，结合企业自身的产品提供能力和商业伙伴的产品提供能力进行匹配，对外确定自己的供需计划并传递给相关商业伙伴，对内确定自己的产品提供计划。所以供应链管理强调内外信息资源的同步处理，以整个供应链对最终客户需求信息的获取、应用、反馈为主线。

（6）供应链管理以基于 Internet 技术的软件应用平台建设为实现方式

由于供应链管理涉及多个不同产权的主体，这些不同产权的主体分布在不同地理区域，要求以经济、高效的技术手段进行信息沟通，而 Internet 技术已经成为目前信息沟通的主要方式。供应链中的企业通过 Internet 调用供应链管理平台上的相关信息，同时以 Internet 为技术手段，以供应链管理平台为中心相互连接和沟通，形成一个物理上的供应链。

三、供应链管理在现代企业中的应用

随着生产力的发展和社会的进步，顾客需求日趋个性化、多样化，产品的更新节奏加快，竞争异常激烈。企业柔性（flexibility）和快速响应能力（quick responsiveness）已经成为决定企业竞争实力的重要因素。企业制定什么样的供应链管理策略对其发展起着至关重要的作用。

延迟化策略是供应链管理的一个重要手段，也是降低企业成本、提高企业柔性及快速响应能力的重要手段之一。所谓供应链管理的延迟化策略是指尽量延迟产品的生产和最终产品的组装时间，也就是尽量延长产品的一般性，推迟其个性实现的时间。根据美国物流管理协会对 3700 家公司调查结果显示，北美有 40%，欧洲有 50%的企业比五年前更多采用延迟化策略，仅有 24%的北美公司和 16%的欧洲公司表示延迟化业务没有增加。

供应链管理注重的是企业核心竞争力，强调把主要精力放在企业的关键业务上，充分发挥其优势，根据企业的自身特点，专门从事某一领域、某一专门业务，在某一点形成自己的核心竞争能力，同时与全球范围内合适的企业建立战略合作关系，企业中非核心业务外包给其他企业或由合作企业完成，这就是所谓的业务外包（outsourcing）。实施供应链管理的企业通过业务外包，可以获得比单纯利用内部资源（insourcing）更多的竞争优势。企业实施业务外包是将自身的优势功能集中化，而将劣势功能虚化，即将劣势功能转移出去，借企业外部资源的优势来弥补和改善自己的弱势。以这种虚拟模式，企业可以针对自身的条件，对其

任何一个部门的业务实施虚拟，如技术开发部门、生产部门、营销部门等。这种使企业界线模糊化的做法最大限度地发挥了企业有限资源的作用，强化了组织的柔性和敏捷性，对增强企业的竞争优势和提高企业的竞争力有着显著的促进作用。

四、供应链管理与传统采购管理模式的区别

供应链管理下的采购管理与传统采购管理模式有所不同，具体有以下几方面：

1. 从为库存采购到为订单采购的转变

传统的采购目的是为补充库存，即为库存而采购，不了解生产的进度和产品需求的变化，因此，采购部门的采购计划很难适应制造需求的变化。

供应链管理下的采购活动是以订单驱动方式进行的，制造订单的产生是在用户需求订单的驱动下产生的，然后，制造订单驱动采购订单，采购订单再驱动供应商。这种准时化的订单驱动模式，使供应链系统得以准时响应用户的需求，从而降低库存成本，提高物流的速度和库存周转率。

2. 从采购管理向外部资源管理转变

在传统的采购模式中，供应商对采购部门的要求不能得到适时的响应，关于产品的质量控制也只能进行事后把关，不能实时监控。

而供应链管理下的采购模式实施有效的外部资源管理，在生产控制中采用基于订单流的准时化生产模式，使供应链企业的业务流程朝着精细化生产努力，即实现生产过程的几个“零化”管理：零缺陷、零库存、零交货期、零故障、零废料、零人力资源浪费等。

3. 从一般买卖关系向战略伙伴关系转变

传统的采购模式中，供应商与需求企业之间是一种简单的买卖关系，无法解决一些涉及全局性、战略性的供应链问题。

而基于战略伙伴关系的供应链采购模式为解决这些问题创造了条件。

(1) 库存问题

传统采购模式下，企业间无法共享库存信息，不可避免地会产生需求信息扭曲的现象。但在供应链模式下，供需双方可以共享库存数据，从而减少了需求信息的失真现象，采购的决策过程变得透明多了。

(2) 风险问题

供需双方通过战略合作关系，可以降低由于不可预测的需求变化带来的风险。

(3) 协商问题

通过战略合作关系，可以共同协商制订战略性的采购计划。

(4) 采购成本问题

通过信息的共享避免了由于信息不对称决策可能造成的成本损失，降低了采购成本。

五、面向供应链的物流信息系统

信息系统是一种由人、计算机（包括网络）和管理规则组成的集成化系统。该系统利用计算机软硬件，手工规程，分析、计划、控制和决策用的模型、数据库，为一个企业或组织的作业、管理和决策提供信息支持。物流信息系统是企业管理信息系统的一个重要的子系统，是通过对与企业物流相关的信息进行加工处理来实现对物流的有效控制和管理，并为物流管理人员及其他企业管理人员提供战略及运作决策的人机系统。物流信息系统是提高物流运作效率，降低物流成本的重要基础设施。

没有一个发达完善的物流信息系统，就没有真正意义上的现代物流系统。现代物流信息系统在物流活动中起着神经系统的作用，“牵一发而动全身”。这些作用主要通过它的几项基本功能来实现。

(1) 市场交易活动功能

交易活动主要记录接货内容、安排储存任务、作业程序选择、制定价格及相关人员查询等。物流信息的交易作用就是记录物流活动的基本内容。主要特征是程序化、规范化、交互式，强调整个信息系统的效率性和集成性。

(2) 业务控制功能

物流服务的水平和质量以及现有管理个体和资源的管理，要由信息系统来做相关的控制，应该建立完善的考核指标体系来对作业计划和绩效进行评价和鉴别，这里强调了信息系统作为控制工具和加强控制力度的作用。

(3) 工作协调功能

在物流运作中，加强信息的集成与流通，有利于工作的时效性，提高工作的质量与效率，减少劳动强度。物流信息系统发挥了重要作用。

（4）支持决策和战略功能

物流信息管理协调工作人员和管理层进行活动的评估成本—收益分析，从而更好地进行决策。强调物流信息管理系统支持决策和战略定位的作用。

第五章 采购信息管理

第一节 采购管理信息系统规划

◎鉴定要点

通过学习，了解采购管理信息化的基本内容，掌握采购与供应信息系统需求分析方法和采购管理信息化目标制定的程序，能够进行采购管理信息系统建设规划。

◎工作内容

一、采购与供应信息系统的需求分析

采购与供应信息系统的开发是一个复杂的系统工程，涉及计算机技术、系统理论、信息技术、管理功能及思想、工程化设计方法等问题。要开发一个采购与供应管理系统，首先要进行需求分析，其中包括目标需求分析与功能需求分析两个部分。

1. 目标需求分析

采购与供应信息系统在整个物流系统中的作用十分重要，直接影响包括运输、库存、财务等方面的正常运行。其总体目标可以理解为适应当前基于 Internet/Intranet 的网络信息系统，以电子商务为发展的方向，

根据现代采购供应的特点，借鉴发达国家企业采购供应的经验，开发出与客户紧密相连，并且具有决策支持功能的信息系统。

在信息系统的具体建设过程中，还要在总体目标的指导下制定具体的目标。

1）实现对采购供应全过程的实时监控。在采购供应活动的发生地点实时采集信息和资料。将供应商、仓储中心、承运人等各个环节的信息有机地结合在一起，适当地在采购作业流程中采集必要的数据。例如，在确定供应商的过程中，系统将自动地把所有关于采购信息及供应商的资料传送到采购信息中心，并进行分析决策。通过 Internet，用户能够方便地查询、快速了解及时的采购供应情况，以便确定进一步的采购计划、供应计划、市场策略。

2）库存统一控制。在采购计划当中，企业可以将各地自由或公共的仓库和运输方式看成一个虚拟的统一仓库进行集中的管理。

3）反映所有非正常业务的情况。随时了解每一笔延期签收、残损、退货的非正常业务额具体情况，以便及时动态定位查找原因。

4）将先进的信息系统与创新的管理理念、管理技术相结合。

5）加强供应商客户关系管理。

2. 功能需求分析

（1）功能需求

企业的采购过程一般包括采购计划、评定供应商、审定供应商、采购决策、订货接收。其中，系统将评定供应商、审定供应商功能设置在供应商管理模块中，而将采购计划、采购决策、订货接收这几个连续的过程进一步地细分为请购、请购审核、请购批准、管理采购计划、招标管理、制订采购方案、采购方案审核、采购方案监审、采购计划审批、合同制定、合同审核、合同审批、合同监控、预入库登记、预入库验收、质检管理、正式入库一系列工作流相关业务处理。根据企业实际情况，系统也可以在原业务流的基础上动态设定审核的业务流程，从而简化审批手续。

（2）功能模块划分

采购管理信息系统涉及采购人员、计划人员、合同人员、审计人员、监察人员、财务人员、质检人员、库管人员、信息操作员、系统管理员、企业领导等相关人员，根据各个职能部门及人员不同的信息需求和业务逻辑处理，将系统功能划分为10个子系统，如图5—1所示。

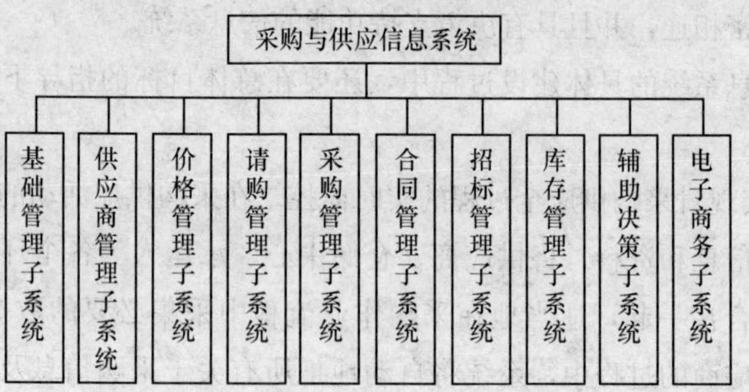

图5—1　采购与供应信息系统功能模块划分

（3）功能描述

1）基础管理子系统。该模块主要提供各项基础信息的设定和维护功能，包括各项代码的定义，用户单位有关物资采购的组织结构的定义，根据企业实际选择本系统的工作流程等，并据此设定各终端用户的操作权限，可对不同级别的有审批权力的人员设定审核金额的上下限。

2）供应商管理子系统。该模块是本系统最核心的子系统，供应商管理对采购管理乃至整个供应链管理都是至关重要的。系统将所有供应商划分为通用供应商和定点供应商两大类，其中定点供应商即供应链中的战略合作伙伴，而通用供应商则是临时合作伙伴，企业定期进行供应商评价，评价原则为比质比价比资信，评价方法采用定性和定量相结合的方法。

3）价格管理子系统。对于每一种物品，采用内部价格和外部价格管理。内部价格为考核价或计划价，外部价格是供应商的报价或市场价。对于内部价格的设定需要审核和监审。

4）请购管理子系统。请购计划有两个来源：由客户订单驱动产生的物料需求计划和为库存采购而直接编辑产生的请购计划。请购计划经审核和监审生效后生成采购计划。

5）采购管理子系统。各部门提出的请购计划经采购资金预算、同项物资合并和选择供应商，然后生成采购总计划。选择供应商时要参照供应商提供的价格以及记录在案的质量分数和资信等级，若选择定点供应商，则立即通过电子商务网站电子看板将采购计划通知供应商，以便供应商着手准备供货。采购总计划经过财务审核后进行任务分解，分解后的采购计划分配给采购负责人，采购负责人将采购计划提请审核和批准，批准人在审批的同时确定采购方式。

6）合同管理子系统。它包括管理合同文档及合同的分批到货及分期付款信息，并对合同的执行进度进行跟踪监控。

7）招标管理子系统。招标管理适用于大宗物资采购。通过设定招标采购方式，可进入到招标管理中。招标以项目的形式进行。一个项目可包括多个采购计划，并且最终选中一家或多家供应商作为该项目的供应商。

8）库存管理子系统。它包括入库、仓储和出库管理。为了便于进行物资的质量追踪，对物资的入库/出库实行严格的批号管理，从而为进一步实现入库、出库、销售、结算的一单到底奠定了基础。按批号和合同号记录供应商的物资质量信息和到货信息，为评定供应商业绩、整合供应链提供重要依据。

9）辅助决策子系统。本模块主要从多方位、多角度反映采购管理中的不同侧面，使不同级别的企业领导者可以及时、准确地获取所需信息，从而为企业的采购决策提供科学有力的依据。其中查询包括库存查询、价格查询、供应商查询、计划查询、合同查询等。统计报表包括月份物资采购控制报表、供应商明细表、物资采购资金一览表、请购管理一览表、采购计划一览表、入库单、出库单等。

10）电子商务子系统。该子系统实际上是企业的电子商务网站，主要实现下列功能：公司最新动态、公司介绍、产品展示、客户和代理商管理、分支机构和职员管理、异地仓库管理、办公系统等；根据权限的不同，提供各种查询功能，如库存查询、价格查询、供应商查询、计划查询、合同查询等；基于权限的供应商部分基本信息维护功能；在Web上动态发布招标信息，供应商可在网上填写投标信息；利用基于权限的电子看板，向定点供应商传达采购计划、修正订货计划和协商合同明细等，实现供应链管理的同步化运作和及时采购。

二、采购管理信息化目标制定

采购管理信息化就是运用现代电子信息技术，通过对采购信息的开发和利用，不断提高企业采购活动的效率。因此，依据采购管理信息化的定义，企业采购管理信息化的总体目标就是充分利用现代信息科技手段与现代的管理理念，集成企业采购活动的有效信息，实现企业采购信息共享和优化资源配置，并通过分析、处理这些信息，为企业经理人的采购决策提供有价值的信息，从而使企业实现降低采购成本和提高利润的目的。

从降低成本增加效益的角度讲主要包括降低采购的直接成本（产品价格）；降低采购的间接成本（完成采购工作所需要支出的费用）；缩短采购周期；建立科学的采购流程和商务模式等。

从系统设计的角度来讲，采购管理信息化的目标可以具体分为以下几点：

1）建立数据库对数据进行录入。

2）完成各种类型采购数据的查询、统计与分析。

3）具有设计条件的数据的输出功能。

4）具有数据的导入、导出与备份功能。

5）提供与其他信息系统的联机支持。

6）具有各种用户、各种权限的分配与控制。

三、采购管理信息系统规划

通过以上对采购管理信息系统的需求分析以及采购管理的信息化目标制定，可以看出基于现代科技的一体化采购管理在企业供应链管理中的重要地位。其中，如何有效地运用企业采购供应链及其资源是现代企业面临的重大难题之一，并且在企业经营战略中占有至关重要的地位，是全面改善和大力提升企业整体管理水平的重要环节。建立采购管理信息系统，规范采购业务流程和采购人员行为，对杜绝采购“黑箱”操作和采购腐败是极为有效的。现代企业采购管理信息系统规划主要由五部分组成。

1. 采购资料库规划

资料库是经过计算机处理的资料的集合，一个标准的采购资料库需要许多标准化的组成要素。一般情况下，一个采购的循环必须有标准的订购规格、名称、订购单位、衡量单位以及采购物资的编码等。

采购信息的标准化对采购循环是必要的，因为其他采购功能的顺利进行必须要有与之相匹配的采购信息。有三种可以纳入采购信息资料库的内容，它们分别是物资名册、供应商名册以及未交货订单。

2. 管理情报规划

根据采购资料库规划的内容，收集管理所要求的情报，分别为采购历史资料、物资价格变异分析、物资情报、订单分析、供应商采购金额、供应商运送记录、经济形势指标分析、采购档案、运送的准时性、全国性契约的有效性、特定供应商的退伙情况、采购人员的综合评比、预算、营业成本以及节省趋势表等。

3. 采购应用规划

采购应用规划是用来提升众多采购功能的整合性系统，这一过程一般用在确认需求、发出订单、改变订单、追踪订单进度、催货以及供应商与商品记录的管理等方面。

4. 决策支持规划

决策支持规划属于采购管理信息系统规划的高级阶段，各种采购信息可以在该系统下进行合并，采购经理可以根据其合并的信息做出决策。

典型的决策支持规划包括采购资料库以及各种决策工具，比如模拟技术、线性规划等，并且为采购经理与决策支持系统进行有效的沟通设计了专门的程序语言。

5. 网络处理规划

在网络处理规划中，计算机主机与位于其他位置的计算机相连接，计算机就成为计算机主机的分支。这一过程可以使使用者对资料的输入以及文件的准备有较大的自主控制权，并且可以使计算机主机减轻一些工作负担。

◎相关知识

一、采购管理信息化的发展进程与层次

1. 采购管理信息化的发展进程

根据采购管理理念的演进以及信息技术的发展阶段，可以将企业采购管理信息化的进程划分为四个时段。

第一个时段是在 20 世纪 50 年代以前，采购活动大多停留在货物的“买”的意义上，企业采购信息的采集、传输主要依靠普通信函、电话、手工记录，采购信息管理处于简单粗放阶段。

第二个时段是在 20 世纪 50 年代初期到中期，企业采购信息管理主

要围绕交易和库存进行，极少数的先进企业开始使用计算机处理采购信息，但由于采购管理理念及计算机技术的限制，企业采购信息化仍处于较低水平。

第三个时段是从 20 世纪 50 年代中期到 80 年代中期，企业开始注重采购与物流管理的系统化和整体化，提出了物料需求计划（MRP）、制造资源计划（MRP Ⅱ）概念，企业的信息管理流程逐步向规范化、标准化迈进，各种先进的信息技术和信息管理模式用于采购管理当中，信息管理在采购管理中已逐步体现出中枢神经的作用。

第四个时段是从 20 世纪 80 年代中后期到现在，全面质量管理（TQM）、准时制工作法（JIT）、业务流程重组（BPR）、企业资源计划（ERP）、供应链管理（SCM）、客户关系管理（CRM）、电子商务（EC）的逐步提出和普遍采用，大大丰富了采购管理和信息管理的概念。通信技术如宽带技术、无线技术、空间定位技术等以及信息管理技术如 Intranet、Internet 的广泛应用，识别技术、数据仓库技术等的飞速发展，使采购与物流信息管理在真正意义上跃入了“高级”阶段。

2. 采购管理信息化的四个层次

随着 IT 技术的普及和采购管理水平的提高，采购信息化的程度日益提高，并已成为提升采购活动效率与竞争力的最有效手段之一。根据信息化系统的应用范围与广度，目前的采购业务与管理 IT 应用系统大致可划分为以下四个层次：

（1）单点应用

针对个别功能的各种软件工具和单点系统的建设。这一层次的主要建设内容包括办公套件、企业邮箱之类的通用工具软件以及采购与物流行业专用的条码器、自动识别软件、采购与物流仿真软件等工具软件或单点系统等。

（2）流程优化

针对采购活动的个别业务流程或管理职能，实施部门级的信息系统建设。该层次的信息化建设内容既包括一般企业通用的信息系统，也包括进销存专用的信息系统。

（3）综合管理

针对整个企业的综合管理，实施企业级的信息系统建设。该层次的信息化建设内容既包括一般企业通用的综合管理信息系统，也包括采购与物流行业专用的综合管理信息系统。

(4) 公共平台

所要解决的问题是整个采购与物流行业的信息化问题，如采购与物流信息的发布与共享，采购与物流行业与其他相关机构的信息交互。这些信息化需求不可能由某一家企业单独承担，而应该由外部的服务供应商或政府部门负责满足。这一层次的建设内容主要包括采购与物流公共信息交换平台、全球定位系统、地理信息系统、EDI网络服务中心等。

目前，多数企业的采购管理信息化仅处于第一、二层次，达到第三层次或以上水平的企业则很少。随着采购与物流国际化、高级化的发展，采购系统各个环节的作业将会出现自动化、智能化为主的发展趋势，采购管理信息化的程度必将越来越高。

3. 以信息化促进采购管理水平的提高

(1) 积极利用公共采购与物流信息平台

公共采购与物流信息平台以其跨行业、跨地域、多学科交叉、技术密集、多方参与、系统扩展性强、开放性好的特点对现代物流的发展构成了有力支撑。公共采购与物流信息平台包含六大功能：保证货物运送的准时性；货物与车辆跟踪，提高交货的可靠性；提高对用户需求的响应性；提高政府行业管理部门工作的协同性；提高资源配置的合理化。企业直接使用公共采购与物流信息平台可以利用其庞大的资料库以及开放性的商务功能实现企业自身的信息交流、发布、业务交易、决策支持等的信息化管理，可以说使用公共采购与物流信息平台是企业信息化的捷径。

(2) 采购中心与物流节点的网络化

随着采购与物流活动的复杂化，企业采购中心和物流节点逐步增多，网络化已成为企业信息管理的关键点。以美国 Amazon 为例，为配合网上销售，Amazon 公司在美国、欧洲和亚洲共建立了 15 个配送中心，并先后规划和实施了配送节点的网络化管理。完善的配送网络体系，使 Amazon 公司订货和配送中心作业处理大大加快，送货标准时间有效缩短。目前，其配送中心的规模及信息化水平足以与大型的传统零售公司的配送系统相媲美。再以德国翱拓邮购公司为例，翱拓公司在世界 19 个国家和地区设立子公司，在任何地方客户可以通过电话、邮件、传真、Internet 等向邮购公司的客户中心订货。所有订货信息通过计算机直接传输到物流中心，物流中心通过现代化的物流设施和设备，分拣商品，最后打成邮包，再由自己的投递网络送至客户手上。供应商的网络化管理给采购信息化管理创造了良好的条件。

（3）业务流程重组（BPR）

业务流程重组是通过重新思考、翻新作业流程，以便在成本、品质、服务和速度等方面获得“戏剧化”的改善。其核心是以顾客、流程为导向，根本性的重新思考与设计，辅助信息技术的运用，最终达到绩效改善。业务流程重组一般包含三方面：功能内的BPR，即对职能内部的流程进行重组；功能间的BPR，即在企业范围内跨越多个职能部门边界的业务流程重组；组织间的BPR，即发生在供应链中跨企业边界的企业之间的业务重组。通用汽车公司（GM公司），通过采用共享数据库、EDI等信息技术，将公司的经营活动与配件供应商的经营活动连接起来，配件供应商通过GM的数据库了解其生产进度，拟订自己的生产、采购和发货计划，同时通过计算机将发货信息传给GM公司，GM收货员在扫描条形码确认收到货物的同时，通过EDI自动向供应商付款。这样，GM与其零部件供应商的整体运转就如同一个公司，从而实现了对整个供应链的有效管理，缩短了生产、销售和订货周期，减少了非生产成本，简化了工程流程。以上的流程优化说明，BPR有助于企业识别核心业务流程、简化非增值部分流程、实现供应链组织的集成和整体优化。

（4）实施企业资源计划，通过电子商务达到信息集成化

ERP的核心管理思想是实现对整个供应链的有效管理。电子商务的主要特征是利用互联网的优势，减少传统商务模式的中间环节。ERP与电子商务结合，可使采购、物流和生产有机结合，实现资源优化。Dell公司通过自身网站销售计算机，消费者在网上订货，Dell确认订货后，通过计算机将信息传输给内部生产ERP系统并完成定制生产。Dell公司运用的这种营销管理模式使其在真正意义上实现了“零库存”管理，有效地降低了物流成本，提高了用户的采购效率。

（5）借助通信技术、数据交换技术及其他物流技术

信息技术的发展与通信、数据交换及其他应用技术密切相关，目前非对称数字用户环线（ADSL）、数字数据服务（DDN）、异步传输模式（ATM）、无线通信（NAP）、光纤光布式数据接口（FDDI）、电子数据交换（EDI）、有线电话/传真（CALL CENTER）、智能技术、识别技

术、条码技术、空间定位技术、地理信息技术、自动化控制技术等已在采购和物流业务活动中广泛应用，企业因地制宜合理地利用信息技术及其他交叉学科技术，有助于提升企业的采购与物流信息综合管理水平。

二、采购物流信息调查方法

1. 采购物流信息种类

采购物流中的信息流是指信息供给方与需求方进行信息交换和交流而产生的信息流动，它表现了品种、数量、时间、空间等各种需求信息在同一物流系统内、在不同的物流环节中所处的具体位置。

（1）按信息沟通联络方式分为口头信息和书面信息

口头信息是通过面对面的交谈所进行交流的信息。采购物流活动的各种现场调查和研究，是获得口头信息的最简单方法。

书面信息是采购物流信息的书面表示形式，可以重复说明和进行检查。各种物流环节中的报表、文字说明、技术资料等都属于这类信息。

（2）按信息来源分为外部信息和内部信息

外部信息是在采购物流活动以外发生但提供给采购物流活动使用的信息，包括供货人信息、客户信息、订货合同信息、交通运输信息、市场信息、政策信息，还有来自企业内的生产、财务信息。

内部信息是来自采购物流系统内部的各种信息的总称，包括物流流转信息、物流作业层信息、物流控制层信息和物流管理层信息。

2. 采购物流信息化手段

采购物流信息化是电子商务时代的必然要求。采购物流信息化表现为采购物流信息的商品化、采购物流信息收集的数据化和代码化、采购物流信息处理的电子化和计算机化、采购物流信息传递的标准化和实时化。

（1）数据库

采购物流作业分布在不同的时间、地点，由不同的人员采用不同的载体共同完成，只有采用数据库技术，才能将物流系统分散的数据集中起来，为所有的作业者、管理者及合作者分享。可以将采购物流系统的数据库建成一个公共数据平台，分布在不同地点、环节的数据共享者可以在不同的时间对数据库进行实时更新和共享。

（2）信息网络

采购物流系统多以载体的实物网络方式存在，物流信息网络应该与该载体实物网络相匹配。结合采用数据库技术，物流网络可以使物流数据的采集、传输、处理等分散化，这正好符合采购物流中网点分散化的特点。因特网促进了物流系统网络化的建设，提高了物流业务的信息化程度，加快了物流反应速度。

(3) 电子技术

为了提高采购物流作业的自动化程度、提高作业效率，需要广泛采用电子技术，这些技术可以用于商品识别设备，如电子标签；可以用于自动化设备，如自动分拣机、自动堆垛机。

(4) 计算机

计算机是最基本的信息处理工具，现代物流技术使用的先进技术、设备往往是数据库、信息网络、电子技术及计算机技术的综合应用。先进的物流系统一般要运用全球卫星定位系统、地理信息系统、卫星通信、射频识别装置、机器人等，实现物流作业的自动化、无纸化和智能化。

3. 采购物流信息化的技术

(1) 条码与射频技术

条码技术是一种自动识别技术，是集条码理论、光电技术、计算机技术、通信技术、条码印刷于一体的综合性技术。条码技术具有制作简单、信息收集速度快、准确率高、信息量大、成本低和条码设备方便易用等优点。在采购物流中，条码技术起到了准确识别物品信息和快速跟踪物品历程的作用。条码技术广泛应用于采购物流的数据采集、快速响应、运输等方面。

射频技术（RF）是一种基于电磁理论的通信技术，适用于物料的跟踪、运载工具的识别等要求非接触数据采集和交换的场合。其优点是不局限于视线，识别距离比光学系统远，射频识别卡可具有读写能力，可携带大量数据，难以伪造，且有智能性。从射频卡上采集数据可直接通过射频通信方式传输到主计算机，由主计算机对各种物流数据进行处理，以实现对采购物流全过程的控制。

(2) 电子数据交换

电子数据交换（EDI）是按照协议的标准结构格式，将标准的经济信息，通过网络传输，在供需双方的计算机系统之间进行交换和自动处理。EDI 的基础是信息，这些信息可以人工输入，也可以通过扫描条码获取数据，速度快、准确性高。条码技术与EDI相结合，方能确保采购物流信息的及时可得性。

（3）数据库技术

数据库技术将采购物流信息中大量的数据按一定的结构组织起来，提供存储、维护、查询的功能。可以将采购物流系统的数据库建成一个共享平台，为数据采集、数据更新和数据交换提供方便。结合数据仓库技术和数据挖掘技术，对原始信息进行系统的加工、汇总和整理，提取隐含的、从前未知的、潜在有用的信息和关系，满足采购物流过程智能化管理的需求。

（4）地理信息技术

地理信息技术（GIS）以地理空间数据为基础，采用地理模型分析方法，适时地提取多种空间和动态的地理信息，是一种为地理研究和决策服务的计算机技术系统。通过各种软件的配合，地理信息系统可以建立车辆路线模型、网络物流模型、分配集合模型、设施定位模型等，更好地为采购物流决策服务。

（5）全球定位系统

全球定位系统（GPS）是利用空中卫星对地面目标进行精确导航与定位，以达到全天候、高准确度地跟踪地面目标移动轨迹的目的。

4. 采购物流信息需求调查方法

1）常规调查法，如询问法、问卷法、观察法、实验法，同样适合于采购物流信息调查。

2）应用采购物流信息化技术获取采购物流的需求信息。

3）应用网络技术和数据库也可获取采购物流的需求信息。

三、供应链信息需求调查方法

1. 供应链网络

产品从原材料供应商供给生产厂家，再经批发商、零售商等中间环节销售给消费者的全过程中，诸流通实体环节组成的供需往来关系和联系称为供应链网络。它可以被看成一个时空范围更广的大企业组织模式。这个供应链网络包括所有节点企业（供应商、生产商、批发商、代理商、零售商）、最终消费者和连接各节点企业与消费者的物料流、价值流、资金流以及信息流。信息流在这里就是用于说明物料流、价值流和资金流等一整套有价值的数据、资料、图表、消息、文字记载。

2. 供应链信息的组成

供应链信息是物流信息的一个子信息系统。信息内容包括三方面：一是反映供应链组成供应要素（供应商、生产厂、销售部门、客户群体等）的企业实力、产品质量、信誉口碑、经营状况和服务水平的消息及有关资料；二是供应链内各环节企业之间联系、互动的状态、记录、图示、统计表等；三是供应链各企业所处社会环境的变化及国家发布的经济技术政策和统计年鉴等。上述三方面的情报文献及传闻就构成了供应链信息源。

3. 信息链信息调查方法

1）常规调查法。即调查法、观察法、实验法同样适合于供应链信息调查。

2）专业文献调查。做法是查询、记载、报道供应链管理的文献、期刊、杂志、影视专栏及反映物流业新动向的会议、专刊、书籍等。

3）网络调查。物流业、供应链及采购物流的现代化与网络信息技术的发展关系密切，可以通过网络，利用计算机、电子数据传递、网上查询等技术获取供应链信息。

上述任何一种信息调查，都应注重信息的真实性、准确性和及时性，误导的假信息会使工作蒙受损失，若所取信息有使用范围，总体虽无误，但对供应链建设不太适宜，也会贻误工作，至于迟到的信息，只能当成历史资料阅读，对强化供应链管理毫无益处。

第二节　采购管理信息系统的利用与改进

◎鉴定要点

通过学习，了解 ERP 系统和采购管理信息系统运行原理，掌握采购管理信息系统利用与改进的方法，能够对采购管理信息系统的维护与改进提出建议。

◎工作内容

一、利用采购管理信息系统进行采购决策与管理

1. 采购管理信息系统建立步骤

在建立采购管理信息系统或提升其功能时，采购管理在行动时必须清楚、完整地规定其目标、规划、调整及取得信息系统的基本步骤，必须视不同的公司环境适当调整。具体步骤如下：

1）分析现有的系统。严谨地评估现有的系统以区别哪些程序、格式报告是满意的，而哪些地方有所遗漏或不适当。对于每个不满意的项目提出改善意见是必要的。

2）定义系统的目的。定义信息化的基本问题及其目标，并使其符合公司的目标及政策。

3）建立专案团队及执行委员会。建立一个由采购部门经理领导的，结合采购、系统设计及存货控制等人员的委员会和团队。包含公司高层领导人员在内的执行委员会，应常常考核此团队的成果，并给予指正及改善。然后，应开发一套包括实施先后次序、排程及工作量的试验性计划。

4）为初步的系统设计取得信息，确认系统会需要哪一类的信息，什么时候需要及其具有何特性。

5）开发概念性设计。设计一套可以表现出未来系统投入、参考文件、产出的流程图。

6）说明设计的缘由。列出数量化或品质性的利益，包含整体系统的所有要素。

7）提出计划。整个专案团队应提出一份包含系统功能、需要时间，以及预期效益的计划给执行委员会。

8）设计必要的系统。依照步骤5所发展的概念流程图来扩大成完整的系统，必要时可以做成本的修正。

9）开发系统规格。赋予系统适当的特性并解释其技术细节。这些规格必须以常用的形式表示，由于成本太高故不应将其限制于某些特殊的规格。资料库的要求也应包含在内。

10）为供应商的提案建立价格预测分析。提供计算机硬件和周边设

备的成本分析及估计程式软件的需求。

11）要求厂商报价。给至少四家硬软件供应商发出完备的报价通知单，谨慎地说明系统所需的每个项目，并分别与每家供应商讨论。

12）开发一个矩阵评估系统。利用正式的文件或大面积的纸张，列出不同供应商所提供的不同信息来建立比较性的矩阵评估系统。

13）选定几家最好的供应商。邀请这几家供应商分别对其报价进行深入的商议。在实行此步骤时应切记供应商所提供的价格并不是最终的价格。

14）决定最佳的供应商。与其就规格、价格、条件进行谈判。

15）排定时程表。依照修改过后的设计及实行排程进行建构程序，并广泛地沟通及检讨其合理性。设定一系列的训练课程，使采购人员或其他人员了解有关计划的修正。

16）系统建立时的必要工作。在系统建立时，注意硬件及软件的架构方式是否依照规格施工，并切记将程序步骤写成标准的作业程序。

17）测试信息系统的成果。在系统未达到最佳状况时，不断地找出并解决问题是必要的。采购人员对于系统确定同意并签字，供应商必须持续地提供协助；在没有完全满意之前不要接收系统。

18）事后考核其成果。考核新系统的成本效益是否达到预期效果。

2. 利用采购管理信息系统进行采购决策与管理

（1）利用采购信息系统进行采购信息统计和分析

及时、准确和完整的采购信息统计与分析，是进行采购决策的基本条件。由于基于网络和数字化技术，一般的采购信息系统都具有集信息采集、分类、汇总、分析、查询、统计等各种处理为一体的显著特点，而且操作快捷、方便，性能高效。采购经理人员可以通过采集采购过程中所产生的各种原始数据，简单录入供应商信息、货品信息、采购负责人信息，合同、采购、退货、付款信息，随时进行各种条件的查询统计和分析处理。可以对合同进行查询——按采购人统计合同采购量、按供货方统计合同采购量、按货品统计合同采购量；可以对采购情况进行查询——按期间供货方查询、按期间采购人查询、按期间采购货品查询；可以对退货退款情况查询——按负责人退款查询、按供货方退款查询、按货品查询；可以对账务付款查询、汇总分析——按责任人付款查询、按供货方付款查询、按责任人期间汇总、按责任人欠付款分析、责任人采购金额分析、按供商期间汇总、供应商欠款分析、供应商采购金额分析等。

(2) 利用采购信息系统进行内部控制

内部控制的作用在于促使企业有效率地达成经营目标，提供可靠的财务报表与信息，并确保一切程序符合相关的法律法规和企业各项规章制度。就网络环境而言，采购交易的处理与相关作业程序都必须依赖良好的计算机信息系统，因此，信息系统内部控制将直接影响采购的运营与绩效。

在良好的采购信息内部控制系统下，经理人员可以对采购活动进行实时、有效的内部控制。

1）采购管理系统可以帮助采购人员完成物料采购全部过程中每一业务的有效控制，包括采购计划的制订、采购申请、采购询价、采购订单、订单跟踪等。

2）利用采购管理系统，实现采购监控与操作的分离，实现采购系统内部的有效牵制。通常，在电子化系统内分出操作与监控两个岗位，对每一笔业务同时进行多方备份。当采购人员进行账务处理时，其操作和数据也被同步记录在监控人员的机器上，由监控人员进行即时或定期审查，一旦出现数据不一致便进行深入调查。这样明确了岗位的划分，实现了有效牵制。

(3) 利用采购信息系统打造“阳光采购”平台

采购信息化管理系统的实现，特别是内部控制系统的完善，使企业采购物资流和信息流管理高度整合，为建立完善的预算执行体系和透明严谨的采购流程控制体系提供了良好的技术条件，企业可借以打造“阳光采购”平台。

信息不畅、过程不透明是影响采购效率和公司整体执行力的重要因素。采购信息管理系统能够让采购团队内部与公司各部门共同（甚至同步）获得清晰和快速的信息，并让这些信息得到系统化管理和通畅的传递，而且高度透明。利用现有的信息系统资源，如投资预算系统、合同系统、LIS 系统、MIS 系统等已有数据，实现物资采购申请、审批、采购、验收、结算等业务流程的电子化管理，同时提供实时查看采购进度及采购统计报表。

采购管理系统让共享信息成为重要资源，让透明工作成为优质服务。

例如，部门预算会定采购量，系统自动生成采购目录，各部门专人申报请购单，采购流程管理系统固化。采购系统中没有被录入的项目，各部门就无法进行采购申报，差错率达到了零指标，超预算行为便会销声匿迹，采购中预算执行的保障机制由此形成。

更为方便的是，采购管理系统中无论是预算系统、合同系统，还是MIS系统，在应用中均可实现无缝集成。比如，采购员在请购单中就可以直接导入合同清单和MISS订单，订单直接导入功能直接简化了工作。同时，采购流程自动排序，也将财务的审计等功能囊括进来，所有人都能动态监察到请购、审核、入库的全部过程，采购操作工作高度透明。

二、采购管理信息系统的维护与改进

1. 采购管理信息系统测试

任何软件系统，特别是像MIS这样的大型软件系统，都不可能是完美无缺的。错误有可能来自程序员的疏忽，也可能在系统分析和设计时就已产生，有些错误很容易发现，而有些错误却隐藏得很深。彻底发现这些错误的最终方法就是系统测试。然而，系统测试的意义不仅在于发现系统内部的错误，人们还可以通过某些系统测试，了解系统的响应时间、事务处理吞吐量、载荷能力、失效恢复能力及系统实用性等指标，以对整个系统进行综合评价。因此，系统测试是保证系统开发成功的重要一环。

根据MIS开发的周期，系统测试可以分成五个阶段，分别为单元测试、组装测试、确认测试、系统测试以及验收测试。

（1）单元测试

主要是以模块为单位进行测试。即测试已设计出的单个模块的正确性。单元测试的主要内容包括以下几项步骤：

1）模块接口。对被测的模块，测试信息能否正确无误地流入流出。

2）数据结构。在模块工作过程中，其内部的数据能否保持完整，包括内部数据的内容、形式及相互关系是否正确。

3）边界条件。在为限制数据加工而设置的边界处，测试模块是否能正确工作。

4）覆盖条件。模块的运行能否达到满足特定的逻辑覆盖。

5）出错处理。模块工作中发生错误，其中的出错处理措施是否有效。

（2）组装测试

在每个模块完成单元测试后，需按照设计时做出的结构图，把它们连接起来，进行组装测试。组装测试的内容包括以下几方面：

1）各个模块是否能够无错误地连接。

2）能否保证数据有效地传输以及数据的完整。

3）人机界面以及各种通信接口是否满足设计要求。

4）能否与硬件正常连接。

（3）确认测试

组装测试完成后，在各模块接口无错误并满足软件设计要求的基础上还需进行确认测试。确认测试的主要内容有以下几方面：

1）功能方面应测试系统输入、处理、输出是否满足要求。

2）性能方面应测试系统的数据精确度、时间特性（如响应时间、更新处理时间、数据转换及传输时间等）、适应性（在操作方式、运行环境及其他软件的接口发生变化时，应具备的适应能力）是否满足设计要求。

3）其他限制条件的测试，如可使用性、安全保密性、可维护性、可移植性、故障处理能力等。

（4）系统测试

在软件完成确认测试后，应对它与其他相关的部分或全部软硬件组成的系统进行综合测试。系统测试的内容应包括对各子系统或分系统之间的接口正确性的检查和对系统的功能、性能的测试。系统测试一般通过以下几种测试来完成：

1）恢复测试。恢复测试是要采取各种人工方法使软件出错，而不能正常工作，进而检验系统的恢复能力。如果系统本身能够自动地进行恢复，则应检验重新初始化、检验点设置机构、数据恢复及重新启动是否正确。如果这一恢复需要人工干预，则应考虑平均修复时间是否在限定的范围内。

2）安全测试。需设置一些企图突破系统安全保密措施的测试用例，检验系统是否有安全保密漏洞。对某些与人身、机器和环境的安全有关的软件，还需特别测试其保护和防护手段的有效性和可能性。

3）强度测试。强度测试检验系统的极限能力。主要确认软件系统在超临界状态下性能降级是否是灾难性的。

4）性能测试。检验安装在系统内的软件运行性能，这种测试需与强度测试结合起来进行。为记录性能需要在系统中安装必要的测量仪表或度量性能的软件。

（5）验收测试

系统测试完成且系统试运行了预定的时间后，企业应进行验收测试，确认已开发的软件能否达到验收标准，包括对测试有关的文档资料的审查验收和对程序的测试验收。对于一些关键性的软件还必须按照合同进行一些严格的特殊测试，如强化测试和性能降级执行方式测试等，验收测试应在软件投入运行后所处的实际工作环境中进行。

1）文档资料的审查验收。所有与测试有关的文档资料是否编写齐全，并得到分类编目。这些文档资料主要包括各测试阶段的测试计划、测试申请及测试报告等。

2）余量要求。必须实际考察计算机存储空间，输入、输出通道和批处理时间的使用情况，要保证它们至少都有20%～30%的余量。

3）功能验收测试。必须根据系统实施方案中规定的功能对被验收的软件逐项进行测试，确认该软件是否具备规定的各项功能。

4）性能验收测试。必须根据系统实施方案中规定的性能对被验收的软件逐项进行测试，确认该软件的性能是否得到满足。

5）强化测试。强化测试必须按照GB/T 8566—2007软件开发规范中的强化测试条款进行。开发单位必须设计强化测试用例，其中包括运行环境、运行方式及在系统运行期可能发生的其他情况。

2. 采购管理信息系统评价

（1）采购管理信息系统的质量评价指标

所谓质量评价就是在特定的环境下，在一定的范围内区别某一事物的好与坏。质量评价的关键就是给出评价质量的指标与标准。可对采购管理信息系统的质量评价给出以下指标：

1）用户对系统的满意程度。系统是否满足了用户和采购管理业务对信息系统的要求，对系统的可操作性和运行状况是否满意。

2）系统的开发过程是否规范。包括系统开发各个阶段的工作过程以及文档资料是否规范等。

3）系统功能的有效性、完整性以及先进性。这是衡量系统质量的关键。

4）系统的性能、成本、效益的对比是否合理。这是综合衡量系统质量的指标。它直接反映了系统质量的好与坏。

5）系统运行结果的有效性或可行性。考察系统运行结果对于解决预定的采购问题是否有效。

6）结果是否完整。考察处理结果是否全部满足参与采购的各个不同级别成员的要求。

7）采购信息资源的利用率。即考察系统是否最大限度地利用了现有的采购资源信息并帮助采购管理者做出正确的决定。

8）提供采购信息的质量是否符合要求。即考察系统所提供的采购信息或分析结果的准确度、精确度以及采购信息的有效性、实用性和准确性。

9）系统的实用程度。即考察系统对实际的采购管理工作的实用程度。

（2）采购管理信息系统的运行评价指标

采购管理信息系统在投入实际运行后，还要不断地对其运行的状况进行评价分析。这也为系统的维护、更新提供了帮助。其主要指标如下：

1）预设的系统开发目标的完成情况：

①是否满足了具体采购管理的要求；各级采购人员是否满意。

②为完成预设的采购任务，所付出的成本是否在预想的范围之内。

③系统的开发过程是否规范，各阶段的文档是否齐备。

④功能与成本是否在预想的比例范围之内。

⑤系统的可维护性、可扩展性、可兼容性是否符合要求。

⑥系统内部各种资源的利用情况。

2）系统运行的实效性评价：

①系统运行是否稳定。

②系统的安全保密性能如何。

③对系统的操作、管理、运行状态是否满意。

④系统的操作失误保护和故障恢复功能是否满足要求。

⑤系统运行结果对采购的决策、执行以及采购过程的工作效率等的支持程度如何。

3）系统设备运行效率的评价：

①系统设备运行效率如何。

②数据的传输与加工处理的速度是否匹配。

③系统各个设备资源的负荷是否平衡。

3. 采购管理信息系统运行管理

（1）系统安全管理

一般包括用户管理、权限管理、数据备份、系统备份、文档保管、双机备份。系统安全管理是一项技术性较强的工作，并不是高级采购经理人员需要直接从事的工作，但必须从管理和监督上做好采购管理信息系统安全管理制度的执行和落实工作。

为此，高级采购经理人员需要掌握和观察影响采购信息系统安全的因素。信息系统尽管功能强大，技术先进，但由于受到其自身的体系结构、设计思路及运行机制等的限制，也隐含着许多不安全的因素。常见的影响因素有数据的输入、输出、存取与备份，源程序及应用软件、数据库、操作系统等的漏洞或缺陷，硬件、通信部分的漏洞、缺陷或遗失，还有电磁辐射、环境保障系统、企业内部人的因素、计算机病毒、“黑客”、经济间谍等，具体表现见表5—1。

（2）系统维护

系统维护是指已完成系统开发工作并交付使用后，对系统所进行的一些软件工程活动。

1）充分认识系统维护的必要性。做好系统的维护工作不仅能排除障碍，使其能够正常工作，而且还可以扩充其功能，提高性能，为用户带来显著的效益。

在系统开发阶段结束以后，软件作为产品交付用户使用，进入运行阶段。实践表明，在运行中仍然有必要对系统进行更改，原因有以下几点：

①改正在运行中新发现的软件错误和设计上的缺陷。这些错误和缺陷在开发后期测试阶段并未发现。

②改进设计，以增强软件的功能，并尽可能地提高软件的性能。

③要求已运行的系统能适应特定的硬件、软件、外部设备、通信设备的工作环境或者是要求适应已变动的数据或文件。

④使运行的软件的应用广度得到必要的扩充。

⑤使投入运行的软件与其他相关的程序有良好的接口，以利于协同工作。

表 5—1　　　　影响采购信息系统安全的因素

影响因素	具体表现
数据输入	数据窜改或输入虚假数据，错误输入
数据输出	处理过的数据通过各种设备输出信息就有泄露或被盗的可能
数据存储与备份	不能完全将非法用户的侵入拒于系统之外，或者因为没有备份导致系统难以恢复
源程序	用程序语言编写的处理程序被修改或盗窃
应用软件	如果软件的程序被修改或破坏，会损坏系统的功能，进而导致系统瘫痪，另外，文档的丢失将使得软件升级和维护非常困难
数据库	数据库中存有大量数据资源，如果被破坏或失窃，其损失难以估计
操作系统	操作系统遭到攻击或破坏，将造成系统运行出现问题
硬件	硬件有被破坏、盗窃的可能，组成计算机的电设备存在故障的可能
通信	信息数据通过通信系统进行传输可能被窃听
环境保障系统	周围环境的温度、湿度、清洁度以及自然灾害对计算机硬件的破坏
电磁辐射	计算机使用电子脉冲的设备，信息以脉冲的形式表示并传输，因此，计算机处理的信息以电磁波的形式向外辐射，只要接收到电磁波，就有被复制的危险，造成信息泄密，同时计算机也会受到电磁波的干扰
企业内部人员因素	低水平的安全管理、偶尔的操作失误或蓄意的破坏行为
软件的非法复制	软件的非法复制，造成软件的失密
病毒	各种病毒严重危害网络信息的安全
“黑客”	非法的网络用户，利用所掌握的信息技术侵入未授权的信息系统
经济间谍	出于商业目的窃取竞争对手的商业机密

系统维护处在系统生命周期的最后阶段，在此之前完成的开发工作曾花去了大量的人力和资源。系统开发完成后，用户迫切希望它能正常地工作，发挥效益。同时也希望它能稳定地运行，具有较长的使用寿命。但实践证明，任何一个软件系统在通过验收测试后，都不能保证系统内部所有的隐藏错误完全排除了。随着对它的频繁使用，某些原来隐藏的问题会逐渐暴露出来。用户还会发现一些使用不便之处。面对这些问题，为了能够使系统正常地运行，有必要再次投入一定的人力和资源，开展系统维护工作。统计资料表明，维护阶段的费用占整个软件生命周期费

用的65%以上，这是一个相当大的数字。如果不能充分认识到维护工作的重要性，未在技术上、人力安排上和投资上给予足够的重视，势必使已开发的系统无法完全发挥其应有的效益。

2）系统维护的内容。一般情况下，系统维护工作包括以下三方面：

①改正性维护。是指在系统运行中发生异常或故障时进行的维护。这些故障是由系统开发过程中某个环节上的隐藏错误造成的。并且在开发系统的最后测试阶段中没有发现，系统带着这些隐形错误运行，只是在某些特定的环境下才暴露出来。

②适应性维护。是指使运行的系统能够适应外部环境的变动。计算机技术发展得越来越快，几乎每三年就要出现新一代的计算机软硬件和新的操作系统。建立在硬件和操作系统上的信息系统其使用年限常常不止三年，长者甚至超过十年。这就要求系统能紧跟发展趋势，不致因不能适应新的外部环境而影响正常的运行。

③完善性维护。是为扩充系统的功能、提高原有系统性能而展开的系统工程活动。这里所说的新的功能和性能都是在原来编制的系统中不能实现的内容。

3）系统维护工作中存在的问题。当前系统维护工作仍然存在着一些实际的问题，其中有些是认识上的，有些则是客观存在的。这些问题表现在下面几方面：

①许多系统的维护工作十分困难，原因在于这些系统的文档和源程序难以理解，难以修改。

②系统维护的成本过高。

③维护工作面广，维护工作量大。

④维护力量薄弱，维护质量受到影响。

4）相关对策。针对以上一些系统维护中所存在的问题，提出以下解决问题的对策：在系统开发的初始阶段就应建立维护的观念；把程序结构的复杂性降低到最低；系统开发中坚持按结构化方法进行设计；开发中努力提高系统的可靠性，减少改正性维护的工作量；系统开发时尽量预测未来可能发生的变动，提高系统设计的可修改性和灵活性。

◎相关知识

一、企业资源计划（ERP）系统运行原理

1. ERP 应用系统的主要特征

ERP 应用系统的主要特征概括起来有以下三点：

（1）ERP 是一个面向供应链管理的管理信息集成系统

其集成内容包括制造、供销、财务等功能，还涉及支持物料流通体系的运输管理、仓库管理等功能。在线分析处理是该系统的主要特点。

ERP 系统适用于：生产保障体系的质量管理、实验室管理、设备维修和备件管理；多种生产类型或混合型制造企业；远程通信、Web/Internet/Intranet/Extranet、电子商务（E-commerce、E-business）、电子数据交换（EDI）；工作流（业务流成）动态模型变化和信息处理程序命令的集成；跨国经营的多国地区、多工厂、多语种、多币制需求。

（2）ERP 采用了网络通信技术

ERP 系统除了普遍采用的图形用户界面技术（GUI）、关系数据库管理系统（RDBMS）、SQL 结构查询语言、面向对象技术（OOT）、客户机/服务器和分布式数据处理系统、第四代语言/计算机辅助软件工程等技术之外，还要实现多样化的平台交互操作，加强用户个性设置，适应不同行业用户的需求。

（3）ERP 系统的实施必须与企业业务流程重组（BRP）结合使用

企业业务流程重组是一项包括业务流程、信息流程和组织机构的变革（这种变革不仅是企业内部，而且更重要的是指整个供应链的业务流程和组织机构的重组）。它是为适应由于信息技术发展所带来的业务量的增加、信息量的畅通、信息的实时处理、及时决策而产生的。ERP 系统应用程序使用的技术和操作必须能够随着企业业务流程的变化而相应地调整。只有这样，才能把传统的信息系统对环境变化的“应变性”转化为 ERP 系统通过网络信息对内外环境变化的“能动性”。

2. ERP 应用系统的功能模块

（1）生产控制管理模块

生产控制管理是一个以计划为导向的先进的生产、管理技术。首先，企业确定一个总体生产计划，再经过系统地细分，传达到各个部门执行。

即生产部门以此生产，采购部门照此采购等。涉及内容主要包括主生产计划、物料需求计划、车间控制、制造标准（零件代码、物料清单、工序、工作中心等）。该模块的管理目标基本上是由 MRPⅡ派生发展而来的，主要从客户订单、材料采购、工艺流程、生产能力、生产进程、物料控制等方面进行管理。系统有全面记录、分析，自动完成订单生成、指令下达功能。

该模块是 ERP 系统的核心，它将企业的整个生产过程有机地结合起来，使企业能够有效地降低库存，提高效率。并且，各个分散的生产流程自动连接，也使生产流程能够前后连贯地进行，而不会出现生产脱节，耽误时间。

（2）物流控制管理模块

物流控制管理是以物料为对象的功能管理。有分销管理、库存控制、采购管理等子模块。

分销管理子模块有三个功能：第一，对客户信息的管理和服务（即客户关系管理 CRM）；第二，对销售订单的管理（包括客户信用审核及查询；产品库存查询；产品报价；订单输入、变更和跟踪；交货期的确认及交货处理）；第三，对销售的统计与分析（包括销售统计、销售分析、客户服务）。

库存控制子模块是一种用来控制存储物料的数量，以保存稳定的物流、支持正常的生产，但又最小限度地使用资本，相关、动态及真实的库存控制系统。它的功能主要体现在：第一，为所有的物料建立库存，决定何时订货采购，为采购部门、生产部门提供计划的依据；第二，收到订购物料，经过质量检验入库，生产的产品也同样要检验入库；第三，收发料的日常业务处理。

采购管理子模块的基本功能有供应商信息查询及档案建立、催货、采购和委托加工统计、价格分析。

（3）人力资源管理模块

人力资源管理是企业制定和实现持续发展的关键。作为一个独立的模块，其与传统方式下的人事管理有根本不同。它可以分为人力资源规划的辅助决策子模块、招聘管理子模块、工资核算子模块。

人力资源规划的辅助决策子模块可以对企业员工、组织机构编制的方案，进行模拟比较和运行分析，并辅之以图形的直接评估，帮助管理者做出正确的决策。它的功能有制定职务模型（职位要求、升迁路径、培训计划）和进行人员成本分析。

招聘管理子模块的基本功能有招聘过程管理、招聘成本管理、招聘岗位信息管理。

工资核算子模块从三方面提供支持：第一，能根据公司跨地区、跨部门、跨工种的不同薪资结构及处理流程制定与执行合适的薪资核算方法；第二，与时间管理集成，能够及时更新，将员工的薪资动态化；第三，回算功能，通过和其他模块的集成，自动根据要求调整薪资结构及数据。

（4）财务管理模块

ERP 中的财务管理模块和一般的财务软件有所不同，作为 ERP 系统中的一个重要部分，它与系统的其他模块有相应的接口，能够相互集成。例如，它可将由生产活动、采购活动输入的信息自动输入财务模块生成总账、会计报表，取消了输入凭证的烦琐过程，加强了对资金的运用，以及现金流量、资金周转等方面的管理。ERP 软件的财务部分一般分为会计核算子模块和财务管理子模块。

会计核算子模块主要记录、核算、反映及分析资金在企业经济活动中的变动过程及变动结果。它由总账、应收账、应付账、现金、固定资产、多币制现金管理、工资核算、产品成本等子模块组成。

财务管理子模块的功能主要是根据会计核算的数据进行分析，从而进行相应的预测、管理、控制活动。主要包括财务计划、控制、分析、预测，工时管理（作息时间表以及远端考勤系统），差旅核算（自动控制从差旅申请、差旅批准到差旅报销的整个流程）。

3. 从 MRP 到 ERP

从 MRP 到 MRPⅡ再到 ERP，是一个从单纯解决库存的方案到利用网络技术，协调企业的各种职能、依存关系的过程，这反映了管理思想的逐渐成熟以及管理问题的新的解决思路。

虽然 ERP 的基础是 MRP，但 ERP 的内涵已经超出了物流的计划范围，并且进化到对整个供应链的有效管理以及协同商务的层面上，形成了 ERP 系统。与 MRP 系统相比，ERP 在范围、功能、管理方式等方面有了很大的改变。

（1）资源管理方面

MRP着重对企业内部人、财、物等资源的管理，而ERP系统提出了供应链的概念，在此链上流动着物流、资金流、增值流、工作流等五种“资源流”，连接着客户的需求以及供应商的资源，并且对供应链上的所有环节进行管理，这些环节包括订单、采购、库存、计划、生产制造、质量、运输、分销、服务、维护、财务、人事、实验室、项目、配方等方面的管理。

（2）在生产方式管理方面

MRP系统把企业按照生产方式的不同进行分类，例如，分类成批量生产、按订单生产、按订单装配、按库存生产等，并且针对每一个生产方式设计了不同的管理标准。而ERP系统则有效地支持和管理多品种小批量生产以及看板式生产、混合制造环境，体现了效率生产、敏捷制造的管理思想，满足了企业的多元化需求。

（3）在管理功能方面

ERP系统除了MRP系统的制造、分销、财务管理功能外，还加入了支持整个供应链上物料流通体系中产、供、销各个环节之间的运输管理和仓储管理；支持保障生产的质量管理、设备维修和备件管理；支持业务流程管理以及跨国经营的多国家地区、工厂、语种、币制的应用。

（4）在事务处理方面

MRP系统是通过计划的动态变化来控制生产过程的，相对来说实时性比较差，只能实现事中控制。而ERP系统的在线分析处理、售后服务及质量反馈等，能实现企业的事前控制。此外，在MRP系统中，财务系统只实现了信息的归结，其功能是将产、供、销中的数量信息转化为价值信息，是物流的价值反映。而ERP系统则将财务计划功能和价值控制功能集成在供应链的每一个环节上，例如，在生产计划系统中，除了保留原来的主生产计划、物料需求计划、能力计划外，还扩展到销售执行计划和利润计划。

（5）在计算机信息处理技术方面

随着信息技术的快速发展、网络通信技术的广泛应用，使得ERP系统实现了对整个供应链信息进行集成管理。ERP系统采用客户/服务器（C/S）体系结构和分布式数据处理技术，支持Internet/Intranet/Extranet、电子商务、电子数据交换，此外，还能实现在不同平台上的交互操作，实现协同商务效应。

二、ERP 在采购管理中的应用

1. 实现基于 Internet 的采购管理

企业采购管理目标在于简化采购计划，以及在调配的同时又能够形成批量采购，简化运输管理、降低库存，进而控制质量，降低成本等，而 ERP 系统的应用特点之一，就是基于 Internet 网络的采购管理，实现企业与供应商之间的网上采购业务管理，包括网上采购、竞购、拍卖等。所以，企业在采购环节中引入 ERP 系统的最直接结果，就是在信息技术的支持下实现了企业采购工作管理由过分职能化管理向整体性方向质的变化。

ERP 系统对采购部门的员工提出了更高的要求。在 ERP 系统应用的条件下，要求采购人员要将主要精力放在同企业内部人员和供应商一起研究如何降低成本上面，包括以下几方面：

1）从降低成本和保证质量出发，同设计和工艺部门一起，参与零件设计的价值分析，以最低成本满足功能需求。

2）参与计划部门确定零部件自制还是外购的决策，并会同技术部门指导供应厂商改进外购零件的性能质量，研究降低成本的措施。

3）统一管理零部件工序外协和外包业务，利用系统提供的物料与资金信息集成功能，编制和审定采购预算和采购权限以控制企业资金支出；确定每个采购件的合理批量、安全库存量，控制库存资金占用。

4）同计划部门和供应商一起，研究缩短采购提前期的措施，并通过 EDI、互联网等，跟踪采购订单的进度，共同协调运输，保证及时供应，提高响应变化的灵敏度。

5）系统对采购管理提供了一系列的规范化流程，使采购作业中存在的暗箱操作等现象更加容易被监控。

2. ERP 应用系统中的采购工作模式

(1) 以职责为核心的流程设计

在传统的采购管理模式下，管理的思路是本着部门的管理，即首先是企业组织机构中的供应部门，然后是供应部门负责具体的工作。在 ERP 系统中，尤其是国外大型 ERP 系统，每个员工首先对应自己的职责，这些职责既可以是系统预先设定的，也可以灵活定义，详见表 5—2。

表 5—2　　　　职责为核心的 ERP 应用系统流程

工作	职责	对应模块
提出采购请求	采购申请	采购/库存
提出采购计划/订单/发送通知	采购计划/计划发放/订单	采购
询价/报价	询价管理/报价处理/供应商管理	采购/财务
检验入库	接收	库存
通知财务付款	付款/发票	财务

从表 5—2 中可以看出，系统可以将部分工作从采购模块中完全或者部分剥离出来，例如，提出采购请求、检验入库、通知财务付款、供应商管理这几项工作。系统的这种特性是将所要完成的工作分解成相关的职责，并对应到模块当中。一个模块就是一个工作或业务部门，体现了集中管理的思想。

例如，某企业通过职责分析，发现同一个采购订单职责被多个部门执行，在咨询顾问的建议下，将其收归一个部门，减少了大量采购资金。实行集中管理还可以减少许多协调工作，因为企业的跨部门协调是一项费时费力的工作，如果能够减少这些工作，将会大大提高工作效率。

(2) 基于高度共享的基础信息平台

使用 ERP 系统，提供基础信息的岗位工作量增加了，例如，采购管理中的采购员、询价管理员、报价管理员的工作都会相应地增加，因为以往这些工作都是通过电话来完成的，而 ERP 系统要求所有的采购单据都要在系统中进行记录，原因如下：

1）业务的可追溯性强，ERP 系统可随时查询任何时候与任何供应商的采购业务往来，并且可以查询任何业务的进行状态，包括库存接收的数量、采购退货的数量、发票数量等。另外，ERP 系统还可以随时运行需要的报表，反映某一时期采购业务的执行情况，包括趋势分析等，并为下一阶段工作的改善提供及时的信息。

2）降低业务操作中的人为因素影响。在 ERP 系统中，系统将按照设定的指标对供应商的状态进行分析，包括供应商供货数量分析、质量分析等，并从中总结规律，制定相应的供应商策略，例如，设定相应的配额和询价优先等。这样可以将业务人员的调动对工作的影响尽可能减小，新来的业务人员也可以通过系统方便地查询某一类供应商的名单、联系方式、历史供货记录，并且按照设定的供应策略进行采购业务。

(3) 完备的控制体系

ERP 系统与传统的信息系统最根本的区别在于它的“事前控制、事中监督、事后分析”这一管理思想。ERP 系统中的采购工作程序有以下几方面改善：

1) 流程有序。在 ERP 系统中可以设定哪些物料必须经过采购申请，哪些物料必须首先制定总的采购计划来对采购流程进行控制，细化采购部门的日常管理，加大管理力度。

2) 审批严格。虽然在传统的模式下，也强调采购管理要按照一定的层次进行控制，但在实际的操作过程中，尤其是跨地区的公司要这样非常困难。通过 ERP 系统建立采购单据的审批流程，可以控制不同职责的员工采购具体的物料，其采购金额最大是多少，超过一定的金额必须经过主管领导的审批，否则 ERP 系统将无法继续处理该单据，包括接收相应的货物等。

3) 监督有效。在采购业务处理的过程中，监督人员如果通过查询发现业务处理有问题，则可以终止或暂停业务处理，直到问题解决。如果发现某订单是重复订单，则可以将其暂停，查明原因，或者取消订单。

ERP 系统的实施对采购管理的改善除了上述三方面外，还有更为重要的作用，就是为业务人员带来了一种体验，让业务人员认识到信息技术是如何改变和优化业务流程的。整合后的 ERP 系统可以实现企业与供应商以及客户的信息自动交互，从而提高整个采购环节和客户关系管理的实际效率。

第六章 培训与指导

◎鉴定要点

通过学习，掌握采购综合培训计划和培训讲义的编制程序与方法，能够拟订中高级采购人员培训方案，并对培训效果进行评价。

通过学习，了解采购师业务指导的意义和特殊性，掌握对采购师和业务主管进行业务指导的方式。

◎工作内容

一、采购综合培训计划编制

采购综合培训计划编制有三方面的问题，即确定编制原则、选择编制方法以及制订培训计划。

1. 确定采购综合培训计划的编制原则

采购综合培训要遵循一定原则，这样才能确保培训有明确的目标，真正提高采购人员的业务水平和内在素质。采购综合培训计划编制应坚持学为所用、按需施教、讲求实效和分级培训的原则。

（1）学为所用的原则

这一原则主要是针对采购人员培训的目标而言的，即把培训与培训后的使用衔接、统一起来。如果培训与使用脱节，不仅会给公司人力、物力、财力造成浪费，而且会使培训失去意义，只有贯彻学用一致的原则，做到学以致用，使采购人员的专业知识和专业技能等符合其岗位职责的要求，才能收到实际的效果。

（2）按需施教的原则

这一原则是针对采购人员培训的内容而言的，指采购管理部门本着“学为所用”的精神，根据不同时期社会、经济发展的不同需要以及各类各级采购人员岗位职责的不同要求决定采购培训的内容，进行切合实际的培训。

（3）讲求实效的原则

这一原则主要是针对采购人员培训的实际效果而言的。实效和质量是衡量采购培训成败的标准和关键。

（4）分级培训的原则

分级培训就是要根据采购人员在公司组织中所处的层级、工作的职责和任务，分级实施采购培训，并根据不同层级培训对象设计培训内容，采取相适应的培训方式。

2. 选择采购综合培训计划编制方法

采购综合培训计划编制的常用方法包括培训计划会议、部门经理沟通和领导决策等。

为整合组织内外的培训资源，对培训计划的合理性、可行性等方面因素进行有效的控制，在编制培训计划时往往要引入培训会议来对培训方案进行论证和评价，并对最终培训方案进行确定。参加培训计划会议的往往是需要设计方案的部门经理和培训管理者，以及培训管理部门的课程开发人员，也可以考虑选择几名学员代表参与培训计划会议。在制订全局性培训方案时最为常用的方法当属部门经理的沟通，若缺乏与部门经理之间的深入沟通，培训计划再好，在实施的过程中也往往要面对来自部门经理们的干扰或排斥。此外，培训计划编制不可只有一套方案，要为决策者决策时提供备选方案。

3. 制订采购综合培训计划

（1）采购综合培训计划的内容

采购综合培训计划的内容包括任务目标分析、现状分析、培训需求分析、培训目标、培训对象、需要的培训资源、拥有的培训资源、培训需要的支援、培训策略、培训政策、培训组织设置、培训的内容安排、培训行动、培训的效果预测、培训的效益预测。采购综合培训计划应纳入到企业人力资源规划及相关预算中，根据人力资源管理的总体布局，确定培训的目标、对象、内容、时间、培训者、地点及相关条件、经费预算等。

（2）制订计划的步骤

1）根据年度人力资源计划，确定年度采购总体培训目标，确定培训的重点。

2）对采购总体培训目标进行分析，形成具体的培训子目标；在子目标层面上，一般以培训对象的职能类别归属为划分依据，可采取二维形式划分：一个维度是按培训对象的岗位层次划分，如高级、中级和基层采购人员；另一个维度可以按岗位职能划分，如供应商管理、采购洽商管理、采购合同管理、采购信息管理等。经过划分，培训对象和培训内容形成统一。研究和确定具体的培训课程。根据培训子目标，经过需求调查，最后落实具体培训课程。在课程确定的研究与落实过程中，要始终坚持培训的原则，做到有的放矢，不能盲目决策。

3）针对具体培训课程，确定培训的考核标准和相应的激励措施。

4）选择培训师落实培训教材、培训方法和目标要求等。

5）确定和落实培训的场所、设备和相关条件。

6）与公司管理层、相关职能部门就培训的资源保障问题进行协调，确定适合的培训时间、对象、场所和经费预算。

7）落实培训计划，与培训组织进行商务等方面的谈判、签约。

8）培训实施。确定具体责任人，进行项目验收。

二、采购师培训

采购师在采购工作实践中，处于承上启下的关键地位，因此，培训采购师就成为采购职业培训的重要话题。

1. 培训内容及重点

采购师培训的内容包括职业标准工作要求的大部分篇章及采购业务的全过程。培训重点基本上有四方面：一是道德规范；二是法律法规；三是专业知识；四是自身修养。

2. 培训方法与目的

1）专题研讨。请经验丰富的专家授课，就一两个专题研究，提高专业领域内的理论水平及实践工作、协调产供销的能力。

2）涉外研修。走出去到外企，组织学习或专题调研，便于扩大视野，更新观念，增强创新意识。

3）角色扮演。主要解决职业行为标准化的问题，利于调动培训者进入角色的积极性，结合实际效果，从而得到系统知识和技能。

4）高校培训。主要是进入专业高等院校进修，获取专业前沿理论知识及采购供应企业的先进经验。

三、采购培训讲义编写

作为一门培训课程，讲义的编写必不可少。但由于采购培训的特殊性和专业性，很难拥有一本全面、长期、稳定、适用的讲义。因此，讲义编写十分重要，培训师要通过文件学习、信息搜集、广泛阅读、大量查阅，系统、有序地确定教学内容，编写适用的采购培训的大纲、规范的讲义或学习指南、完整的授课计划、详尽的教案，制作生动直观、实用性强、信息量大的课件，科学合理地安排教学过程。只有这样才能通过讲义将培训的预期目标转化为现实目的。

一个好的讲义是能够将知识、方法、技能和观念统一的行为过程，起到教学相长的作用。在讲义编写中应注意以下两方面：

1. 采购培训讲义编写准备

（1）采购培训讲义的内容要求

1）观点鲜明、知识点明确，符合培训的层次性、针对性和技能性要求。

2）讲解和演示的层次分明，具有鲜明的逻辑性。

3）讲义内容符合采购运作的规范和标准，具有专业水平。

4）具有知识活用的能力，结合本企业和标杆企业的实际案例，进行对比性教学。

5）能够针对实际情况提出与培训内容相关的问题，引发学员思考和讨论。

6）讲义编写应适合多种教学方式，如多媒体、现场和互动教学等。

（2）采购培训讲义编写的基本过程

描述现象，引出“主题”→列举并分析“主题”的重要性→列举并分析造成“事与愿违”的原因→列举相关的原理、方法→为了说明相关的原理、方法，选择有效的材料和工具→列举现实问题并提出解决的方案→编排讲义的章节和内容→细化、润色、修改讲义。

2. 采购培训讲义编写技巧

采购培训讲义编写的一些专业技巧主要包括行为基本技巧、行文开场技巧、行文结尾技巧等，这些技巧的综合运用可使讲义的编写和使用发挥预期目的。

（1）行文基本技巧

做好授课的准备工作可以从以下几方面入手：

1）设计课程逻辑主轴。授课的逻辑性是评价授课是否成功的基本因素，也是对采购培训讲师授课能力的基本要求，授课的逻辑性更是确保学员接受培训内容效果的主要影响因素，也是确保培训吸引力的关键。

2）实务经验总结。采购培训讲师授课的实用性和生动性主要来源于实践经验的总结，在设计开发培训讲义的时候选择一些与课程内容相关的事例应用，往往起到事半功倍的效果。

3）时间和速度的预测。恰当的安排授课时间，把握好授课的速度，对培训师来讲十分重要。

（2）行文开场技巧

在文章写作中非常强调文章开头对于整篇文章的作用。在采购培训过程中，开场的作用类同于文章的开头。一般常用的培训开场方法主要有以下几种：

1）开宗明义法。此种开场方法开篇即直接切入主题，令学员感觉简洁明快，干净利落，废话较少，此种方法应用比较广泛。

2）小故事比喻法。采用此种方法开场能够吸引学员注意，调动学员听课积极性，为整节课的授课气氛奠定良好的基础。

3）自我解嘲法。此种开场方法是开篇即从采购培训讲师自身的一些话题入手，先进行一番自我嘲弄，令学员感到亲切，使讲师与学员之间消除距离感，对于增进与学员之间的沟通有较大的帮助。

4）双向沟通法。双向沟通法是指在授课之初采购培训讲师就广泛征求学员意见，或采用互相自我介绍的方法彼此认识，这样采购培训讲师在授课时能够把握学员的基本素质和真正的培训需求，使授课更加具有实用性，学员受到充分的尊重，更能够接受培训讲师的授课内容。

5）设问法。设问法是演讲当中应用较多的开场方法之一，同时也广泛应用于培训授课的开场白当中。应用设问法开场容易吸引学员注意，激起学员好奇心，从而能够集中注意听讲，同时也能够明确授课主题，并引出授课内容。

6）揭示事实法。授课开篇就以揭示事实切入，能够引起学员的足够重视，同时让学员感到采购培训教授的内容非常实在，采购培训讲师所要达到的改变学员观念或促使学员行动的目的，通过引述事实而更加容易实现。

7）独特创意法。为能够吸引学员注意，采购培训讲师有时还可以采用平常难以想象的独特方式开始，给学员焕然一新的感觉。

（3）行文结尾技巧

采购培训课程的结尾非常重要。课程是否能够画上完美的句号，给人以回味无穷的感觉，留下深刻的印象，结尾的作用是不可忽视的。

1）重申主题法。这种方法是在授课中较为常用的结尾方法，意在通过重复授课主题和主要的授课内容给学员再次的印象，提高授课的记忆效果，帮助学员掌握授课重点，同时使整个课程首尾呼应，完整而统一，不致出现离题的感觉。

2）祝福语结束法。采用这种方法结束培训课程可以给学员留下较好的印象，让学员带着良好的感觉走出物流培训会场，但此种方法结束语显得过于俗套，缺乏新意，难以给学员留下深刻的印象。

3）小故事比喻法。运用小故事来开场和收场，是效果较好的一种方法，通过讲授富有哲理的寓言或小故事，使学员在兴趣盎然中体会到一种道理，从而留下深刻的印象，并对培训的内容理解和记忆，起到升华的作用。

4）名言佐证法。名人名言多数都是经过实践总结出来的蕴含着深刻道理的语言，借助名人的影响提高授课的可信度，增强对学员的说服力。引用名人名言结束课程，不但可以提高对学员的说服力，也可以给学员以启示，加强对授课内容的理解。

5）行动鼓励法。采购培训的最终目的是促使采购人员行动，运用所学到的新知识，运用所学到的技能，工作中以正确的观念和态度处理问题。因此，应用行动鼓励法结束授课是比较重要的方法。

6）设身处地法。采购培训讲师在授课中说出学员的心里话，真正为学员考虑，站在学员的角度来讲话，讲清道理，一定会受到学员的欢迎。

四、对采购师进行业务指导

1. 对采购师进行业务指导的程序

(1) 业务指导的准备阶段

1) 思想准备。指导者向采购师做调查，了解其工作、业务需求和对采购活动的熟悉情况，制订指导设计方案，讨论方案是否符合接受指导的采购师的需要。

2) 组织准备。确定业务指导的组织分工和协调。

3) 资料准备。指导者要研究采购师职业标准、基础理论知识及基本操作技能。

(2) 业务指导及实施

1) 核实指导方案的可行性，方案的内容要新颖、具体，指导的方法要灵活机动、生动活泼。

2) 检查方案实施中的针对性，不同时期的指导方案不能千篇一律，业务指导要结合指导对象的需求，更要结合指导对象目前工作重点。

做好阶段性业务指导的总结，采购师自行总结和考核。

2. 指导方法

(1) 讲座指导法

为求得采购业务的科学化，规范化，可聘请与采购有关的专家学者到现场做专题讲座。

(2) 案例分析法

找有代表性采购难题编成例题，便于采购师讲座时引用与座谈。

(3) 会议专题指导

采用业务分组、跟班劳动、专项业务承包等办法。

(4) 职务轮换法

不同部门的采购师不定期换岗培训，熟悉相关知识和技能。

◎相关知识

一、培训计划和培训讲义的编写要求

1. 培训计划的编写

培训计划属于项目管理层面的培训活动，又称培训项目计划，与培训年度计划等区别很大，后者属于整体运作管理层面。年度培训计划做得好则使常规培训项目增加，临时培训项目尽量减少。

培训项目计划的具体行为结果是形成明确的项目执行计划，即《培训项目计划书》，《培训项目计划书》是基于某一个项目运作的操作控制或执行管理文件。它是项目实施执行、质量控制与监督的有力保证，也具有项目实施前的准备指导、培训功能。

（1）培训项目计划的基本工作任务

培训项目计划的三个基本任务为必要性分析、可行性分析、执行计划制订。

必要性分析主要目的是论证项目的必要性。项目的来源包括年度计划内和年度计划外的需求等，必要性分析主要是通过调查研究来判断年度计划内项目是否按计划执行以及年度计划外项目是否增补两方面的任务。

可行性分析主要是进行资源分析和效果预先估计。主要是对讲师、课程、费用等可控制资源进行分析，看是否能满足需要，另外，效果预先估计也非常重要，投入产出比是重要的指标。

执行计划制订主要是对具体执行步骤和细节进行统筹，主要是对资源调配、时间表、控制措施等提出要求。

（2）培训项目计划的主要工作内容

根据培训项目计划的三个基本任务可以将培训项目计划分为四个工作步骤。

1）培训需求分析与项目必要性论证。参加人员的需求是什么？直接上级的需求是什么？需求是否明确？是长期积累下来的需求，还是任务思想？适合的课程需求是什么？适合的培训方式是什么？是否需要相关部门提供详细的需求调查报告？需求调查是否大规模进行？

2）资源分析与可行性分析。是否具有相应的讲师资源、课程资源？教材是否已经具有？开发是否来得及？讲师是否出差？是否有备用讲师？费用是否有预算？是否能达到基本的培训目标？有无其他更好的培训方式？是最紧迫的吗？可否推迟等待下个会议捆绑方式？

3）立项及培训目标设定。如果必要且可行，则准予立项。立项的任务是目标和主题的设定，提出的课程设置和预期结果的量化，执行控制计划和实施保证手段的思考，甚至包括组织推动行为，如是否成立项目组等的讨论。

培训目标的制定中必须学会分辨抽象与具体目标，学会使用目标树工具、了解目标定性与定量方法，总之要做到制定合理、结合实际。

4）培训项目准备及操作指引。设计和实施行动计划等培训活动。项目资源准备是关键，包括讲师确认，即培训讲师的资格认定。讲师分为内部讲师和外部讲师，内部讲师是指公司内部员工，经过人力资源部认证，具备较高专业知识或从事管理领导岗位，并具备讲师的基本素质，能够进行课堂授课的人员；外部讲师是指从公司外部聘请的专业讲师，该类讲师需要经过人力资源部进行确认后方可到公司进行授课，各部门如果需要聘请外部讲师，须经过公司人力资源部进行确认。

资源的另一方面准备是教材和课程开发准备，必须督促相应讲师进行新教材开发和现有教材的版本提升，并配合进行课程需求调查。

预算管理也是必须的，相关的费用也应经过确认后执行。这里也要提到外部资源的选择与控制，即供应商的管理问题。重点是对讲师、课程适用性、服务质量、成本等进行测评。

（3）培训项目计划书的编写

培训项目计划书是具体的操作方案。它回答的是某一项目的定位、目标、什么时候举办、在哪里、谁参加、学什么、需要多少资金、具体操作流程、注意事项等基本问题。它具有培训计划的一般特征，如按照一定的逻辑顺序做出培训时间（when）、培训地点（where）、培训者（who）、培训对象（whom）、培训方式（how）和培训内容（what）等设定，同时也必须要有资源分配计划、考核、职责、控制等内容。

培训计划书结构要素有以下几项：

1）项目培训背景。是按培训规划做，还是临时策划？为什么？

2）项目定位和目标。本次培训属于什么性质，将有什么收获，学员和公司分别有何期待等。

3）项目基本信息。起止日期、参加学员、地点、组织方式等。

4）课程设置。以时间、课程、地点、讲师、课时、主要内容等属性说明。

5）实施流程。何时报到、入住、谁召集、讲师由谁调配、讲师何时提交教材等，按照时间流水序列描述。

6）责任分工。学员义务、讲师责任、项目组明确分工等。

7）相关规定。对相关人员在某些流程中必须遵守的规则进行说明，如讲师必须于某日提交教材，否则会影响质量；费用承担分解等。

8）附属信息。项目组负责人信息等，方便任何相关人员的咨询。

9）附件。属于操作指引，如报到路线图、入住说明、财务费用明细、各种管理工具用表等。

（4）培训项目计划控制的关键

培训项目计划是培训项目管理中的首要环节，其关键是培训需求调查与研究。培训调查与研究必须建立面向对象的课程配置方案，即对学员需要什么、项目的量化目标是什么等问题做出回答。

培训项目计划的关键点有两个：满足子公司内部员工的需求，注意需求导向；注意组织形式及资源组织。

2. 培训讲义的编写要求

培训讲义的编写需要注意讲义的内容、讲义编写步骤、讲义编写技巧。具体可以参看前文采购培训讲义的编写。

二、采购师培训的必要性

长期以来，许多企业忽视对采购师的培训，对培训工作的重要性认识不足，认为采购工作经验靠实际业务来积累，培养是一种投资大、收益小的行为。严格来讲，中高级采购人员的培训是一种投资小、见效快、收益大的企业行为，一方面是因为现代科学技术发展快，知识的更新周期缩短，市场上新产品、新材料、新工艺不断出现，缺乏培训的采购人员是难以胜任新时期采购工作的；另一方面也是采购人员自我实现的需要，通过培训，提高其素质，更好地干好采购工作，实现自身的价值。

三、采购师培训的特点

采购师培训的特点可以归纳为以下两点：

1. 培训内容上理论与实务兼顾，如果说初级采购人员培训以实务和操作技能为主，高级采购师培训以提高采购业务科技含量和对采购业务控制为主的话，采购师的培训则二者均不可或缺。

2. 培训方法上注重典型案例的分析和解决实际问题。

四、助理采购师培训特点

顾名思义，助理采购师是采购师助理，其培训在内容、方法和安排上不可能相同，职业等级处于采购员和采购师之间，故培训课程的深度和广度以及培训方法的选择介于两者之间。主要特点是培训内容理论与实务兼顾，以实务为主；培训方法分为在岗学习和脱岗学习两种。

在岗培训应以业务指导法为主，即由有经验或受过专业训练的采购人员结合在岗实际对接受培训的人员做实务指导和解答有关问题；脱岗培训应以个案研究法为主，即自己提供从采购实践中选择的有代表性的书面案例，在教师指导下与其他培训人员一起研讨，敢于提出自己观点，也敢于修正自己的错误，在争论中寻求真谛。